我们的青春

第2辑

黄 亚 周一苇◎主编

中南大學出版社
www.csupress.com.cn
·长沙·

《我们的青春　第2辑》

序言

青年的价值取向决定了未来整个社会的价值取向，大学生正处在价值观形成和确立的时期，人生的扣子从此刻就要扣好。两年前，《我们的青春　第1辑》公开出版，很多同学，尤其是新生在认真地读这本书。书中一个个新时代大学生在校园中奋斗自强、勇于创新的故事，成了一个个青春航标，指引着同学们立下报国之志，激励着同学们刻苦学习，锤炼担当实干的真本领。这本书对大学生的价值观养成发挥着很积极的作用。

时隔两年，《我们的青春　第2辑》即将出版。《我们的青春　第2辑》分为德育榜样、智育榜样、体育榜样、美育榜样、劳育榜样五个部分。书中这些榜样学子的故事很真实、很生动，我看到了同学们在成长中的迷茫与困惑，也看到了他们对高尚品德的追求，对知识的热切渴求和对科学的无畏探索，还感受到了他们在球场上的激情活力、在舞台上的闪耀才华。同学们认真读完他们的故事，一定会有共鸣和思考。

我们的“有色冶金智能自动化”教师团队以“教书育人尽天职，科技报国争贡献”为信条，用心培育学生，并于今年入选“全国高校黄大年式教师团队”。我院阳春华教授数十年深耕工业过程控制领域，获全国创新争优奖，成为广大科技工作者的楷模，凸显科研育人特色。我院“90后”辅导员连选老师温暖陪伴学生、为青春护航，被评为第十三届“全国高校辅导员年度人物”。在深化“三全育人”改革过程中，我们凝心聚力形成育人合力，培育德智体美劳全面发展的社会主义建设者和接班人。《我们的青春　第2辑》中这些榜样学子胸怀理想、奋力拼搏、懂得感恩、才华横溢，这种青春力量，让我们对这一代人充满信心，这样的年轻人，一定能成长为建设国家的栋梁，担负起民族复兴的重任！

事业靠本领成就，我期望每一位学子都能永葆对知识的渴望、对科学的热爱，敏于求知、勤于学习、敢于创新、勇于实践，书写属于自己的青春奋斗故事。

全国教书育人楷模

中国工程院院士

中南大学教授

二〇二三年十二月二十日

目录

德者，才之帅也
——德育榜样

为中华之崛起而读书
——智育榜样

君子以自强不息
——体育榜样

各美其美，美美与共
——美育榜样

劳动最光荣
——劳育榜样

后记

我们的青春 第2辑

德者，才之帅也

——德育榜样

01 让青春之树在道德的沃土里繁茂[①]

电子信息专业2020级硕士研究生　晁玉前　郭盼根

《大学》一书云："大学之道，在明明德，在亲民，在止于至善。"中南大学的校风，首倡的便是向善的育人理念。它像绵绵春雨滋润着每一位中南大学学子的心田，让他们心中善的种子茁壮成长，慢慢成长为一棵棵参天大树。晁玉前与郭盼根两位同学，心中就长着这样善的"大树"。

见义勇为、善良正直的人生态度

2020年12月27日晚，郭盼根和晁玉前在长沙后湖国际艺术区散步。突然，一声沉闷的响声传来，郭盼根扭头看去，原来是在距离他不远处的湖面上，有一名年轻女孩落水，并在水中用力挣扎。见此情景，郭盼根把手机放在一旁，脱下身上穿的风衣，便果断下到水中。"当时情况很紧急，由于解鞋带会浪费过多时间，我便穿着衬衣和鞋子下水救人了。"郭盼根蹚着齐胸深的水抵达落水女孩身边时看到，落水女孩整个身子都在水中不断挣扎并溅起水花。在这一瞬间，郭盼根当机立断，一手拽住女孩，径直蹚向岸边，而在岸上等候的晁玉前早已伸出双手接应他。在二人的通力合作下，女孩终于被救上岸。同时，后湖的巡逻人员也在第一时间赶到现场。"当时我没有多想，第一反应就是先救人，但如果那个女孩极力挣扎，可能我也会被拖入水中。"事后回想起当时的情

① 本文由作者采用第三人称视角进行叙述。

景，他不禁感到害怕。被救上岸后，女孩已经昏迷。他们将女孩平放在地上，对她进行了简单急救。女孩的同伴拨打了 110 和 120，并及时通知其父母。

女孩的意识逐渐清醒过来，郭盼根拿自己的风衣给女孩披上，为她挡住冬日的寒风。在交谈中，他们才知道她有轻生念头，于是发生了跳湖的一幕。随后，民警和医护人员赶来，众人不断劝说女孩，但她情绪仍较为激动。由于通往后湖边的路比较狭窄，救护车无法抵达当事人旁边，因此郭盼根主动背起女孩。虽然郭盼根有些体力不支，但他仍然坚持将女孩送至救护车上。为了防止女孩再轻生，郭盼根和晁玉前二人决定陪同医护人员将女孩送至医院。在途中，郭盼根和晁玉前不断安慰女孩，并在医院陪她做完各项检查，确定女孩情绪稳定后，才悄然离去。

因为勇救落水女孩这件事，《人民日报》、《中国青年报》、湖南电视台、红网、《潇湘晨报》、《长沙晚报》、《三湘都市报》等几十家媒体都争相来采访郭盼根与晁玉前。该新闻隔日就登上了微博和抖音的热搜榜，话题关注度超过 2000 万人次。对于采访，出于保护跳水者隐私的目的，他们能拒绝的就拒绝，实在拒绝不了的，就在采访时坚持要求报道中不能泄露跳水者的任何信息。晁玉前说："身为一名共产党员，救助别人是义不容辞的责任，这不需要大肆地去夸耀或宣传。我相信任何一个有良知的人遇到这种事都会伸出援手的。"

良善的种子在心中生根发芽

访谈中，记者问晁玉前心中那颗良善的种子是谁种下的，他毫不迟疑地回答道："是我的妈妈。"原来，在他很小的时候，家附近有很多贫穷的老爷爷和老奶奶在挨家挨户地乞讨。他的妈妈每当遇到这些人时，都会拿出水和食物帮助他们，并对不解的他说道："孩子，能帮别人一把就帮一把，做人不能坏良心！"正是这句话，在他内心深处种下了一颗良善的种子，这颗种子历经风雨成长为如今的参天大树。

在成长的过程中，晁玉前印象最深的是拉齐尼·巴依卡因解救落入冰窟儿童而不幸牺牲的事迹，尤其当他了解到拉齐尼·巴依卡家族世代戍边的经历后，他的内心更是充满了敬佩。在他的心中，拉齐尼·巴依卡真正诠释了"不忘初心、牢记使命"的精神内涵，他一生始终坚守爱党爱国、心系人民群众的信念，像一支蜡烛，燃烧了自我，照亮了祖国边疆的一角，照亮了他人的生命。因为这件事，晁玉前曾有过许久的思考。他想到了家喻户晓的雷锋，想到了革命战争年代里的无数英烈，他们忘却个人的得失，将小我融入大我，让短暂人生有了千斤般的重量，让青春年华有了最亮丽的底色。晁玉前说他憧憬这样的人生和青春，所以他选择加入中国共产党，选择用自己微薄的力量去帮助需要帮助的人。

有那么一段时间，晁玉前的研究因为卡在一个问题上而迟迟没有进展。面对这样的困境，他没有放弃，而是沉下心去思考。经过反复不断的尝试，最终成功解决了问题，并顺利地发表了一篇一区文章。面对这样的成绩，他没有表现出过多的自喜，而是继续默默搞研究。他说："我们只要脚踏实地地做好每一份工作，就一定会取得成绩。"

晁玉前在实验室的研究生活中不仅专注于自己的课题研究，还经常帮助身边的同学解决科研、学习中遇到的问题，比如帮助同学修改论文，帮助同学调试硬件电路，改正程序错误。他常说："我们党员一定要起到模范带头作用，要有帮助别人就是帮助自己的思想觉悟，要在帮助别人的过程中获得快乐，收获自信。"

晁玉前向自动化学院的青年们分享道："做任何事一定要明确自己的目标和方向，然后勤勉地去干，这样才能不辜负自己大好的青春年华，才能取得令自己满意的成绩。"这句话何尝不是他自己生活的真实写照呢！他目光坚定，所望之处皆是星辰与大海，掌着自己的人生之舵，驶往理想的彼岸。

投身公益事业，让世界更美好

郭盼根作为中共党员，也是一位热爱公益事业的青年。他从小就参加各种志愿活动，积极投身于社会公益事业中，尽自己的一份力量，让世界变得更美好。

本科时期，郭盼根积极组织班级同学去敬老院献爱心、义务卖报帮扶贫困山区、捐赠课外书、加入"青禾"义务支教团等。每一次活动都让他深刻地感受到了爱的力量，也让他更加坚定了投身公益事业的信念。在每年新生报到时，他都会报名成为迎新志愿者，为学弟学妹介绍校园生活、解答各种困惑。当他身穿象征着希望的绿色的志愿者工作服时，他内心充满着收获感与幸福感。他深知，用自己的行动去传递爱和善意，可以让爱和善意的火炬一步步传递，温暖世界。

读研期间，郭盼根依然没有停下投身公益事业的脚步。在义务植树活动中，他感受到了大自然的美好和蕴含在其中的生命力。他深信，每一棵树都是生命的象征，它们不仅可以美化环境，还能够净化空气、涵养水源等。他希望通过自己的行动，让更多人意识到环境保护的重要性，一起为创造美好的生态环境而努力。

除了义务植树活动，他还参加了清理岳麓山垃圾的活动。这是一项比较辛苦的工作，志愿者们需要穿上工作服，手持扫帚和垃圾袋，沿着山路清理垃圾。尽管这项工作十分辛苦，但他始终在坚持。在这个过程中，他深刻地意识到了自己的责任和义务。他认为，只有通过自己的行动，才能真正地保护环境、美化家园。他希望自己的行动能够影响更多人，让更多人意识到环境保护的重要性，一起为打造美好的生态环境而努力。

郭盼根明白，行善积德不是一蹴而就的，对他来说，一步步做好自己分内之事并在有能力时尽可能帮助他人就是最好的选择。在这一次次的洗礼中，他会埋下爱的种子，每一次的善行都是给予养分让种子生根发芽，茁壮成长。或许他不知道种子何时才能成为参天大树，但可以肯定的是，种子每日都在汲取善的养分，时间一定会给出答案。

郭盼根向自动化学院的各位青年分享道："在我的认知中，英雄总是光辉的存在。但今天我想告诉大家，不是的，英雄也可能是个平凡人，和我们一样的普普通通的平凡人。"

没有从天而降的英雄，只有挺身而出的普通人。作为普通的中南大学学子，我们可能不具备超人的力量和无敌的技能，但却有着坚强的意志和无畏的勇气，让我们在关键时刻毫不犹豫地选择正义。

人物简介

晁玉前，男，汉族，中南大学自动化学院电子信息专业2020级研究生，他勇救跳水轻生女孩的事迹被多家媒体报道，并获中南大学道德风尚奖。学习中，他勤勉踏实，在《IEEE 仪器与测量学报(IEEE Transactions on Instrumentation and Measurement)》上发表论文一篇，并荣获第十六届中国研究生电子设计竞赛国家一等奖，2020—2021 学年研究生国家奖学金、一等学业奖学金，获评"中南大学优秀学生"等。

郭盼根，男，汉族，中南大学自动化学院电气工程专业2020级研究生，因勇救跳水轻生女孩的事迹被多家媒体报道，并获中南大学道德风尚奖。学习中，他刻苦努力，申请技术发明专利"基于燃料电池的四开关 buck-boost 电机 PAM 调制方法及控制方法""基于霍尔传感器的永磁同步电机转子位置和速度估计方法"，荣获第十七届中国研究生电子设计竞赛国家一等奖、2021—2022 与 2022—2023 学年一等学业奖学金、2021 年中南大学优秀团员称号等。

02 以人为本，以德为基

自动化专业 2018 级本科生　庄佳锐

我一直相信，我只是汪洋大海中的一滴水，平凡而普通。幸运的是，我生在了一个不平凡的时代，一个英雄辈出的时代，一个伟大的时代，让我可以乘风而上，登上属于我们的广阔舞台。

白驹过隙，时光荏苒，本科四年在眨眼之间成了过去。我至今仍然记得在入学时的团体辅导中，辅导老师问我们的理想是什么，当时我说的是“我希望这个社会能够因为我的努力发生一些改变”。我不过是我们国家十四亿多人中最为普通的一个，要实现如此远大的目标可以说是天方夜谭，但是我依然愿意为了实现这个目标而努力。因此我在大学期间选择利用课余时间参加学生工作，并加入了中国共产党，在党的领导下做一些力所能及的事情。

我从大三开始担任学院 2018 级副年级长，负责协助辅导员完成一些与年级相关的工作。大三结束后，我们需要由南校区搬到校本部居住。搬迁当天刚好遇上辅导员有事无法到场，辅导员便把指挥同学们搬迁的任务交给了我。为了高效组织寝室搬迁工作，避免在这一过程中出现意外，我让每个班派一位男生与一位女生作为负责人，并提前开会对出发时间等关键问题进行安排，也要求负责人落实好同学们的行李打包工作与标记工作。到了搬迁当天，学校安排的大巴车还没到，同学们早已将行李搬到宿舍楼下等待。大巴车到位之后，我指挥同学们尽快将行李搬上车，同时将行李规整地堆放起来，充分利用车辆空间。在第一辆车发车后，我便暂时把装车的工作交给现场的班级负责人，随后骑上电动车到校本部指挥同学们完成卸行李工作，提醒大家把行李全部卸下车后再往楼上搬，让大巴车可以尽快返回南校区运载下一批行李。整个搬迁过程花费了一个上午。在同学们的行李都运达本部后，我和同学们一起帮女生把行李抬上楼，再布置自己的行李。寝室搬迁工作是我成为副年级长后遇到的最重要的工作，在工作期间我在两个校区之间多次往返，忙得不亦乐乎。但看到每一位同学都顺顺利利地入住新宿舍，我也就心满意足了。

在大四上学期，我们年级开始进行推免评审。推免工作的重要性不言而喻，在计算保研加分的过程中，哪怕是算错 0.1 分都有可能使同学与保研失之交臂。为了圆满完成推免工作，我将学校与学院的每份相关文件都至少翻阅了五次，可以说是对推免政策烂熟于心。在辅导员的带领下，推免工作有条不紊地推进着。我与其他学生干部一起审核、整理了上百人的加分资料，逐一询问满足推免条件但是未递交加分材料的同学是否有材料需要补交。此后的奖学金评比工作中，我也是先做到将规章制度烂熟于心，再根据规定严格审核所有申请材料中的每一个加分项。资料的整理和审核环节是很容易出现争议的，容易受到参评者的质疑，毕竟涉及同学们的切身利益。因此我们需要对评审文件、政策充分理解，与辅导员们确定统一的评审标准。只有这样才能避免矛盾的发生，做到公平公正。对于很多人来说，整理资料是最为枯燥的工作，但是这项工作总是需要有人完成，并且能够惠及许多同学，所以工作再苦再累也是值得的。

“有责任有担当，青春才会闪光”，是习近平总书记在庆祝中国共产主义青年团成立 100 周年大会上对广大青年的寄语。作为新一代青年学生，作为整个社会力量中最积极、最有生气的力量，我们必须明确自己的使命。无论我们在毕业后是走向工作岗位，还是在不同的高校继续深造，都应当把小我融入祖国的大我、人民的大我之中，与时代同步伐、与人民共命运。我们已经拥有了很多先辈不曾拥有的条件，拥有更加舒适的成长环境，拥有安心学习、进步的机会。“有一分热，发一分光，就令萤火一般，也可在黑暗里发一点光，不必等候炬火。”今后我也将继续带着自己的“一点光”，尽可能帮助周边的人。虽然距离让社会发生一些改变还很遥远，至少还能让身边的人更加温暖。

人物简介

庄佳锐，男，汉族，中共党员，中南大学自动化专业2022级直博生(2018级本科生)，本科期间曾担任自动化学院本科生第四党支部副书记、2018级副年级长等。他在保证学业成绩的同时，积极参加学生工作和各类学科竞赛、体育竞赛。作为党员，他能做到积极履行党员义务，主动参加志愿服务工作，认真完成党组织安排的工作。在校期间，他曾获得国家奖学金两次、中南大学一等奖学金三次、校级奖励金三次，并入选“本-博”拔尖创新人才培养计划直博中南大学。

03 我与我们

电气工程及其自动化专业2018级本科生　余晋宇

连续四年专业排名第一，保送上海交通大学电气工程专业研究生，这些是别人能看到的标签。但是大学四年里，我觉得跟前述同样重要的，是在大学生活中，我与他人建立的实实在在的关系——我不再只是我，一个学习知识的学生，我还有学长、部长、志愿者哥哥、老师等与他人的命运交织的身份。而这些，是我从四年累计500余小时的志愿活动中得到的。

“饿死胆小的，撑死胆大的”

在军训的时候，我清楚地记得当时教官跟我说的这句话：“饿死胆小的，撑死胆大的。”

那年夏天，我从广东江门的一个小县城来到中南大学。当时的我对未来没有非常清楚的规划，懵懵懂懂地踏进大学校园，“大学生”这个全新的身份使我感到无所适从。我觉得在大学必须做出一些改变，不能再像以前只是单纯地学习。我看到周围的同学都有很多才艺在身，不免心生落寞。但是好胜心强的我没有打退堂鼓。既然在才艺方面我不如他们，那么我就换个方向实现我的目标，同样可以赋予我未来四年的大学生活更丰富的意义。

在各种社团和组织招新时，我徘徊在无数选项中。我没有拿得出手的技能，也就缺少了迈出第一步的底气。这个时候我注意到了学校青年志愿者协会希望捐赠部。当时我认为做志愿活动也许不需要特别专业的技能，于是便鼓起勇气参加了面试，也顺利地进入了这个组织。当时的我，怎么也没有料到我和志愿工作的缘分就此结下，日后与它千丝万缕的联系和难以割舍的情怀也就此开始。

“小伙子，我的女儿就麻烦你帮我照看一会儿了！”

还记得我生平第一次参加志愿活动，是跟部门的干事一起去橘子洲地铁站做引导工作。当时我是第一次穿上颜色鲜艳的志愿者工作服。面对来来往往的人，一开始我并不知道该怎么做，性格本来就比较腼腆的我也不知道应该怎样跟陌生人交流。分好工后，看着学长学姐站在相应的位置开始熟练地大声做一些必要的引导工作，我却连怎么鼓起勇气开口都要思忖许久。

这个时候，有个男人拍了拍我的肩膀，是一个有些急事要办不方便带着女儿的父亲。他郑重地对我说：“小伙子，我的女儿就麻烦你帮我照看一会儿了！”当时那个懵懂、嘴里还含着一根棒棒糖的小女孩被她爸爸从怀里放下来，还被认真地嘱咐着：“拉好这个哥哥的手不要乱跑哦。”话音未落，一只热乎乎的小手就紧紧抓住了我那早已被寒风吹得冰冷的手。顿时有一股暖流席卷我的全身，那是一种前所未有的被信任的感觉，它让周围的空气也变得温暖起来，正午的阳光是那样的和煦，我的心犹如不远处灿烂的番红花那样吐艳。

也就是在那一次短暂的体验中，我觉得和小孩子相处是一件很快乐的事情。这也成了我后来选择到湖南省邵阳市隆回县茅坳完全小学进行为期 15 天的暑期支教的原因之一。

在邵阳的暑期支教过程中，我也为我才艺的匮乏而感到焦虑。后来为了挑战自己，我选择了教小朋友们跳舞。我肢体不太协调，于是每天都抽时间在 BiliBili 上学习舞蹈。真正教舞的过程中，我总担心自己滑稽的动作会招来小朋友的嘲笑，但是小朋友们非常喜欢我这种滑稽有趣的动作，争相模仿，甚至还加入了自己的想法让整个过程变得更有趣。我满心的顾虑也随之烟消云散。我更加深切地感受到了我将不再只是我，我和周围人的联系是那样的紧密，我能带给他们的快乐是那样的纯粹，我是多么享受那种被信任的感觉。

“我喜欢做志愿服务，它赋予了我新的个人价值”

在我选择是否留任中南大学青年志愿者协会希望捐赠部部长的时候，有那么一个男生让我坚定地选择了留任。那是一次志愿者标兵答辩，参与答辩的人有协会主席，有家乡社区服务负责人，有已经支教一年的支教地区联络人……他们都已经在志愿服务的岗位上小有成绩。但是有一个男生，他的成绩并没有非常突出，参加的也都是一些日常校园里的小型的志愿活动，甚至在答辩的时候声音在发抖，但是在他的叙述中大家都可以清楚地感受到他对志愿服务的一腔热血。在献血间隔为六个月的情况下，他在大学四年里献了八次血。我被这种纯粹震撼到了。“我喜欢做志愿服务，它赋予我新的个人价值。”这句话是那个男生在答辩时说出的最铿锵有力的话，那时的他仿佛一个少年踮起脚尖伸手触摸太阳，全世界都不能阻挡他获取阳光。令我高兴的是，他最后也成功当选志愿者标兵。他的经历更加坚定了我成为一名优秀志愿者的想法。

在有争取保研名额的想法后，我会因为保持专业排名的压力而感到焦虑，但我仍然没有放弃志愿服务。在后续的任职期间内，我组织并参与了协助交警指挥交通、回收旧衣、清扫岳麓山等志愿活动。复习周和期末考试的压力曾让我彻夜难眠，情感上的挫折也曾让我陷入低谷，但是当我充当着“志愿者”这个身份时，我心中所感、耳边所闻，皆是“青山绿水，白草红叶黄花”。我不再迷茫，因为志愿服务给了我克服障碍的自信。困难依旧存在，但我不再是被它拖着走，而是具备了驾驭它的能力。

久而久之，我变得柔软而又坚韧，学会了平心静气地面对生活的跌宕起伏，相信纵使事情复杂到有九曲十八弯，但只要慢慢去做，总能将其解决。我还获得了全新的个人状态，我不再只是我，而是已经融入了各种身份和意义的全新的我，是和他人紧密相连的、息息相关的我。蓦然回首，那份曾让我陷入无比焦虑的学业在我的心里也变得不再可怕，因为我知道一切都会水到渠成。

今后，我会继续投身于志愿服务之中，因为它不仅连接了我，也连接了你，未来还会连接更多的人。善行让原本陌生的个体处于难以割舍的联系之中，对立、纷争、隔阂的坚冰都会在它的温暖下融化成一江春水，滋养出下一个春天。“嗨，你好呀！当年刚刚踏进校园的那个余晋宇，看看现在的我，你一定会感到骄傲吧！”

人物简介

余晋宇，男，汉族，中南大学自动化学院电气工程及其自动化专业2018级本科生，已保研至上海交通大学电气工程专业。在本科阶段，他专业功底扎实，热情开朗，在学习之余投身于志愿服务当中。他连续四年专业排名第一，获得两次国家奖学金，获评湖南省优秀毕业生。学生工作方面，他连续四年担任班级学习委员，大二时担任中南大学青年志愿者协会希望捐赠部部长，在任期间多次参与组织和策划中南大学青年志愿者协会的义卖、志愿服务和支教等志愿活动。

04 服务他人，升华自我

电气工程及其自动化专业 2018 级本科生　孙开源

“勿以恶小而为之，勿以善小而不为。”每次听到这句话我都会陷入深思。作为新时代的青年，我们也许不能像革命先烈一样做一些惊天动地的大事，但我们可以从身边的小事做起，为他人、为社会做一些力所能及的实事。我们一次次微小的行动，可以让周围世界因我们而产生改变，从而让我们更加深刻地了解到自我存在的价值和意义。

爱在志愿服务里

2018 年，在经历了“地狱模式”的河南高考后，我如愿考入了中南大学。由于高中三年就只有学习这一件事，我便总想着在进入大学后要做一点不一样的事，特别是能够让自己找到自我价值的事。

在大一刚开学的学生组织招新中，中南大学青年志愿者协会“服务他人，升华自我”的服务宗旨让我眼前一亮，我预感到这里有我要的答案。在听学长学姐介绍部门时，我被办公室这一部门所吸引——其成员通常活跃在幕后，为志愿活动保驾护航，为协会正常运转提供保障，属于“志愿者的志愿者们”了。于是我便在招新表格中“部门”一栏直接填写了“中南大学青年志愿者协会办公室”，并且幸运地通过面试。办公室的主要工作是每日的值班、协会活动的物资支持、协会人事档案的整理、志愿者志愿服务时长的认证等。刚进入部门时，我虽然已经做好了当“绿叶”的准备，可还是觉得日常工作似乎与服务他人关联不大。随着中南大学青年志愿者协会第一次大型活动“我是河小青 · 美丽湖南行”路演活动的进行，我的想法发生了改变。我负责早上打开仓库，并帮助志愿者们进行物资搬运和场地布置。在路演场地布置好后，他们邀请我参与他们的活动。我从中学到了许多关于我国河流及水质保护的知识。在答题完成兑奖时，负责发放奖品的志愿者对我说：“谢谢你！正是因为你们办公室的帮助，我们才能这么顺利地举行活动。即使你们不能经常活跃在志愿前线，但也是志愿活动不能缺少的重要一环。”这段话让我觉得我们办公室在背后的默默付出是有意义的，也是不可或缺的。

之后每次活动我都会积极参与，“扎染再传承，旧衣换新颜”“低碳同行，衣暖情深”“重阳敬老，以物传情”“怡智家园义演义卖”……这些志愿活动让我切实感受到我的存在能为别人带来好的影响。在慢慢熟悉大学生活后，我开始积极参与校外的志愿活动，橘子洲地铁站、长沙市图书馆、怡智家园、圈圈故事会都留下了我的身影。无论是帮助游客购买地铁票，帮助小朋友复位书籍，还是与智力障碍人士一起游戏，带小朋友做一些生活中的科学小实验……都是很有趣的事情，他们的一声感谢、一个微笑都能让我获得无尽的欢乐。

大三时，我成了中南大学青年志愿者协会的会长，继续为志愿者们服务。作为会长，接手协会的第一个问题就是，大家的工作经验不足，干事们对部门的工作不够熟悉，志愿者们对志愿活动的流程不太熟悉，所以刚开学进行志愿活动时出现了各种各样的问题。于是我让每个部门编写一个部门章程，将工作与活动细节都以文档的形式确定下去，为后续志愿活动的开展打下坚实基础。

如今想来，不知不觉间，校青志协“服务他人，升华自我”的服务宗旨早已被我内化于心、外化于行，并贯穿我大学生活的始终。

爱在学生工作里

从大一开始我就担任班级学习委员一职，其主要工作是营造良好的班级学习氛围、收发作业与预定自习教室、关注学困生学业进展等。还记得大一时，每天第七、八节课结束后，我都忙着为班级同学预定自习教室，虽然有时会连晚餐都顾不上吃，但想到班级学风能因此得到提升我就会特别满足。大一上学期我们班实现了零挂科，这让我觉得我做的这些小事都是十分有意义的。

大二的学生工作更加忙碌，我不仅担任大类分流后所在班级的学习委员一职，还有幸成为自动化与电气类1907班的带班学长，带他们在体育馆和校医院排队体检，带他们去见军训教官，带他们从33栋出发到南校礼堂参加年级大会。在路上，我会和他们交流大学生活的美好，会与他们讨论哪个食堂的饭菜最可口，会鼓励他们参与学生组织为大学生活增光添彩。由于我的QQ头像是一只羊，他们都叫我小绵羊学长。军训查寝时，我每次从 33 栋出来，他们都很乐意与我分享自己的零食，让我觉得自己真的得到了他们的认可。此外，我还成了 56 度中南朋辈互助荟的志愿者，负责对接两个新疆的学弟学妹阿迪拉和阿卜来提。为帮助他们尽快适应大学生活，我经常与他们一起活动，例如我会带不擅长英语的他们去看英文原声电影来培养他们学习英语的兴趣，也会在图书馆为他们梳理课程知识脉络。看到他们逐渐适应大学生活，无尽的欢喜从我心底蔓延开来。

爱在共产主义信仰里

大三上学期的一次党课上，学院党委副书记黄亚老师为我们讲述了张富清老先生的事迹，我颇受鼓舞。张富清老先生是一名优秀的共产党员，一辈子不改初心，在部队保家卫国，到地方为民造福，是新时代中国共产党人不忘初心、牢记使命、永远奋斗的光辉典范，也是我一生的学习榜样。2020 年 11 月 11 日，我如愿成为一名光荣的预备党员。我时刻以党员的身份严格要求自己，积极参加支部活动，积极服务社会。我曾加入桃花公寓 A 栋自习室的党员先锋岗，为考研学生营造安静、干净的学习环境。读研后，虽然空余时间减少，但我始终不忘为人民服务的初心。我始终坚信，满足人民对美好生活的向往需求，就是我们共产党员的奋斗目标。

行善已经成为我生活中不可或缺的一部分，每一个小小的善举都会让世界变得更加美好。这就是我在追寻的价值。希望我能在行善之路上不停前行，服务他人，升华自我。

人物简介

孙开源，男，汉族，中共党员，中南大学电气工程及其自动化专业 2018 级本科生、控制科学与工程专业 2022 级博士研究生。在校期间，他积极向党组织靠拢，努力学习，热心志愿工作、乐于奉献。他曾获得国家奖学金、中南大学一等奖学金、中南大学优秀学生称号、中南大学优秀学生干部称号、中南大学优秀团干称号、优秀青年志愿者称号等荣誉；2020 年入选中南大学“本-博”拔尖创新人才培养计划。他曾担任中南大学青年志愿者协会会长、班级学习委员、中南大学电子设计爱好者协会副会长、自动化与电气类 1907 班带班学长、中南大学 56 度中南朋辈互助荟志愿者以及党小组组长。在兼顾学业的同时，他更加注重以实践服务社会，在校期间多次参加校内外志愿者活动，总志愿时长超过 200 小时。

05 不啻微芒，造炬成阳[①]

电气工程及其自动化专业2019级本科生　曹　蓉

因为自己淋过雨，所以总想替别人撑把伞。在风雨中奔跑，追着光，靠近光，成为光，散发光。纵使一次次跌倒在荆棘里，任其枝丫滑过脸庞，依旧目光坚定，勇敢逐梦，传递温暖。

靠近光

守静向阳，何惧路长。从一个普通的四线城市跌跌撞撞来到中南大学的曹蓉和大多数新生一样，对未知的大学生活憧憬、焦虑又迷茫。“但我是一个会主动争取并且愿意为目标浇灌汗水的人。我不会因为害怕做得不好就畏畏缩缩。对于很多事情，我始终坚持先做了再说。”曹蓉如是说。

她从班级的军训负责人做起，再到后来的班长。大一一年的沉淀，让曹蓉有勇气突破自己内心的枷锁，勇敢地向上生长。初任班长之际，曹蓉就秉持着“想同学之所想，急同学之所需”的工作理念。她走访了每一间寝室，用整整一个月的时间去跟班里的每一位同学聊天，汇总好大家普遍存在的问题，请优秀的学长学姐与同学们进行经验交流。曹蓉发现，在被班长职责推动着往前走的同时，她也在成为更好的自己。临近2020年元旦节，大部分大一学生离家已有四个月之久，期末备考的焦虑和对家的思念交织而来。曹蓉精心筹办了“各地方言贺新春”“心形班级合照”等班

① 本文由作者采用第三人称视角进行叙述。

级活动，让同学们在中南大学这个大家庭里找到归属感与慰藉。大一下学期疫情袭来，同学们的正常生活按下了暂停键。为了提高同学们的线上学习效率，曹蓉在班内开展学习互助小组计划，制度严谨，奖惩分明。在班委的共同努力下，班级考试挂科率大大降低，还获得了“中南大学先进班集体”的荣誉称号。大一一年的成长为曹蓉之后的大学生活奠定了良好的基础，她更加敢于去思考和尝试，也变得更加成熟。

曹蓉回想起大学四年，发现自己的心境早已发生了翻天覆地的变化，如今的她变得更加沉静和淡然。曹蓉认为如果在求学过程中总是围绕他人的评价体系去努力获得他人定义的成功，对自己的内心与生活没有深刻且严肃的审视，没有构建自我内在评价体系，就很容易导致内心焦躁不安。因此，曹蓉觉得向内探索与建设是相当重要的，在不断地向内探索后，曹蓉一步步靠近光。

成为光

追风赶月莫停留，平芜尽处是春山。“我想通过自己的行为去影响身边的人。”这是曹蓉入党的初心。从一名入党积极分子到发展对象，从预备党员到正式党员，曹蓉的内心是万分感慨和激动的。她感慨的是三年时光匆匆而逝，激动的是党员的光辉与使命萦绕内心。一岁有一岁的味道，一站有一站的风景，在党支部的不断考察和历练中，曹蓉实现了飞跃式成长。

还记得在发展对象推优会上，党支部书记杨金鑫老师问曹蓉什么是共产主义，那时的她浅显地学习了党的一些基本知识，但对其背后意义的深入思考少之又少。曹蓉开始意识到她距离一名共产党员还有很大的差距，内心无比自责与愧疚。在那之后，曹蓉认真阅读，不断思考，反复沉淀，在支部同志们的帮助下不断成长。现在的她想说：“我认为的共产主义是每个人都可以自由而全面地发展。到那个时候，社会生产力高度发展，人们可以不受物质的束缚，阶级差别彻底消灭，全体社会成员的思想觉悟和道德品质得到极大提高。”

农村的成长经历教会了曹蓉感恩和奉献，也教会了曹蓉知足与上进，更给曹蓉带来了“人，生来就是要如花草一样绽放”的信念。因此当学有所成时，曹蓉决定要成为一名带班党员，她说：“当你给他人带去一些力所能及的帮助时，收获往往就在不经意间。”还记得曹蓉作为带班党员与第一次提交入党申请书的学弟学妹们谈话时，她内心汹涌澎湃，久久无法平静。当曹蓉问“你为什么想入党？”时，许多同学的回答让她很受震撼。一位有些羞涩的学妹回答：“因为我想让家乡摆脱贫困，而不是摆脱贫穷的家乡。”这让曹蓉想起了詹青云的金句：“我们都是年轻人，在我们人生这个阶段，有什么东西是唯一珍贵的？那个唯一的带不走的就是青春本身。这份机会，这份可能。年轻人不是替你一个人在谋幸福，不是一个人看开了就可以，他需要为这个世界拓宽边界，是让所有人都有机会把道路越走越宽，是趁着年轻，我偏要勉强。”从这次谈话中，曹蓉看到了“00后”在用自己的力量去为更美好的社会、更强大的祖国努力。

制定支部发展党员考核细则，认真组织党日活动，精心安排好每一次谈心谈话，引导更多的同学积极向党组织靠拢。在党支部的工作，让曹蓉成长与蜕变，她在一步步成为光。

散发光

心栖梦归处，不负韶华年。曹蓉认为大学生活中有志愿服务相伴是一件相当幸运的事情。她始终秉持“奉献、友爱、互助、进步”的志愿服务精神，让青春的光辉照亮他人的路。

在校团委工作期间，曹蓉主要负责大学生志愿服务和西部计划这两项工作。当她的工作从面向一个学院变成了面向全校同学时，她开始意识到能力不足的缺陷，也开始向学长学姐请教。她从发通知开始，从基础的会务工作做起，阅读近五年的工作年鉴，研究所要完成的任务。还记得组织同学去参加湖南省第六届“雷锋杯”青年志愿服务项目大赛的时候，曹蓉一次次与各个团队一起打磨路演的稿子，也参加了团中央的很多场学习会。在逼着自己一步步成长的同时，她收获颇丰。从迎新志愿者、大巴宣讲等志愿活动的参与者到志愿活动的负责人，曹蓉看到了自己的蜕变。

在参与的众多志愿服务中，曹蓉印象最深的是作为“小间号 · 童行网校”的志愿者参与线上支教服务。距离的遥远没有阻断彼此的相识，反而为彼此的相识增添了一份奇妙的感受。这一段不长不短的时光，在曹蓉的人生征程中留下了不可磨灭的记忆。她对孩子们有着初识的期待，了解的渴望。从第一次授课的忐忑，到后来相处的自然，这一步步走来，她的回忆里都是孩子们带给她的无言的感动。一句平凡的话语也许对她来说就是莫大的鼓励。从他们的眼中曹蓉也看到了曾经的自己，更看到了他们在这个年龄本不拥有的坚毅与执着。他们向曹蓉证明年少并不代表不勇敢，成长也不一定意味着越来越坚强，没有父母的陪伴，没有优越的教育资源，顽强的生命也在茁壮成长。

曹蓉在“河小青”净滩行动、双教清扫、地铁站和市图书馆志愿活动、“云支教迎冬奥”、迎新、大巴宣讲等众多志愿服务中都有留下身影，即便在最忙碌的大三，她的累计志愿服务时长也达到了100小时。追光而遇，沐光前行，每一次奉献都饱含了曹蓉对世界最真挚的爱意，她在一步步散发光。

鲁迅曾寄语青年:“你们所多的是生力，遇见深林，可以劈成平地的，遇见旷野，可以栽种树木的，遇见沙漠，可以开掘井泉的。”不同的列车都在开往更好的地方。愿我们都能如曹蓉一样带着盛放的灿烂，奔向无尽的远方，不断努力，高处相遇。

人物简介

曹蓉，女，汉族，中共党员，中南大学自动化学院电气工程及其自动化专业2019级本科生。本科期间，她曾获国家奖学金、中南大学一等奖学金、米塔尔优秀学生奖和格林美创新实践奖等多项奖项，获第十七届“芙蓉学子·榜样力量”和“中南大学2021年大学生年度人物”“中南大学自强之星”“中南大学优秀学生干部标兵”“中南大学优秀学生”“中南大学优秀团干”“中南大学优秀团员”等荣誉称号。她先后担任校团委学生兼职副书记、中南大学第六届学生常任代表、自动化学院学生会主席和所在班级班长等。她积极履行党员义务，投身志愿服务和社会实践。

06 青春向上，时代向前①

自动化专业2019级本科生　王丹彤

“慎交友，勤耕读，笃根本，去浮华”是王丹彤的人生信条。她深信人生的意义在于怀着感恩的心开始每一个早晨，将幸福传递给身边的人，珍惜那些平凡而又重要的时刻。

2019年9月，来自河南省的王丹彤步入中南大学的校门，渴望从此开启充实而有意义的人生。她郑重地对父母说：“如果只是把大学当成复印机，把自己当成复印知识的A4纸，大学与高中何异?”她静默片刻又说道：“我希望我的存在，能够为人们带去幸福，为社会创造价值，哪怕是微小的意义也可以。”如今，王丹彤将这一想法落实到行动中。她不断完善自我，真心服务他人，贡献青春力量，活出自己所期待的美好与诗意。

偶然的机会，新入大学的王丹彤在年级群瞥见了第二十次全国电化学大会志愿者招募的公告，心中涌起参与的冲动。她欣喜地报名后迫不及待地等待着面试消息，却在面试当天遇上了滂沱大雨，费了好大力气才找到化工楼126室。站在面试官前，虽然被雨水淋透了全身，但她激动的心情却难以掩饰——她渴望加入志愿者团队。最终，她成功成为第二十次全国电化学大会的一名志愿者，参与了人生中第一次正式的志愿活动。“那时候，我只觉得‘山重水复疑无路，柳暗花明又一村’。”她回忆道。

---

① 本文由作者采用第三人称视角进行叙述。

志愿服务当天，王丹彤和其他的志愿者早早乘坐校车来到湖南国际会展中心，接受志愿者岗前培训。志愿活动一共持续了两天，第一天上午她在主会场大厅提供服务，主要工作是在开幕式、颁奖典礼等环节负责引导就座、搬运奖品、配合会场工作人员的调度。下午她在太阳能电池及光电化学分会场提供服务，主要工作是引导就座、给会议演讲者提醒时间、给提问者递送话筒等。第二天则一整天服务于主会场的论文阅览区，帮助各个参会的高校张贴论文海报。在帮助一位女生张贴海报时，那位女生注意到王丹彤衣服上的中南大学标志，于是兴奋地说她本科也就读于中南大学，如今正在攻读研究生，并向王丹彤分享了她的志愿服务心得："在志愿服务中，我们用自己的力量传递温暖，也从中感受这个世界的美好与善意，'赠人玫瑰，手留余香'这句话是真实可感的。"这番话对王丹彤的触动极大。尽管那两天的志愿服务工作繁重而辛苦，需要一直小跑着到各处去搬运各类物品，每天都累得筋疲力尽，但在闲暇时，她可以听到前沿的科技讲座，见到平日难得一见的科研大家，这使她更加期待未来的科研、学习生活。在提供帮助后，别人的一声"谢谢"、一个微笑，都能让她感受到存在的价值与意义。对于这次活动，她的感受可以用一个词来形容——酣畅淋漓。

从此王丹彤爱上了志愿服务，热爱参与一切提升人们幸福感的工作。她和同样就读于中南大学的高中校友组成了宏力中南小分队，报名参加了"回归母校，传播中南"寒假社会实践活动。他们走进母校河南宏力学校，向同学们讲述精彩的大学生活。她虽然才进入大学半年，但有数不尽的趣事和感受想要分享。她说："大学是极其自由的，因此我们更要有坚定的理想信念，明确人生追求，努力吸收前沿文化知识，对他人和社会做出应有的贡献。如果只注重知识获取而不考虑自我价值的实现，人生将变得苍白无趣。"看着台下同学们眼中的憧憬，她相信不久的将来会有更多人投入志愿服务之中，享受自我实现的乐趣。

大一暑假，宏力中南小分队再次集结，参加"中南大学赴河南省新乡市长垣市家乡历史文化调研实践"社会实践活动。他们深入新乡市长垣市各个文化遗址，了解家乡历史文化发展状况，并通过线上调查问卷与线下采访相结合的方式，针对文化保护、传承与发扬的问题开展调研活动。一个月的时间里，他们的脚步遍布龙山文化遗址、簧兴广场、学堂岗圣庙、蘧伯玉故里、崔景荣墓、程氏夫子祠、九龙山全神庙和长垣市中国烹饪文化博物馆。作为信息员，她精心整理调研结果，总结出行之有效的文化保护和传承措施，供相关人员参考借鉴。这些资料最终被整理为稿件投递到中南大学升华网、"三下乡"社会实践官方网站和中国大学生在线网等网站，并通过微信公众号进行宣传，引起了广泛关注。对于此次活动的初心，王丹彤说："'霓虹斑斓未灭，却不待人思旧忆。车流来往不息，竟不知路归何方。'家乡是根，家乡的历史文化是魂，我们愿寻找家乡散落的星星，让家乡发光发亮。"在溯源家乡历史、找寻乡土故事的过程中，她深深感受到了社会实践的意义。"纸上得来终觉浅，绝知此事要躬行。"她认为，大学生需要克服眼高手低的毛病，脚踏实地做好调研、发现问题并思考可行方案，才能更好地服务社会，为国家做出贡献。

王丹彤不仅在校内积极参与志愿服务，而且积极投身于校外的志愿服务中。大三时，她加入了长沙市图书馆的志愿服务团队，担任儿童区的负责人。这项工作需要团队成员定期整理书架、对借阅处的书籍进行分类规整、将书籍放到对应的馆藏室等。这一系列工作环环相扣，绝不能有一丝懈怠。每当看到孩子们从整齐的书架上取出自己喜欢的绘本，并咿咿呀呀地念着书中的故事时，王丹彤脸上就会荡漾起灿烂的微笑。她深刻意识到，清洁整洁的图书馆、井然有序的书架和安静的阅读氛围，正是由志愿者们营造出来的一个个童话世界，如果孩子们能因此爱上阅读，那么图书馆志愿者们会感到无比的开心。

在 2021 年 7 月的河南洪灾中，她的家乡长垣附近的卫辉市遭受重创，田地和村庄被水淹没，牲畜被冲走，村民们无家可归。作为一名大学生党员，她毫不犹豫地投身于抗洪后勤工作，捐赠物资，深夜里帮助收集物资并把它们运往灾区。她从灾民们收到物资时颤抖的声音和微微发抖的手中可感受到他们的感激。她说："作为志愿者中的一员，我在感动别人的同时，也被别人感动。我非常有幸能生活在这个充满大爱的国家。"为成功完成抗洪救灾工作，她在笔记本上写下："我们的祖国从未向困难低头，洪水无情人有情，八方支援必定胜利！"她深刻认识到，一个合格的共产党员不仅要有全心全意为人民服务的初心，而且要努力学习科学文化知识，以提高为人民服务的能力，否则，"为人民服务"就只是一句空洞的口号。

她多次参观雷锋纪念馆，被雷锋同志那股"我要把有限的生命投入到无限的为人民服务当中去"的精神深深地打动了。她说："我希望自己一直拥有勇敢和善良的底色。这个世界很喧嚣，做好自己就好。我们要多记住这个世间的美好，这些才是值得反复回味的。愿我们行走于这世间的同时，始终保持内心的纯粹，成为创造美好明天的人，始终温暖，永远坚定。"

人物简介

王丹彤，女，汉族，中共党员，中南大学自动化学院自动化专业2019级本科生。本科期间，她曾获校级奖学金和“中南大学优秀学生”“中南大学优秀团员”等称号，曾任职于中南大学团委、学生会学术部和学习实践部，担任自动化与电气类2107班带班党员，在中南大学自动化学院本科生第四党支部担任组织委员。

07 谁的青春不迷茫

电子信息工程专业2019级本科生　任思安

世界上有太多迷茫的人，害怕先迈出第一步。

——题记

如果有人问我对成长的认识，那么我觉得我的回答大概会是迷茫。从我自身的经历来看，迷茫是在初中时大家都拼命学习而我却不思进取得格格不入；也是高中时身边同学开始恋爱而我却找不到一个合适的人互诉情愫的自我否定；更是初入大学时大家开始积极社交而我还局限在宿舍舒适圈里的"苟且偷生"。但是随着我渐渐成长，我发现有的时候感到迷茫好像并不是我的专利，而是广泛地存在于我们同龄人当中。在信息化时代，在铺天盖地的信息浪潮里，我们更难找到自己的方向。在意识到这一点的同时，我发现迷茫并不是无解的难题，破除迷茫最好的方法就是大胆地去尝试。而我，也在不断地尝试中收获了许多。

美丽是常态，慌张也是

二十多岁，正是最美好的年纪。我们有着令人羡慕的年轻的身体，有着在学校无忧无虑的生活……这些我们习以为常的让我们得以不断地充实自己的大脑，更好地选择以后的生活。但是面对着这么多的选择，我们也时常会感到迷茫和慌张。我刚上大学时也是这样的。

还记得在新班级的第一次班会上，看着大家踊跃报名参加班委竞选，我内心无比纠结。我想去参加班长竞选，但我又担心自己因跟大家接触得太少而得不到大家的认可。我怕自己傻乎乎地上去参选却只能灰溜溜地下来，我怕自己会尴尬，更怕自己不曾做过班长会带不好这个班级。在多重顾虑之下，我错过了班长职位的竞选。好在我最终还是鼓起勇气，竞选新班级的学习委员并成功当选。虽然我错过了成为班长的机会，但是我认为成为学习委员对当时的我而言已然足够珍贵，并且可以让我在班级管理领域积累一定的经验。后来证明也确实如此。在自动化与电气类1908班担任学习委员的过程中，我渐渐地找到了在班级里担任职务的意义，也在协助班长进行班级管理的过程中逐渐找回了当初缺失的信心。

后来，在大一下学期分流到电子信息工程专业1901班的时候，我没有再次犹豫，积极竞选了班长。在成为班长之后，我发现，作为班长，我在工作的过程中往往是一种痛并快乐的感觉。我还记得在我第一次组织班会时，我对班会的认知依旧落后，即让大家规规矩矩坐在讲台下听几个人在台上轮流发言。但是当我如此组织时，现场的效果相当差，常常是我在上面尴尬地讲，大家在下面心不在焉地听。开了几次班会后，我能明显感觉到大家越来越抗拒班会。直到有一次我和另一位做班长的同学交流后，才意识到班会只是给我们一个主题，其内容和形式是可以由班级内部自己安排的。想到这，我开始积极地寻求班级之间的联谊，在条件允许的情况下尽量把大家带出教室，让大家在相对自由的环境里放松身心，从而能够更好地去接受班会上所传递的信息。虽然这样举办班会需要班委们准备物资和进行策划，但是当我看到大家通过班会交到了朋友、学到了知识、获得了快乐时，我觉得自己的付出是值得的！

除了班会之外，让我在大学期间感到慌张的事情还有“家”。虽然老话讲“家家有本难念的经”，但我想谈的“家”却不是狭义上的家，而是我们班37名同学组成的大“家”。我是东北人，不远千里只身一人从家乡来到长沙读书，在没有任何亲戚在长沙的情况下，我对班级的依赖度还是比较高的。于是，在我做班长的过程中，我开始思考该如何让同学们在班集体里有到家的感觉。碰巧我们到新的班集体之后的第一个冬天，学院组织我们进行冬至包饺子活动。这次活动让我发现中国的传统节日对于漂泊在外的学子来说是一个寻找家的温暖的好机会。因此，我和电子信息工程专业1902班的班长张一凡讨论后决定，在每一个传统节日时都为电子信息工程专业的同学们安排小礼物和节日美食。在大学的这些年，我们专业的同学在跨年时收到过奶茶、蛋糕，在端午节时吃过粽子、办过活动，在中秋节时品过月饼、赏过月亮……我和张一凡一直致力于把电子信息工程专业打造成全院幸福度最高的专业，我们也深切地希望同学们不管在哪里，都能保持一份身为中国人的浪漫和过节日的仪式感。

你若不负光阴，光阴便不负你

光阴如白驹过隙，转眼间，写下这些文字的我已经步入毕业年级。回顾大学四年，我自认为我走得正，虽然没有特别突出的成就，但也还算顺利地做了一些事情。除了在最后关头抓住机会成功保研外，我认为我大学里做的最有意义的事情就是把自己的闲暇时间投入校内外的各种志愿服务和实践活动上。

在最开始，我是没有做志愿服务的意识的。在分专业之后，我在室友郑洽伟的介绍和带动下，开始了志愿服务之路。在那之后，我从长沙市图书馆志愿服务活动开始，只要有机会，几乎每周都会去参加志愿服务。在我开始做志愿服务的那两年里，我去过长沙市图书馆将书籍分拣上架，去过第三教学楼做每周清洁，去过新生宿舍楼迎新扛行李……可以说志愿服务充斥在我大学生活中。还记得在学校组织的一次志愿服务中，和我同组的计算机学院的学弟问我来这里是不是为了加分保研，我怔了一下，随后明确地告诉他我在做志愿服务之前并没有这么想过，并且志愿服务在保研时也不能作为加分项给我带来什么好处，我是真的想在力所能及的范围内为大家做一些事情，在帮助他人的过程中愉悦自己。

除了志愿服务，我逐渐意识到了实习实践的重要性。我们不能仅仅学会书本上的知识，还应该在实习实践的过程中多了解一些社会动态。令我印象最深的是大三那年参加的长沙市“慢天使”爱心屋社会实践活动。在张巧丽老师的指导下，我们不仅对脑瘫儿童进行了关怀，还主动从患儿及其家庭的角度，深层次地剖析他们的困境，并且尝试着提出解决方案。虽然最后由于能力有限我们没能完全解决他们的困难，但这对于我们来说也着实是一段宝贵的社会经历。在大四的寒假，我还报名参加了由共青团盘锦市委员会主办的“返家乡”社会实践活动，并且在锦祥社区和兴隆台区人民政府办公室进行了为期两个月的实习。通过这次政务实践，我不仅逐步了解了政府和基层党组织的部门及其职能，也真真切切体会到了什么叫干部队伍年轻化。同时，我对政府工作人员的刻板印象也被彻底打破，他们的工作氛围也令我向往。还记得我刚到政府办综合科实习时，刚好赶上了区政府党组会的召开。为了办好这次会议，我和同办公室的同学从收议题材料开始，前前后后忙活了三四天，甚至中午的时间也都拿来排座位表、打印材料……当区里各位领导坐在会议室里开始开会时，我真正意识到政府工作是大有作为的。他们将整个区的大事小事都收集起来，一项一项地研究，一条一条地敲定，一件一件地落实。他们不仅推动了整个区的经济发展，还为老百姓的民生问题操碎了心，熬白了头。

每一段旅程的终点，都是下一段旅程的起点

人生，总是要不断地向前走。在大学四年里，值得纪念和缅怀的事情太多，我已无法一一记住。我想，真正帮助我从容面对未来的，可能是勇于尝试和不忘初心吧。我坚信，人生的每一段路都不白走，它们都可能在未来的某一天汇聚起来，在你最需要的时候推你一把。愿我们都能在自己的道路上，坚定不移地追光前行！愿我们都能在这个梦想绽放的时代，向着远方全力奔跑！这样的青春，才是闪耀的青春。

人物简介

任思安，男，汉族，中南大学自动化学院电子信息工程专业 1901 班本科生，电子信息工程专业 1901 班班长。他坚信“纸上得来终觉浅，绝知此事要躬行”，本科期间积极投身于各类志愿服务及社会实践，曾获得“中南大学优秀团员”“中南大学优秀学生”“中南大学优秀学生干部”等荣誉称号以及全国大学生信息安全竞赛国家级二等奖，并多次获得各级奖学金。

08 不忘初心，方得始终

智能科学与技术专业2019级本科生　吴佳婕

“全心全意为人民服务”时刻提醒着我不要忘记尽己所能去为周围的人做些实事。时至今日，我依旧在不断行动，也在不断思索如何才能更好地帮助周围的人。在帮助他人的过程中，我逐渐看到了自己对周围世界小小的影响，把握到了存在的价值与意义，感受到了实实在在的成就感与幸福感。我相信在生活中踏踏实实地做成一些有利于大家的小事就是幸福的事情。哪怕事情再小，做了就不亏心。不亏心，这辈子也就值了。

“艺”往无前，麓南花开

上大学后，我在2017级学姐钱玉洁的邀请下加入了学院团学会文艺部。在军训期间，我的旧伤复发无法参加分列式，转而加入队列操训练。尽管我知道队列操呈现的效果十分壮观，但我只是其中微不足道的一员，站在密集的人群中跟着口号举板子，感受不到这件事的价值。三天的训练过后，我们终于勉强掌握了所有的表演动作，并笨拙地呈现出来。当时，钱玉洁站在舞台上为我们录制视频。我第一次观看视频时，内心所感无以言表。同学们手持鲜红的板子，如奔腾的血液汇聚成中国的版图，而版图中央的红心则随着学生的跳跃有力地跳动着。这让我热血沸腾。于是在学院团学会招新中，我毫不犹豫地选择了文艺部，并幸运地通过了面试。

文艺部的主要工作是策划并组织学院的大型文艺活动，包括确定活动主题、设计门票、规划现场布置、报账等。每当我策划活动时，总会想起那张中国版图，也希望自己能构思出触动人心的活动，让每一位参与者都受到精神上的熏陶。因此，我常常提出一些大胆的构思。虽然大多数被否决了，但我仍愿意去尝试实现它们。在这个过程中，我逐渐了解了举办活动的全过程，并深刻认识到策划活动也是为学生服务的重要内容。一个优秀的活动策划不仅要考虑创新性和可行性，更应该走近学生群体，满足学生的精神需求。

进入大二后，由于学习懈怠，我的成绩急剧下滑。我曾考虑放弃文艺部的工作，全身心投入学习之中。但当我得知包括我在内最终留在文艺部的只有三个人时，我放弃了这种想法。因为如果只剩下两个人，那么文艺部的工作将很难开展。虽然可以从其他部门借调人员，或者是尽快培养下一级的学生，但我仍希望自己能在这种关头承担起责任。就是在这种情况下，我们还成功策划了第二届"艺往无前"风采大赛、"湘麓三友，艺韵风华"三院联合会演以及"麓南花开"2020 届毕业生晚会等活动，为同学们带来一场又一场艺术盛宴。其过程虽然复杂曲折，但看到同学们在这些活动中有所收获，我也就心满意足了。

三收三挺，两平一正

成为一名军人，是我自幼以来的梦想。我常想象着自己身着军装，挺胸抬头，走进军营，保家卫国。当高中时期接到征兵宣传单时，我本以为这将会是实现军旅梦想的契机。然而，由于腰椎和膝盖在高中时留下了病根，我无法参军。父母劝说我用别的方式报效祖国，于是我放弃了成为军人的理想。幸运的是，成为军训教官的想法得到了家人的全力支持。与辅导员刘海澍老师的交谈也增强了我对成为军训教官的期待。刘老师是一名退役军人，虽然他的工作很繁忙，但他一直致力于选拔和带领院内的军训教官。他总是怀着饱满的热情去面对每一个事物，并对自己有着极高的要求。他始终保持着对学习的热忱，所以我对他充满崇敬之心。

在大二开始前，我们进行了为期 15 天的教官培训，这段经历对我来说是快乐的。每天早上 7 点 20 分，我们在操场上集合，首先是站军姿；然后是复习前几天学习的内容，连长可能会进行抽查；最后是学习新的内容。在培训后期，我们还学习了匍匐前进、持枪动作等。晚上，我们会进行体能训练，如快慢跑、蛙跳、打军体拳等。有时在一整天繁忙的训练结束后，我们还需要背诵训练计划到深夜一两点，第二天 6 点半又起床迎接新的训练。听起来很辛苦，但参与其中时，我的内心只感到欢喜与满足。

结束了训练，我对真正带训充满期待，每日都在盼望着何时能真正开始。

但事情并不像我设想的那样顺利。由于个性内向，我没找到正确的方法去活跃气氛，和排里的新生比较疏离，无法营造出轻松愉悦的氛围。在意识到这些问题后，我每天请教连里的前辈，虽然有所改进，但新的问题接踵而来。我每天晚上回宿舍后都会琢磨如何调动气氛、如何让所带的排成为一个凝聚力更强的集体。我的声音也因为大声喊口令而变得嘶哑，喊口令、教授动作逐渐力不从心，心理压力和身体疲惫让我濒临崩溃。幸好我察觉到自己状态上的问题并及时调整了回来，没有将这种负能量传递给其他人。后来，我渐渐学会了如何与排里的新生相处，也能够以更加轻松的心态投入军训之中。结束训练后，我阅读了许多关于心理学和学会沟通的书籍，以此提升自己的技巧。然而，我始终感到内疚——没有让 12 连 1 排的学弟学妹体验到更加美好的军训。

这次的带训对我个人而言其实是比较失败的，我没能成为一名合格的教官。但我很庆幸可以进入教官行列，结识了一群志同道合的朋友，并身体力行地感受到如何成为学弟学妹的引领者。与退役士兵的接触也让我更加深入地了解了“最可爱的人”这一群体。

赠人玫瑰，手留余香

在进入大学之前，我的志愿活动局限于捐款、做劳动等，并不清楚有哪些途径可以去参与志愿活动，空有一腔热血而无处可使。直到了解到学校有青年志愿者协会这个组织，我毫不犹豫地前去面试。面试我的学长胡振鹏很温柔，他后来也成了我在阳光支教部的小组长。

我们主要负责怡智家园这个项目。怡智家园是一个接收 16~60 岁的特殊关怀人群的非营利残疾人托养机构，接收的人员大部分是智力障碍人员。这些人虽年龄渐长，但依旧表现得像六七岁的小孩子一样天真。每周我们会准备一个小主题，由一位同学讲解，并带领大家一起玩游戏。在做完游戏后，我们还会带着他们一起学习手语操。他们真的就像小孩子一样，活泼热情，而且十分团结。即便有一两个性格比较孤僻的朋友躲在角落里，我们也不会忽视他们，而是会带着他们一起参与进来。这些特殊关怀人员在一起，组成了一个温暖的集体。

我们阳光支教部的同人本来约好一起参加义卖并和他们一同表演，也学习了很久《夜空中最亮的星》这首歌的手语，然而考试时间和义卖时间冲突，我们赶回南校区时已经错过了义卖。这也成了我的遗憾。

我大二时加入了湘江班，课程安排时常会与志愿活动的时间冲突，但是我仍然没有退出发布志愿服务活动通知的群，只要和自己的课程安排不冲突的活动我就会参加。后来，我还参加了一次圈圈故事会活动，带着小朋友们做实验，让他们了解生活中的科学。教授小朋友们知识让我感到很快乐，而和小朋友们相处也让我心情愉悦。我希望更多的朋友可以参与到志愿活动中，像我一样从中汲取力量。

在大学期间，我还坚持每年献血。我总是在国庆节和五一劳动节这些有纪念意义的日子前往位于学校的献血车进行献血。这并不是一件难事，身边有很多同学也在做，甚至比我做得更好。寒假期间见到有母校宣讲活动，我也会约上我的朋友一起回校宣讲。我很庆幸每当我尝试做一件事情的时候，都能遇到一群人愿意一起去做，并且把事情做好。每一个集体都像一个大家庭一样将我包容进去，让我可以没有顾虑地完成自己的工作，成为每一次成功活动背后的一颗螺丝钉。

“为人民服务”这一句口号或许有人觉得假大空，但事实上有一些人终生都在为之奋斗。我觉得自己没有达到这一要求，因此只能不断努力提高自己的觉悟和能力，时刻提醒自己坚定理想信念、保持热爱、不断学习，为中国人民美满幸福而拼搏，为中华民族伟大复兴而奋斗。

人物简介

吴佳婕，女，汉族，中南大学自动化学院智能科学与技术专业 2019 级本科生。本科期间，她热心参与各项事务，努力把每天都活得丰富多彩而有意义。她曾担任自动化学院文艺部副部长，多次组织院级大型文艺活动；曾于 2020 年军训中担任 12 连 1 排排长一职；曾获中南大学三等奖学金，获评中南大学优秀学生干部等。

09 静以修身，俭以养德

自动化专业2019级本科生　李　沛

“人不应该成为花瓶，而应该随风起舞。”这句话充满了诗意和画面感。我们作为当代青年，不能被狭窄的自我局限，而应该投身于实践之中，去寻找“大我”的价值。回忆起自己初入大学时，我懵懂地提交了入党申请书。那时，我的入党动机还不是很明确，只是从小就觉得入党是一件光荣的事情。后来，我对党的认识在一次次的实践中不断得到升华。

当我成为入党积极分子后，为了更好地了解革命先辈舍生忘死、抛头颅洒热血的故事，我前往湖南党史陈列馆和雷锋纪念馆参观。然而，通过书本和展览得来的知识感触总是不够深刻。因此，我开始主动参与志愿服务活动，以实际行动证明自己能够成为合格的共产党员。我参与的第一个志愿服务活动是在信息楼门口进行车辆停放引导，目的是解决信息楼门前自行车乱停乱放的问题，因为这严重影响了学院的精神风貌和日常通行。领取到志愿者马甲后，我专注地投入工作之中，耐心地将信息楼左侧禁停区内无序摆放的车辆搬到自行车停放区，保证地下车库出入口的畅通。当我费时费力地将所有自行车与电动车挪动到正确的位置后，转头发现禁停区内又多了数辆摆放不当的车辆。这时我意识到，依靠人为摆放只能治标不能治本，我们需要加强针对同学们的宣传工作。因此，每当和同学们谈起信息楼停车问题时，我都会引导他们将自行车停到正确的位置，许多党员也在这样做。一个月后，我回到信息楼准备智能车比赛，看到许多车辆都停放在自行车停放区，而且停放有序，我大为感动。这表明我们的工作有了成效，一定程度上解决了问题。

辅导员张巧丽老师曾说过："作为党员，我们应该关注身边的问题并积极参与实践。"这句话深深地触动了我。

我非常注重同学之间的交往与情谊。回想起 2021 年 10 月，我担任团支书组织班级户外野炊，整个过程都充斥着欢声笑语。然而，在切菜过程中发生了意外，有位同学不小心切到了手指，顿时血流不止。我立刻和其他同学一起帮助他止血、包扎伤口，骑车带他前往附近的卫生所接受治疗。抵达卫生所后，医生第一时间处理了伤口，我则在一旁安抚他的情绪。考虑到切口比较深，医生询问我们是否需要接种破伤风疫苗。当时他犹豫不决，因为我们从医生那里得知，接种疫苗需要 400 元，对于学生来说并不便宜。但是情况紧急，如果抱有侥幸之心而不接种，万一感染破伤风梭菌后果不堪设想。在这种情况下，我劝他一定要接种疫苗，以防万一。当时他带的钱不够，我便先垫付了。在医生给他上完药、包扎完伤口、打完疫苗之后，我们才松了一口气。回去的路上，我想到这位同学为了给我们料理美食而弄伤了自己的手，还花费 400 元接种疫苗，内心十分不是滋味。回到野炊地点后，我找到其他班委讨论我们是否可以采取自愿原则来帮助他分摊药物费用。令我感动的是，班里的同学积极响应。我们花了半天时间为他筹集了药物费用。他回想起这件事情时仍十分感动。重新分班后，我们班依然会每年组织一场活动，这份自大一开始的深厚友谊至今从未中断。

加入朋辈心理互助会，仿佛踏上了一条温暖的小路。我们聚集在一起，关注着朋辈的心理健康状况，宣传心理健康知识，帮助同学们解决心理问题。在朋辈心理互助会中，我主要负责管理官方 QQ 号。它的一个重要功能是"情感树洞"，让需要心理帮助的同学可以倾诉自己的苦恼。每次听到同学们倾诉内心的故事时，我都用心倾听，并安抚他们的情绪。对于我能力之外的问题，我也会引导他们联系学校的心理健康教育中心，让他们能得到更专业的帮助。这个过程中，我始终保持着学习的态度，我们平等地交换内心的想法，因为为同学解开心结的过程也是我成长的过程。朋辈心理互助会的成员也会相互帮助。我会毫无保留地与大家分享自己的学习方法和感悟，希望能为学弟学妹们提供一些参考。虽然我的了解并不全面，但我愿意毫无保留地分享我所知道的情况。每当看到他们对我的建议表示感激时，我也能感受到之前学长学姐们传授给我经验时的那份温馨与感动。这种传承，既是知识的传递，也是朋辈心理互助会小伙伴们情感的延续。

我清楚自己只是一个平凡的人，做着平凡普通的事。但是，每当为他人、为社会提供一些力所能及的帮助时，我的内心总会荡漾出层层涟漪。我热爱的并非帮助他人的结果，也不期待回报，而是享受奉献的过程，享受自己的价值得以实现的每一个瞬间。这才是我一直在追寻的人生意义。

人物简介

李沛，男，汉族，中共党员，中南大学自动化专业2019级本科生。本科期间，他积极向党组织靠拢，心地善良，勤勉上进，乐于奉献，团结同学，曾获得国家励志奖学金、中南大学一等奖学金，获评中南大学优秀团员、中南大学优秀学生、朋辈心理互助会优秀个人等；担任过班级团支书、朋辈心理互助会副会长及党支部宣传委员。在兼顾学业的同时，他更加注重以实践服务社会，在校期间多次参加志愿者活动，关注朋辈大学生心理健康问题，以及参与暑期社会实践活动宣传党史文化。

10 愿做小溪，奔向大海

智能科学与技术2019级本科生　陈妍利

在生命的征途上，我们常常追求着各式各样的目标，渴望成为伟大的人物，或是在瞬息万变的世界中找到一席之地。然而，有时候，真正的伟大并不在于自己的名声和成就，而在于我们是否能够与世界的种种温暖和美好相连接。我之所以选择加入中南大学青年志愿者协会，是因为我希望自己能像小溪一样，用尽全力奔向大海，让自己的生命与芸芸众生相联系。

“河小青”保护湘江母亲河系列志愿服务活动

以爱河护河、保护环境为初衷，我策划并参与了“河小青”保护湘江母亲河系列志愿服务活动，包括校园路演活动、线上线下有奖竞答活动、幼儿园宣讲等。在这一系列志愿活动中，我第一次强烈感受到了志愿服务活动对社会的意义，也坚定了我继续做志愿服务的决心。

橘子洲地铁站导路志愿服务活动

怀着一颗热衷于便民利民、积极助人的心，在入学的第一个国庆节假期期间，我连续五天参加了橘子洲地铁站的导路志愿服务。国庆节假期，有许多外来游客来到长沙橘子洲景点旅游。一方面，地铁站人山人海，需要时时疏通；另一方面，有许多老年人并不了解地铁站怎么走。作为一名道路志愿服务人员，我需要帮助疏导人群，同时帮助老年人顺利检票过闸机，顺利乘坐地铁。

在导路志愿服务期间，我每天看着来来往往的人尤其是老年人顺利乘坐地铁，心中满是欢喜。有时看着顺利乘坐地铁的老年人，心中又不由生出一些担忧，担忧他们下地铁后能不能顺利出站，担忧他们能不能顺利抵达目的地，但再一想，又觉得到时一定也有许多好心的同志帮助他们。那次志愿导路活动结束后，每逢大型节假日，我都会去地铁站做导路志愿服务，无论是跟随协会，或是自行前去，我都乐在其中。

社区教学志愿服务活动

在大学的第一个金色秋天，我参与策划和组织了社区教学志愿服务，深入偏远社区为社区的孩子带来有趣且有意义的教学活动，同时也辅导孩子们完成家庭作业，为孩子们讲解课后习题。在课堂上每每看到孩子们对知识渴望的眼神，我们心中就更加多了一份希望全社会的志愿服务越来越好、越来越普及的期盼。社区教学志愿服务活动深得社区家长和孩子的喜爱。看着活动有良好的意义和成效，在此之后，我们就定期组织同学们去不同的社区进行志愿教学活动，将这项活动真正做到普及化、常态化。

湘雅二医院导诊志愿服务活动

每个星期三，我都会前往湘雅二医院进行导诊志愿服务。不论是医院问询台、大厅前门，还是自助挂号机和缴费机、楼层导引处，我都有幸帮助过前来医院问诊治病的人。我帮助过着急带怀里发热的孩子寻医的母亲，帮助过颤颤巍巍拄着拐杖咳嗽的老人，帮助过绕大厅一圈找不到挂号处的中年妇女……随着导诊次数增多、导诊时间增长，我能更加敏锐地察觉到需要帮助的人。我能从他们的一个眼神、一个手势、一个姿态中看出他们的无措，我能尽快地察觉并尽我所能提供微薄之力。也仅仅是一些微不足道的帮助，人们会一遍又一遍地道谢，会转头微笑示意。我有时在想：我何德何能如此有幸，每天收获那么多的感谢？这同时也成为我前进的动力。我总会心怀感恩。他人感谢我，我又何尝不是非常感激他们，感激他们的感谢，感激他们带给我的动力和服务人民的信心。

乡村护林防火志愿服务

我自愿参与了四川省凉山彝族自治州西昌市经久乡马鞍山村的护林防火工作。西昌市常年气候干燥，并伴有大风。位于西昌市的泸山系列山脉经常发生森林火灾，2019 年的森林火灾就造成了 19 名消防人员的死亡，令全国人民痛惜。因此，西昌市各乡各村都在常态化开展护林防火工作，最大限度地避免森林火灾的发生。我主动请求跟随村干部，辅助他们开展工作。我们会挨家挨户走访村民强调护林防火的重要性，定期上山巡查，逐一排查火灾隐患。我们努力做好各项工作，保护树木，保护山脉，防止森林火灾的发生。

乡镇防震减灾志愿服务活动

西昌市位于木河断裂带和安宁河断裂带交界处，地震灾害频发，也经常发生滑坡、泥石流等灾害。2008 年汶川大地震带来的悲痛犹在全国人民尤其是四川人民的心中难以消解，也时刻警醒着我们，做好防震减灾工作是必要的、重要的、紧要的。我的姑姑在西昌市琅环镇政府工作，也有幸参与镇政府的防震减灾工作。我则跟随姑姑，跟随防震减灾小组参加辅助工作。巡山时我们会注意是否有大型落石，评估各处滑坡的可能性，勘探山体土质的疏松程度，并做好一系列相应记录，尽最大努力认真做好防震减灾各项工作。

当我们怀着一颗渴望奉献的心积极参与志愿服务活动时，我们就成了奔向大海的一条小溪。我们的生命不再孤独而空洞，而是充实且有意义。我们的行动不再局限于个人的欲望，而是为了造福社会和帮助他人。愿我们永远保持善良和奉献的心，让世界因我们的存在而更加美好。

人物简介

陈妍利，女，汉族，中共党员，中南大学自动化学院智能科学与技术 2019 级本科生。她曾任中南大学校学生会权益部干事、中南大学青年志愿者协会联络部干事、中南大学自动化学院自动化与电气类 2106 班带班学姐、中南大学自动化学院智能科学与技术 1904 班团支书、中南大学自动化学院第七党支部副书记；获评“中南大学优秀青年志愿者”“中南大学优秀团员”“中南大学优秀学生干部”“中南大学优秀学生”。

11 学思行[①]

智能科学与技术专业2020级本科生　赖　涵

“道不可坐论，德不能空谈。”赖涵认为学问要落实到行动和实践中去，做到“知行合一、以行促知、以行求知”。因此她积极参与暑期“三下乡”社会实践活动，宣传红色文化，传承红色精神，融入社会，提升自我。

重走郴州革命路，感受先烈革命精神

2021年暑假，赖涵以队长身份率领中南大学赴湖南省郴州市桂东县微团课与红色基因传承暑期社会实践团进行党史宣讲项目的实践。本着深入了解郴州市红色文化保护与宣传工作，深挖红色精神内核的目的，她率领团队前往桂东县西边山桃寮村、工农红军在桂东革命活动纪念馆及郴州市烈士公园这三个具有代表性的革命红色基地，通过实地考察、随机采访路人、录制团课、编写小程序、媒体宣传等方式，开展对郴州市红色文化保护与宣传工作的调研。她率领团队制作了两个微团课与一个宣传视频，在中国青年网发表一篇文章，在中国报道网发表一篇文章，在今日郴州上发表一篇文章，在学院公众号发表四篇推送文章，在“中南小团子”公众号上发表一篇推送文章，并完成若干通讯稿和宣传稿的撰写。

第一个微团课拍摄于桂东县的工农红军在桂东革命活动纪念

① 本文由作者采用第三人称视角进行叙述。

馆。团课以纪念馆毛泽东雕像、“三大纪律六项注意”颁布旧址及红军长征图为抓手，以历史资料为辅助，全面地展示了红军在艰苦卓绝时期所表现出的坚韧不拔、自强不息、英勇无畏的精神。第二个微团课拍摄地点选定于郴州市烈士公园。在烈士公园中，他们沿着湘南起义纪念塔走到烈士长廊，再到革命纪念馆，通过镜头里的画面向观众重现了当年湘南人民英勇斗争、打土豪、分田地、建立红色政权的情景，也传达了对革命先烈的浓浓敬意。从郴州回去后，赖涵组织团队进行了红色文化与红色精神传承小程序的制作，并独立完成了整个小程序的代码编写、规划设计。小程序主要展示了团队的实践成果、红色景点的历史背景和优美景色，同时宣讲和普及了郴州市的红色文化和红色历史，2021 年 11 月就推行了试用版本。

提起在郴州的经历，赖涵说道：“在前往桃寮村的路上，经过了四个多小时的车程，才终于按照地图的指示到达了目的地。但是我们看到的景象和我们想象的很不一样，这里十分荒凉，没有房屋，也没有居民。于是我们就下山询问了一下当地的居民。其中一位老人和我们说这里确实是桃寮村，只是几十年前一场大火烧毁了整个村庄，村庄里的居民也都离开了。这让我十分感慨，红色文化的保护和宣传永远在路上，作为担当时代复兴大任的时代新人，我们要继续加强红色文化的挖掘、保护和弘扬，把丰富的红色文化资源代代相传。”

溯革命之源，行时代远征

顺应“青春献礼二十大”的主题，2022 年暑假，赖涵再次以队长的身份率领中南大学赴湖南省衡阳市衡东县基于虚拟现实技术的创新红色传承与发展暑期社会实践团前往衡阳市进行为期四天的关于衡阳市红色精神和红色传承的调研活动。

在前往实践之前，赖涵率领团队通过查阅资料等方式对衡阳市红色文化进行了线上调研。调研结果显示，衡阳的一些红色景点宣传方式不够灵活，传播方式单一，传播途径较少，缺乏足够有影响力的传播载体。因此，她希望深度融合红色文化与新媒体，利用现代化信息技术弘扬红色文化、保护革命文物。赖涵率领团队通过现场调研、视频记录、总结宣传等方式，展开关于衡阳市红色文化的研究工作。最终，团队拍摄了罗荣桓故居红色文化传承、衡阳市烈士陵园红色精神传承这两个微团课制作了一个衡阳市红色文化宣传视频进行宣传推广，并制作了罗荣桓故居虚拟现实游览小游戏。

从衡阳市回来后，赖涵率领团队开发制作了罗荣桓故居虚拟现实游览小游戏。虚拟现实，即虚拟和现实相互结合，是一种可以创建和体验虚拟世界的计算机仿真系统。它利用计算机生成一种模拟环境，使用户沉浸到该环境中。赖涵率领团队使用游戏引擎，通过建模、美术渲染，模拟并呈现了罗荣桓故居的场馆环境与陈列物品，最大限度地将考察地的实景数字化、虚拟化，并通过线上平台展示和传播，让人们可以随时随地“云游”展馆，了解红色历史，探寻红色文化。

“察势者明，趋势者智，驭势者独步天下。”赖涵认为，在大学期间，除了关注学业外，也应多关注社会的发展动态。我们身为青年，理应顺应时代潮流，担当时代使命，弘扬时代精神，从社会中来，到社会中去，在瞬息万变的世界中把握规律、勇于突破，抓住历史机遇，更上一层楼。

人物简介

赖涵，女，汉族，共青团员，中南大学自动化学院智能科学与技术2020级本科生。本科期间，她担任中南大学“三下乡”社会实践项目——中南大学赴湖南省郴州市桂东县微团课与红色基因传承暑期社会实践团负责人，中南大学“三下乡”社会实践项目——中南大学赴湖南省衡阳市衡东县基于虚拟现实技术的创新红色传承与发展暑期社会实践团负责人，参与国家级大学生创新创业项目(1次)；荣获2022年中国机器人大赛暨RoboCup机器人世界杯中国赛机器人先进视觉赛-3D识别项目国家二等奖、2022年中国机器人大赛暨RoboCup机器人世界杯中国赛机器人先进视觉赛-工业测量项目国家二等奖、2022年美国大学生数学建模竞赛H奖、全国大学生英语演讲比赛校赛二等奖等奖项；荣获“中南大学暑期社会实践活动校级优秀个人”“中南大学优秀团员”“中南大学优秀学生”等荣誉称号，所在团队获“中南大学暑期社会实践活动校级优秀团队”；曾担任中南大学学生学习指导与发展中心新媒体干事，中南大学暑期社会实践宣讲员，自动化学院智能科学与技术专业2003班副班长。

12 于是，我决定追逐太阳

自动化专业2020级本科生　张可爽

我一直觉得，自己是万千普通人中再普通不过的一个，我加入学生组织时也是抱着这样的心态——微小如我，做好一个大机器上最不起眼的小螺丝钉就好了。如今再度回望那段经历，觉得自己成长良多，似乎早已在不经意间散发出点点微光。

不记得我到底是从什么时候开始知道心理学并对此产生兴趣的。我忘不掉那些人手臂上的疤痕，我见过他们控制不住大哭，我也见过那些偏见与伤害逼着他们沉溺，他们笔下窒息的文字浸满绝望与痛苦……我希望自己能在深夜里倾听他们的控诉，用我所有的善意给他们一点坚持下去的勇气。所以当我知道朋辈心理互助会这样的组织时，我毫不犹豫地想要成为其中的一员，为普及心理知识做出微薄的贡献。

我如愿加入自动化学院朋辈心理互助会后，虽然接触的工作与最初想象的有些差异，但仍然学到不少东西。我大二留任成为宣传部部长，坐在学长学姐们曾经的位置上，也承担起辅导大家做海报、排版推送的工作。虽然发布的推送文章不多，但是我已经摸索出很多实用的经验。这一年，我们在线上宣传的计划也因为参与度问题完成得并不是很好，为此我备感受挫。最让人感到难过的，并不是结果不尽如人意，而是我们几乎已经拼尽全力，效果却还是没有任何提升。无力感深深包围着我，我甚至质疑自己到底有没有能力承担起这份责任。在和其他部门负责人聊起这个话题的时候，他们帮我客观地分析了很多方面的原因，并肯定了我的各项能力。正是因为这些真心的肯定，鼓舞着我在学期结束时去竞选会长的职位，最终我成功当选。

成为会长后，我没有忘记自己加入这个组织的初心。学院心理剧比赛参赛模式的缺点早有显露。暑假时，所有留任的同学一起在线上开会讨论，齐心协力对整个活动从头到尾进行了革新：由从前的以班级为单位参赛变成自由组队，想做编剧的学生就报名参与培训，剧本筛选后招募角色演员，表演场地也从民主楼小礼堂改为信息楼 108 报告厅。革新意味着几乎没有经验可以借鉴，所有人都是摸着石头过河，但是没有一个人对此有怨言。正式比赛那天，当观众席的灯光熄灭，主持人走到舞台中央时，我们仿佛真的坐在剧院里欣赏专业的情景剧表演，一切是那么不真实。四场凝聚大家心血的剧目表演结束，当我回头看到观众席坐满了自愿前来观看比赛的同学的时候，当朋友们发消息给我夸奖这一次活动举办得异常精彩的时候，成就感扫清了所有劳累。如果我全力以赴，哪怕只触动一个人，我也会感到欣慰。

作为会长，我带领大家共同努力完成了四校联合心理情景剧大赛从策划到执行的所有组织工作。整个过程中，我们从早到晚忙于各种准备事宜，甚至为了保证参赛队伍顺利进行彩排，压缩了我们的用餐时间。但看到每个人都投入地完成自己分内的任务，共同朝着目标努力，我极为感动。

比赛当天上午，机动组马不停蹄地解决各类突发状况。或许是因为一切都步入正轨，下午的流程还算顺利。眼看比赛就要进入尾声，竟然发生了意外——由于工作人员通知的候场时间有误，导致第二十八组没有在预计时间内抵达现场。此刻最好的解决方案是后面两个剧组自愿提前表演。不过因为种种原因，这一方案未能执行。于是我们决定用最终统分时播放的短片填补这一时段的空缺，为剧组到场争取时间。但短片时长有限，一旦挪作他用，意味着我们要在半小时内找到一段符合要求的新视频，尽快完成审核、下载、转交中控室的流程。机动组的同学们分工合作：通知主持人更改串词，催促并确定剧组到场时间，协商沟通下一组上场安排，寻找另外的视频内容。半个小时内，如果再生变故就意味着我们可能不得不选择冷场或其他更突兀的解决方案。只要视频还没有导入中控室的电脑，危机就不算解除。一时间，所有人都动了起来。我们群策群力，将下载好视频的 U 盘及时送进中控室后，大家都松了一口气。

表演结束，统分工作紧张地进行着，临时补充的第一个视频即将播完，结果也出炉了。我在对讲机里和中控室沟通，建议这个视频放完就换成颁奖的背景图，主持人说想把获奖名单抄到手卡上，于是我们改为再放一个短片。但第二个文件的后缀让我非常在意，下载时我就很担心，因为这个文件格式很可能无法在中控室的电脑上打开。果不其然，看着大屏幕上的报错页面，观众席逐渐有了议论的声音，我们根本没有犹豫的机会。我冷静地说道："中控室不放视频了，切换成颁奖背景图，主持人现在直接拿评分表上台颁奖。"音乐响起，后续流程有条不紊地推进，掌声、闪光灯、欢呼、拥抱、离场……我终于瘫坐在椅子上得以休息。喜怒悲欢，浮华尽散，看着那一方舞台，我想我们每一个人都获得了成长。

少时读《城南旧事》，我总是感叹英子的生活充满戏剧性。如今历经种种，再回首，空余感慨。仔细想想，那些有波澜的片段，牵扯了太多人的悲欢。罗曼·罗兰说："世界上只有一种英雄主义，那就是在认清生活的真相后依然热爱生活。"所以哪怕有一天身处黑暗的泥沼，我也想做一束光，照亮一隅。

有时候我会幻想，或许我已经让一些人看到我了吧，或许我也曾照亮过谁了吧，或许微小如我，也给过其他人力量了吧。因为渴望太阳，所以追逐太阳。因为追逐太阳，所以散发着如同太阳一般的温暖和光芒。于是岁月静好，平凡也漫漫，我仍走在路上。

人物简介

张可爽，女，汉族，中南大学自动化学院自动化专业2020级本科生。在校期间，她加入了自动化学院朋辈心理互助会，大一时作为主持人参与院级心理情景剧比赛，大三时任会长，策划、宣传过数个活动，带领自动化学院朋辈心理互助会全体同学承办四校联合心理情景剧比赛。她曾加入中南大学心理中心"心"媒体工作室，后升为组长，在"中南心苑"公众号上发布的多篇推送文章有着不错的阅读量。她曾获评"中南大学朋辈心理互助优秀个人""朋辈心理互助队伍优秀干部"，获得中南大学排球协会"新生杯"冠军、"阳光杯"亚军等多个奖项。

13 我将无我，自成光明

电子信息工程专业2020级本科生　陈贤梅

进入大学，就像打开了一个新世界，新鲜、好奇，却也迷茫。我不想再拘泥于高中时期宿舍—食堂—教室三点一线的生活，而是希望有一份小小的事业。这份事业能够让我不再仅仅局限于小我，而是能够让我深入眼前这个鲜活的世界，能够让我与形形色色的人建立起单纯而真挚的关系，能够让我真真切切地摸到这个时代的脉搏，能够让我与同时代的人们同呼吸共命运，能够告诉我活着的价值与意义。

我成长在祖国广袤大地上的一个乡村里，村子虽不大却温馨。每个村民都曾接受过他人帮助，也都以善行回报他人。无论是房屋翻新、农田耕作这种关乎生计的大事，还是临时照顾小孩和老人、辅导学习这类司空见惯的小事，村子里的人都会自发地伸出援手。在如此和睦的氛围中，整个村庄的村民如同一家人。

离开乡村进入大学后，虽然人与人之间不再有那样亲近的关系，但我仍期望做些能为大家服务的事情。

2021年6月19日，辅导员在自动化学院2020级官方群发布了“兆易创新杯”第十六届中国研究生电子设计竞赛华中赛区志愿者招募信息。此次竞赛流程分为三个阶段：6月20日至6月26日是作品整理与分类，6月26日至6月27日是专家会议评审，7月3日至7月4日是现场比赛。志愿服务内容包括赛前筹备、联系参赛队伍、提供咨询服务、引导参赛队伍入场、接待来宾和准备材料等。尽管期末考试压力重重，但我仍决定报名参加比赛现场的志愿服务。

活动前，老师在线上会议上讲解了活动要求和注意事项，提前分配任务，让大家熟悉自己的工作，并一一解答大家的疑问。比赛当天，我早早来到信息楼领取工作证，并开始了我的志愿服务工作。我的工作主要是确认参赛信息、分发参赛物资，以及给前来参赛的同学指路。在空闲时间里，我观看了各个参赛团队的作品。每个团队的氛围都非常好，队员们都很友善，很多团队都向我解释他们作品的设计初衷、用途和原理，使我大开眼界。这些经历丰富了我的视野，让我对科研充满了敬畏与憧憬。

2021 年 7 月 10 日，长沙市首届体育消费节在贺龙体育中心正式启动。展会涵盖了篮球、足球、羽毛球、高尔夫球、棒球、乒乓球、射箭、击剑、武术搏击、棋类等各类别的体育项目，共设有体育培训、体育健身休闲、体育装备、体育休闲旅游、潮流极限运动、特邀展区等六大板块。其中射箭、跳绳、乒乓球和高尔夫球等项目设置了游戏，每个游戏安排了两名志愿者提供服务，主要负责给参加游戏者讲解游戏规则和技巧。参与者完成游戏目标就可以获得印章，超额完成任务则可以直接到前台领取相应奖品。

我与一个小伙伴负责高尔夫球游戏。由于我是自行前往而不是一起集合乘坐班车到达目的地的，所以错过了培训。幸好我的搭档给我简单讲解了握杆姿势和推杆要领，我趁着没人的时候也练习了几次，虽然十有八九是不进洞的，但我还是觉得高尔夫球蛮有意思的。来玩这个游戏的大部分是小朋友，很少有人能挑战成功，于是我们放宽了游戏规则，小朋友可以在近处挥杆。有个小朋友非常喜欢这个游戏，玩了一次后又重新排队，最后完成挑战才离开，去换取奖品后还专程回来和我们分享。看着他发自内心的喜悦，我感慨万千。我想，这个小朋友未来说不定能成为高尔夫球大师，而这场游戏也许就是他高尔夫球生涯的起步。

那时候，正值炎炎夏日，体育馆内很热，有位好心的家长劝我们把志愿者外套脱了，怕我们中暑。但为了方便参与者找到志愿者，我们还是选择把外套继续穿在身上。最后是负责人来告诉我们可以将外套脱了，戴好工作证就可以了。我真的很感动，也很感谢家长们能为我们考虑。我想，我们对世界的每一份善意都会回报到我们的身上吧，因为爱本来就是相互奔赴的呀。

2021 年 7 月 13 日，我参加了湖南省志愿服务联合会第二届第二次会员代表大会志愿服务活动。服务内容是引导就座。在这一过程中，我认识了周迎香。她不仅从退伍女兵成长为千人志愿团团长，更是长沙市天心区青年志愿者协会的秘书长。她说，做了志愿服务这份工作后，她找到了人生的方向，助人后的充实感与满足感是难以言表的。“在志愿服务的过程中，你会觉得自己不再渺小，也不再迷茫。”她应该说出了所有志愿者的心声。

2021 年暑假，我成了自动化学院 2021 级带班学姐。我十分感谢之前的学长学姐给予我的帮助，正因为如此，我希望能够回报社会，帮助新生顺利适应大学生活。在这个愿望的驱使下，我积极参与了中南大学青年志愿者协会的迎新志愿服务活动。我的主要工作是前往火车站迎接新生。此外，我还参与了“文明天心青年行，争创文明典范城”志愿服务活动。在这次活动中，我负责清理垃圾、摆放单车和指引交通等任务。除此之外，2022 年 1 月至 2 月，我还有幸参加了“云支教迎冬奥”志愿服务活动。在这次活动中，我与小朋友们一起完成了许多有趣的活动，包括“一起运动迎冬奥”“一起看冬奥”“一起云阅读”“一起过个奥运年”。在大二下学期，我又参与到中南大学青年志愿者协会的双教清扫活动之中，主要负责打扫教室、楼梯、走廊，擦拭楼梯扶手和教室黑板，清理教室垃圾，给同学们营造良好的学习环境……这些志愿服务活动门槛并不高，做的也都是生活中的小事，但人生不正是由这么一件又一件小事组成的吗？当你认真对待每一件小事，想他人所想，急他人所急，将小我融入为人民服务这一伟大且不朽的事业中，你就会感受到我将无我，自成光明。我们不能脱离他人、脱离集体、脱离时代去寻觅个体的人生意义。生而为人，立足于人之根本，就要为了更和谐、更友爱、更互助、更进步的人类社会而奋斗。

每一次志愿活动都有着不同的体验，能遇到各种各样有趣的人，经历一件件有趣的事情。在此过程中，我们不仅能够磨炼自己，而且能与周围的人同呼吸，共成长。感谢各个志愿活动主办方的组织与策划，感谢每一位志愿者的陪伴和帮助，让我们共同铭记初心，在志愿服务的道路上持之以恒，继续前行。

人物简介

陈贤梅，女，汉族，共青团员，中南大学自动化学院电子信息工程专业 2020 级本科生。她曾任中南大学自动化学院朋辈心理互助会干事、中南大学心理中心开放日的讲解员、中南大学自动化学院 2021 级带班学姐、中南大学自动化学院电子信息工程专业 2002 班副班长、中南大学职业生涯发展协会会长；曾获中南大学 2021—2022 学年优秀学生社团干部、第十三届中国大学生服务外包创新创业大赛国家级三等奖、第十五届中国大学生计算机设计大赛省级三等奖。

14 心中有阳光，脚下有力量

智能科学与技术专业2020级本科生　陈昀昀

心中有阳光，脚下有力量。在生命力最旺盛的日子里，我们青年人就该像爬山虎一样，怀着心中的美好不断向上攀登，让青春的绿色铺满征途，把阳光的足迹固化在石壁砖墙上。我们要有坚定的信念与奋斗的勇气，更要有广博的知识和无畏的担当。

天道酬勤，地道酬善

初入大学，我便对接下来一年的生活充满了期待，而在这一年后，我交出了令自己满意的答卷。我的加权成绩位列专业前茅，高等数学、线性代数等课程的成绩更是满分或者接近满分。

我想，我能够取得出色的成绩，是离不开这一年来的勤奋与努力的。“天道酬勤，形容上天偏爱于勤奋的人们，付出的努力一定会有回报。”这句话深深地激励着我。当我独自一人去图书馆自习或是准备期末考试时，我不觉得孤单；当我有一道难题无法解答时，我不觉得灰心；当我感到学习压力大、身心疲惫时，我不觉得消沉。

一个人默默战斗的同时，我还热心帮助同学。我所在的班级在期末考试前，组织了集体复习。我积极参加并承担起辅导同学们高等数学的任务。我把平时整理的笔记、梳理的易错点、总结的解题方法、构建的思维导图都分享给了同学们，同学们的反馈也很热烈，都十分感谢我。但在我看来，这是一件互助互利的事情——我在备课讲课的过程中也再次复习了所学的知识，这对我的帮助同样很大。由于我的高等数学取得了满分，在大一下学期时，年级会邀请我通过线上线下相结合的方式，为部分有需要的同学进行高等数学的辅导。

“赠人玫瑰，手留余香。”这句简单的话道出了帮助他人的深远意义。只有那些亲身体验到帮助他人所带来的快乐的人，才能真正理解这句话的力量是如此巨大。“地道酬善”的含义是要心怀广阔，对世界充满善意。多一分善意，就多一份温暖的力量传递出去。当我们以善良之心去帮助他人时，不仅能为他人带来改变和希望，也让自己的生活更加充实与有意义。每一次帮助他人都是播种下希望和爱，它们将延续下去，影响更多的人，造就更加美好的社会。因此，当我们拥有地道酬善的心态时，我们不仅改变了别人的生活，也塑造了自己的人生轨迹。在这个过程中，我们不仅成了别人的榜样，而且使自己的心灵变得更加富足和丰盈。

矢志服务，播撒爱心

初到校园，便迎来一年一度火热的学生组织纳新活动。各类学生组织向我“招手”。正当我看花了眼时，校团委志愿服务指导中心的介绍吸引了我的注意力。从小到大我都没有深入了解过志愿服务，但“志愿服务”这四个字宛如有魔力一般攫住了我的目光。于是我报名参加了校团委志愿服务指导中心的面试，并顺利成为一名干事。

大一期间，我参与组织策划“同护江河水，‘湘’遇河小青”活动、校团委志愿服务指导中心见面大会，以及志愿服务项目展活动。通过撰写策划方案与参加活动，我对志愿服务的策划、组织、开展、总结等过程有了全面的认识，我的能力也得到了提高，更激发了我对志愿服务活动的热情。

还记得举办志愿服务项目展活动那天，天公不作美，在我与同事值班时下起了雨。阴雨绵绵，寒风阵阵，展板在风和雨的双重夹击下倒塌在地。我们都没有带伞，但我们还是冒雨将展板一块块扶起，再找来石头压好底座。将所有展板都摆好后，雨渐渐地停了，我们浑身上下都湿透了。但是看到路过的人们会来展板前看一看关于志愿服务活动的介绍图文，我们便觉得这点辛苦不算什么了。在大一结束时，我选择留任志愿服务指导中心的办公室副主任，继续参与志愿服务指导中心工作，为志愿服务活动贡献自己的力量。

在大二的国庆节假期，我报名参加了校团委志愿服务指导中心组织的“美丽中国·青春行动”2021年净滩活动，我所在的志愿服务小组负责西湖公园的净滩任务。10月2日下午，大部队到达西湖公园，分好手套、夹子、垃圾袋等净滩工具后，兵分四路开始清除公园道路上的垃圾。虽然已是秋天，但是天气依然炎热，大家不断弯腰蹲下，捡起地上的烟头、纸屑、水瓶等，即使汗流浃背，也不忽略任何一个破坏公园整洁的小细节。最终，我们战绩满满，“收获”了几大袋垃圾，让西湖公园更加清洁、美丽。夕阳西下，暑气还未消散，但我的心并不燥热，有的只是参与志愿服务活动的满足与快乐。

弘扬志愿精神，播撒爱心火种，是我加入校团委志愿服务指导中心的初心，亦是我投身于志愿服务事业的动力。

知行合一，笃行致远

大二时，我参加了大学生创新创业训练计划(简称“大创”)项目的申报。我与同学组好队后便开始对选题进行选定。在课余时间，我们讨论了几次，也迟迟没有确定选题。

在某一次讨论中，一位同学提到的污染问题突然激发了我的灵感——对水污染、空气污染等问题的研究已不鲜见，但对光污染的研究鲜少有人涉及。我们迅速查阅了大量相关资料，了解到光污染对人类生活健康、生态环境等都有不同程度的危害，城市光污染监测及评估应成为城市建设与治理的一个重要部分，目前我国各省的环境监测中心已将光污染的监测与防治纳入工作中，但对该工作的研究还不多。于是，我们终于确定了选题。

接下来便是撰写申报书了。很快我们又遇到了新的困难——我们没有深入探讨光污染的研究意义，思维陷入了死胡同中，觉得这个方向没有进行下去的希望了。一位成员也因为自身原因退出了小组，整个小组像是一株马上要倒下的枯草。眼看着截止时间越来越近，我们决定向我们的指导老师——计算机学院的吴嘉教授说明遇到的难题，本以为已经穷途末路，但老师的一番话让我们打开了思路。光污染不只是环境问题，更关联着光污染的治理，城市的发展格局、发达程度、产业建设，居民的生活质量等多个方面。各种想法如洪水般向我们涌来，原本要倒下的枯草焕发了新的生机。在后续各项申报工作完成后，我们获得了省级立项。

知行合一，笃行致远。参加大学生创新创业训练计划项目的过程让我深刻领悟到知识与实践的紧密结合的重要性。作为一个大学生，仅仅拥有知识是不够的，而是需要将知识付诸实践，只有这样才能真正收获成果。我们的团队从最初的摸索、选择选题，到在撰写申报书过程中遇到的困境，再到最后通过老师的指导得以突破困境，每一步都是相伴前行的。正是因为我们具有高度的热情和不断探索与勇于改变的精神，才最终克服挫折并取得成功。尽管在这个过程中遇到了许多挑战，但我们始终坚信，付诸实践，才能获得真正的突破和成长。所以，我相信，只有将知识与行动相结合，我们才能不断向前，走得更远。这次经历，让我深刻体会到了知行合一的强大力量，以及笃行所带来的奇迹。我将继续秉持这样的精神，追求自己的梦想，并为实现更加美好的未来不懈努力。

人物简介

陈昀昀，女，汉族，中南大学自动化学院智能科学与技术专业2020级本科生。她曾负责省级大学生创新创业训练计划项目(1项)，获得2022年全国大学生数学建模竞赛省级二等奖、中南大学第十七届大学生数学建模竞赛暨全国赛校内选拔赛二等奖、2022年中南大学“互联网+”大学生创新创业大赛高教主赛道二等奖，荣获国家奖学金、学年奖学金特等奖，获评“中南大学优秀学生”和“中南大学优秀团员”等。

15 志在心中，愿在行动

电气工程及其自动化专业2020级本科生 臧政赫

“把一件简单的事做好就是不简单，把一件平凡的事做好就是不平凡。”这句话一直被我奉为人生行为准则。从高中时期懵懵懂懂加入校青志协，到现在大学报名参与各种社会志愿服务，在一次次为社会做贡献的过程中，我渐渐明白，作为新时代的有梦想、有素质的大学生，人生的价值已经不仅仅在于学好科学文化知识，树立个人远大理想，更在于树立一种胸怀天下的大爱，关注身边的小事，力所能及地为社会贡献自己的一份力量。当我们能够以自身实际行动帮助他人时，这份爱心便会传递下去，每个人的心中也将充满感恩的光与奉献的热。

时光如梭，转眼间，我已经在中南大学学习、生活了两年多。记得初来到中南大学校门口报到的时候，陌生的一切让我感到无比的恐惧和无助。幸亏我遇到了当时负责我们楼栋迎新的志愿者学长，在他的带领和引导下，我才来到了宿舍楼并对学校有了初步的了解，也开始对大学生活有了一些向往。因此，我一直很感激当时帮助我的志愿者学长，也很想为大家做些什么。军训后的国庆假期，我和舍友路过二食堂的前坪时看到了停在那儿的长沙市血液中心的献血车，那一瞬间我就想到了身边很多志愿献血的典范，比如我爸爸，他自我记事起就一直坚持献血，家里的献血证多得都摞了一叠。因此，我和舍友商量了一下，认为我们身体素质都挺不错，决定上车献血。刚上车时我们还很忐忑，但是护士姐姐三言两语就让我们安心了下来，然后经过身份登记、身体状况登记、血型检验等一系列步骤，最终确定我们都符合献血标准。于是我们既紧张又期待地被护士姐姐在我们的手臂上绑上橡皮带。虽然她建议我们抽血时不要盯着针管看，但是我还是克服恐惧，坚持看完了抽血的整个过程。最后，我们心满意足地领到了献血证。献血过程中并没有预想中的疼痛，只是过后有些肌肉酸痛，这是献血后的正常反应。之后，我和我的舍友每隔半年都会来这里献血。“赠人玫瑰，手留余香”，我们只是单纯地想献爱心、做好事、回馈社会。每次献血后，想到自己的血液有可能救回一个生命，我就会无比欣慰和自豪。

大一下学期，我尽管还不是党员，但我依然以党员的身份要求自己，树立奉献、友爱、互助、提高的自我完善标准，培养助人为乐、团结互助的品德。一次偶然的机会，我从同学那里了解到长沙市图书馆长期在我们学校招募志愿者，每周末都会组织一支志愿者队伍前往长沙市图书馆进行志愿服务。面对这样难得的机会，我毫不犹豫地报名参加。很幸运的是，我第一次报名就被选中了。第一次参加长沙市图书馆的志愿服务时，上午我和另一名志愿者被分配到报刊区，对报刊进行整理。经过半天的努力工作，成堆的报刊最终被我们分门别类地整理好，并根据发行日期排列，以便人们能够便捷地找到相应的报刊。看着我们辛苦工作的成果，我们彼此会心一笑，然后一起去食堂领了午餐。休息两小时后，下午我们被分派给一名图书管理员做助手，主要工作就是协助管理员对书架上的图书进行整理、归位。虽然第一次进行图书归位工作有些不熟练，甚至很久都找不到需归位的图书的位置，但是我们都没有抱怨，毕竟我们仅仅只是工作一下午，而这却是管理员的日常工作。工作之余，看到周围座位上的读者在这安静的氛围中认真地读手里的图书，我总是会不自觉地弯起嘴角。志愿服务结束后，管理员还特意夸了我们的工作很认真细致，还给我们塞了一些糖果以示奖励。后来，我多次报名参加图书馆志愿服务。在服务中，我学到了许多的人生经验，也得到了很多的欢乐与心灵的满足，这一切都是我宝贵的财富，是从书本里学不到的。同时，我体会到工作的成效取决于个人的进取心，若是全身心地投入、热情地参与、耐心地引导、不厌其烦地解释说明，那么再棘手的问题都能够迎刃而解。在志愿服务团队中，我们一同学习、付出、奉献，原本的陌生人渐渐成了朋友。我们在志愿服务中既是奉献者，也是受益者。工作锻炼我的思维，更磨砺我的意志，使我能更好地去实现人生的价值，回报社会。

大一暑假，我有幸参加了我的家乡淮北的一次文明交通志愿者服务工作。那天早上，我们戴着志愿者袖章，手拿小红旗，站在路口，协助交警维持交通秩序。在交警的指导下，我明确了自己的职责，即引导行人和非机动车辆在等待红绿灯时不要越过路面上的划定线。那天是工作日，我们执勤的路口在高峰期时人流量很大，有时候一次红绿灯就能积压几十辆非机动车。在我们的耐心引导下，绝大部分行人能遵守秩序，少数想要强行越线的人被交警制止后退了回去。经历了一天的路面执勤后，我深深体会到作为交通秩序维护者的辛劳——在路面站岗执勤，需要从早到晚经受风吹日晒，更需要时刻保持高度的注意力，随时提醒车辆、行人遵守交通秩序。虽然站岗很累，但也正是我们的付出有效提高了行人的交通安全意识，使民众树立了正确的交通安全观，我们的青春也在周围的人眼中熠熠生辉。我相信，当人们看到很多具有奉献精神、主动热情、礼貌待人、言行出于公心的志愿者时，也会积极投入志愿者的队伍中。

除了这些线下的志愿服务外，我还数年如一日地坚持做线上公益活动，例如支付宝的蚂蚁森林、蚂蚁庄园等。通过这些线上小程序，每天只需要空闲时收一收能量，喂一喂饲料，再将收获的能量和爱心蛋捐献出去，就可以助力很多环保事业和爱心项目。再有就是支付宝公益项目。虽然我是一个没有经济来源的大学生，家庭给予的生活费也不是特别多，但是我每月仍然会将剩余生活费的一部分捐献出去。虽然每次只有几十元到一百元，但是我相信积少成多，只要越来越多的人进行这样的捐献，就可以助力更多的公益项目，为更多的病患家庭带来希望，为更多的贫苦地区带来希望，为更多的环保事业带来希望。我相信，只要人人都献出自己的一点爱，世界将变得更加美好。不论时间怎样变，我们助人为乐的传统美德永远不会变；不论人们怎样变，我们的爱心永远不会变。时间在前进，志愿者们的精神在传承。

“春蚕到死丝方尽，人至期颐亦不休。一息尚存须努力，留作青年好范畴。”作为普通的大学生，我们不单单要学习，还要进行全方位的素质拓展，在学习中成才，在实践中成长。此刻，我肩负的不再只是普通大学生的职责，更是一名志愿者的职责。作为一名志愿者，相比普通人我有更多的活力和奉献精神。只有做更多的志愿服务，才能帮助更多需要帮助的人，才能收获更多的欢乐。同时，我也明确了社会服务的意义——作为一名志愿者，我们应当明白自己做的都是无偿的义务活动，价值是不能用金钱来衡量的。我们要用实际行动让志愿者无私奉献的精神像阳光一样洒满社会各个角落。

人物简介

臧政赫，男，汉族，中南大学自动化学院电气工程及其自动化专业2020级本科生。他曾获得中南大学三等奖学金，并获得中南大学优秀团员等荣誉。

16 愿做点点星光，奉献微小力量

自动化专业2020级本科生　刘鸿瑞

曹植曾说："冀以尘雾之微补益山海，荧烛末光增辉日月。"作为一个普通人，我或许无法为整个社会做出巨大的贡献，但我依旧愿意用自己的微薄之力去关心他人，就像尘雾和荧烛一样，在微小处发挥作用，这种帮助将如同滚雪球般激起更长久的温暖与更广泛的影响，最终传递到每个人的身上，让山河更加壮阔，让日月更加明亮。

缘起

我还记得刚来到中南大学时，看到许多热心的学长学姐作为志愿者帮助大一新生搬运行李。还记得是一位学长主动用平板车将我的行李一次性搬到了寝室楼下，解决了我搬运行李的困难，学长的温暖犹如阳光洒在我身上，受到这份爱的感染，我也产生了成为志愿者的想法，想要去帮助更多的人。但在报名志愿者时，周围不和谐的声音却比比皆是，有人觉得志愿者不过是免费劳动力，所做的事情毫无价值。然而我并不认同这样的观点，就像家里的琐碎日常，扫拖地、买菜、倒垃圾都不能换来高额报酬，但这些小事却是我们表达关爱的方式，让整个家庭洋溢着温馨和融洽。对我来说，志愿者就是把陌生人当成家人，用自己的时间和精力尽力去帮助他人，虽不能获得物质奖励，却能让世界更加温暖，让自己内心更加满足。如果每个人都愿意去温暖这个世界，世界将变得如我们想象般美好。

2020 年 10 月，我如愿加入了校青志协的希望捐赠部，成为一名正式的志愿者，并开始了我的志愿者生涯，去三教打扫卫生、去长沙市图书馆当志愿者整理书架、参加希望捐赠部的旧衣回收活动、为河小青路演活动采集水样……这些看似不起眼的小事，在我看来格外重要。志愿服务的道路是艰辛的，但我坚信，只要每个人都肩负起责任，尽自己最大的努力为这个世界多做好事，那么我们就能创造更好的时代。

旧衣回收活动给我留下了深刻的印象。2021 年 11 月 6 日，我报名参加了校青志协希望捐赠部在升华广场举行的这一活动。我的任务是在食堂门前分发旧衣回收宣传单，让更多同学加入我们的行列中来。开始时，我信心十足，急于将手中的宣传单尽快分发出去。然而，大部分同学对我置若罔闻，直接忽略了我的存在。逐渐地，我的耐心也被消磨殆尽，只好无可奈何地倚在柱子旁，默默等待着。就在我陷入低落时，一位同学主动询问了我关于旧衣回收活动的事情，说自己也想把不用的旧衣服捐出去。我突然意识到，我所做的事情并非毫无意义，我的宣传能让一些不知情的同学慢慢了解我们的活动。即使只有一两个人愿意加入我们的行列，那也能为有需要的人们在寒冬送去些许温暖。这份感悟让我重新振作并继续坚持下去。最终，本次旧衣回收活动圆满结束，长沙市红十字会还特地颁发了褒奖证书。

我想，作为一名青年志愿者，我所从事的虽然只是力所能及的小事，但只要能给身边的人带来些许温暖，我就觉得意义非凡。我愿意用自己的方式，为这个世界带去一点光明，一点温暖，因为我相信每一个微小的力量，都能汇聚成众多的光芒，照亮整个世界。

传承

在 2021 年的盛夏，我荣幸地成为自动化与电气类 2101 班的带班学长。怀着对未来的热切期待，我希望能帮助学弟学妹们更好地适应大学生活，在中南大学茁壮成长。

开学之际，我和我的搭档共同制作了开学攻略，从学生组织、学习、生活、军训等方面全面介绍了中南大学的情况。我们希望通过真实的个人经验，帮助新生们更好地融入大学生活，减少他们可能遇到的弯路和坑洼。同时，我也清楚地意识到，每个人的成长之路都是不同的，没有一条唯一正确的道路。因此，在攻略中，我尽量写明我所做的事情，以及在做这些事情的过程中所走过的弯路，希望能够为学弟学妹们提供一些参考，让他们更好地探索大学的乐趣，度过更加有意义的人生。我还加入了自动化 2021 级答疑互助群，在 QQ 群里积极回答学弟学妹们的问题，解答他们学习的困惑，并将自己的书籍和学习资料分享给他们，希望能够帮助他们抓住每门课的学习重点。我希望他们也能将自己的经验汇总起来，为下一届学生提供宝贵的参考。

总之，我始终相信，在自我成长的同时，帮助别人成长是一件非常有价值的事情。没有人是一座孤岛，一起携手，共同努力，才能迎接更加美好的未来。

入世

我在学校的志愿服务和学生工作中深刻感受到了年轻人是有能力、有动力推动社会正向发展的，我希望这股青春力量能同样作用于城市社区治理。为此，我作为队长率领中南大学社会实践团前往湖南省长沙市天心区等地的城市社区进行社区治理调研，探究社区工作的现状，特别是青年人参与社区治理的情况，并提出解决方案。

然而团队组建成功后却遭遇了巨大的困难。我们之前联系的社区告知我们由于工作量激增，没有时间接受调研。这让我感到十分无助，躺在床上发呆数日，想要从网上寻找相关报告来应付了事。直到有一天，一位队员主动联系我，询问团队的调研计划，询问是否有任务分配给他。此时，我意识到队员们都期望能够认真地将社会实践推进下去。作为队长，我不能辜负他们的期望，更不能就此放弃。因此，我积极与指导老师联系，共同商讨如何应对社区数量减少这个问题。最终，我们决定在保证自身安全的前提下积极联系其他社区争取更多的调研机会，并通过发放问卷的方式确保调研结果的准确性。确定了调研方向后，我向成员们详述了我们的计划，以便于每个人都能明确调研安排。同时，指导老师也出席会议并提供有益建议，我们共同期待着能够探索更为高效的青年参与社区治理的方式。不久，我们又迎来了另一个难题。作为学生，我们周围除了亲属和老师，几乎都是同龄人。虽然我们的研究主要针对青年人，但为了避免由此局限性而导致对现状的误判，我们的调研需要涵盖所有年龄段的人群。因此，我们再次商讨解决方案。最终，成功回收了 874 份问卷，其中 371 份由 18 岁至 25 岁的青年人填写。

在本次调研中，我们还获得了长沙市岳麓区梅溪湖街道某社区和天心区金盆岭街道某社区的大力支持，成功进行线上调研。通过与社区人员交流，我们发现社区正在扮演着越来越重要的角色，但由于工作人员有限，难以应对新增的工作量。而青年人积极参与社区治理可以借助互联网这一便捷工具，提高社区治理效率。最后，我们不仅成功向国家级媒体中青校园投稿两篇文章，还向院级媒体规学堂投稿两篇文章，高质量完成了调研报告的撰写，我也荣获中南大学“三下乡”社会实践“优秀个人”荣誉称号。

或许我只是天空中的一颗星，一片云就能将我遮住，但是我依然可以照亮人们回家的路。我很渺小，但我的爱从不渺小。

人物简介

刘鸿瑞，男，汉族，中南大学自动化专业2020级本科生。他积极投身志愿服务活动，大学入学以来累计志愿服务时长80余小时。他曾担任班级宣传委员、书法协会团支书以及自动化与电气类2101班带班学长等职务。他曾获“湖南省‘芙蓉学子’(团队)”“中南大学暑期‘三下乡’社会实践活动优秀个人”“中南大学优秀学生社团团支书”等多项荣誉称号，大二学年还获得过中南大学一等奖学金。

17 微光虽渺，万丈成炬

自动化专业2020级本科生　赵建阔

作为一个新时代的大学生，我深刻地认识到只会学习是远远不够的，要在生活中践行书本所学，做到“知行合一，经世致用”。志愿服务无疑是一个很好的践行途径，在服务他人的过程中，为社会创造了价值，自身也得到了升华，那种“被需要”的情感强烈地充斥着内心，让我们的精神世界更加绚丽多彩。也正因如此，在刚步入大学时我就参加了校青志协电脑维修部的面试，虽然当时的我很稚嫩，对于电脑维修几乎一窍不通，但面试的曾浩洋学长仍然录取了我。自此，大学时期志愿服务生涯的画卷缓缓展开。

“每日义诊”义务维修服务是我们电脑维修部的一个常规工作。每天晚上八点到十点，电脑维修部的一名技术干事会带着电脑维修部的志愿者在南校区二食堂一楼开展“每日义诊”义务维修服务。我被分到了周四的值班组，由刘沛霖学长带领。虽然一个星期只值一次班，但每天寻求帮助的同学很多，加上学长的悉心指导，很快我就学会了大部分常见问题的解决办法，清灰、安装软件、重装系统、分盘等都能熟练处理。由于大一上学期的课程压力较小，我成了值班点的常客，即使在其他组的值班时间我也常过去帮忙，主动“揽活”，也时常向当天的技术干事请教。

犹记得那个星期二，我像往常一样去值班点“串门”，刚到地点，就发现值班点处人特别多，旁边还有几个同学抱着电脑在排队，我询问当天的值班人员后才知道，原来当天的技术干事肖剑学长正在给一个同学更换键盘，抽不出时间来解决其他同学的问题，而其他的组员技术水平有限，动手经验较少，不敢操作。我询问了基本情况后，从最简单的清灰入手，一边清理，一边教值班人员操作要点，鼓励他们动手。“不要担心会出错，只是清灰而已，只有动手做了，才会有长进，遇到没有把握的就问我。”我一边说着，一边向值班人员投去期待的目光。“我来试试，你去解决其他人的问题吧，我刚才看了你怎么拆的，应该没什么问题。”张庆宇轻声但坚定地说道。我望着他鼓励地点了点头：“行，你加油，我去看看那两个同学的问题。”我转身走向了另外两个正在等待的同学，他们都是需要安装软件 AutoCAD，而且明天实验课上就要用到，虽然我没有安装 AutoCAD 的经验，但在部门的群里听说过类似的问题，有学长给出了详细的安装教程，我根据教程上的步骤一一操作。打开软件的一刹那，我长吁了一口气，毕竟是第一次安装，我心里也没有太大的把握。接下来的事情就简单了，我如法炮制，给另一位同学也安装好了 AutoCAD，将电脑交到她们手中的那一刻，看着她们感激的笑容，我心里暖洋洋的。

我回身望去，张庆宇的工作也接近尾声了，我看到还剩最后一位需要清灰的同学在一旁等待，于是我走向他说道：“不好意思呀，让你等了那么久，今天实在是太忙了，我现在就帮你清灰，半个小时就能解决。”他笑了笑说道：“没事，我能理解，谢谢你帮我清灰！”听到这句话，一股暖意流淌过我的全身。我开心地从他手中接过电脑，按部就班地操作起来。时间一点点流逝，食堂里的学生渐渐走完了，白日喧嚣的二食堂安静了下来，只剩下我和肖剑学长拧螺丝的声音，我不禁加快了速度，因为二食堂可能要熄灯了，我心里有些焦急。说曹操，曹操到，只听“啪”的一声合闸，二食堂瞬间被黑暗笼罩，只有月光流淌在大理石地面上，泛出幽幽的微光。“同学，麻烦帮我打一下手电筒好吗？照在电脑上就可以啦”，肖剑学长对着站在他身边的同学说道。还是学长经验丰富，还未等我开口，身边的同学已经打开了手电筒说道：“我帮你照着，不急。”我点了点头。维修完成后，我将电脑郑重地递给了同学。没过多久，肖剑学长那边的工作也完成了。“关门了，赶紧走吧！”保安大叔的声音传来，我和学长赶紧收拾了工具，背上包离去。回到宿舍后，想着解决问题后同学们喜悦的笑脸，我感到无比满足。“服务他人，升华自我”绝不是一句空话，当你真切地投入志愿服务中，他人的正能量反馈会让你的精神世界更加瑰丽！可能每个人的力量都不足以直接影响到整个群体，但当我们的点点微光汇聚在一起，一样可以光芒万丈。

大一下学期刚开学，恰逢“升华杯”赛事，由于参与人员较多，秩序的维护就显得格外重要。虽然我一直都有参加志愿服务活动，但那都是电脑维修部开展的“义诊”，我也很想参与其他方面的志愿服务，以不同的方式帮助他人。在这种心态的驱使下，我也报名成为一名引导员，与另外一位同学一起负责维持现场秩序以及带领下一组同学赶往答辩室，尽量减少评委老师的等候时间，使答辩能够更顺利进行。答辩是下午两点开始的，在一点半左右，吴雅雯学姐让我们收集项目申报书并按照顺序摆放整齐。应准备两份申报书，但有的同学只带了一份，就需要其他组员送过来。当我得知这种情况后，迅速向吴雅雯学姐反映，帮助他们调整答辩顺序，并安慰他们不要着急，安心准备答辩。在我们的尽力协调下，每个队伍都顺利地完成了答辩，同学们真挚的感谢让我宛如沐浴在阳光中。等到散场时，我和其他几个男生志愿者留下来整理桌椅。工作虽小，但看着整整齐齐的桌椅，一股成就感油然而生。我认为志愿服务没有高低之分，有一分热，便发一分光，就像萤火也可以在黑夜中发出一点光。

大二下学期，丁娜学姐招人整理校青志协的储物室。储物室里有一部分物品已经好几年没有动过了，有些设备擦拭一下还能用，有些设备已经生锈损坏了，我和刘锦辉、林义轩学长将其按照好坏、用途分类。由于外面还在下着大雨，暂时还没法处理一些需要弃置的物品，于是我们就近将它们堆在门边。等到雨稍微小了一点，林义轩学长就跑到垃圾站借了一辆手推车，我和刘锦辉帮着把垃圾往下运，堆满一车后就推到垃圾站倒掉，就这样来来回回运了三次，身上湿漉漉的，早已分不清是汗水还是雨水。待再次回到储物室的时候，储物室已经焕然一新，丁娜学姐和其他几个同学已经将储物室内的东西分门别类地放置好了。在工作室稍做休整后，我们又继续忙碌了起来，一些年代久远的文件已经用不到了，于是我们用粉碎机将其粉碎后再扔，防止泄漏隐私信息。由于六点钟需要开例会，待全部工作忙完后我们又马不停蹄地赶往了会议室，会后草草吃了饭就赶到图书馆开始准备复变函数与积分变换的考试。虽然考前的复习时间非常宝贵，但想到被打理得井然有序的储物室，我觉得这一切都是值得的。志愿服务，有时候并不一定当时就能清楚地看到其意义所在，但只要切实地付出与投入，我们终将看到它的影响。

“急困难者之所急，帮困难者之所需”。志愿者，就像冬天的一把火，燃烧着自己，温暖着别人，感动着世界。

人物简介

赵建阔，男，汉族，共青团员，安徽阜阳人，中南大学自动化专业2020级本科生。他曾获得一等蓝思奖学金、鑫恒教育奖学金、中南大学一等奖学金，获“优秀学生”荣誉称号等。学生工作方面，他曾担任过校青志协电脑维修部部长以及技术干事。在学习方面，他荣获 RoboMaster 超级对抗赛全国二等奖、亚太地区数学建模大赛二等奖、机械创新设计大赛湖南省二等奖、湖南省“雷锋杯”志愿服务大赛团体二等奖等奖项。

18 微光亦能划破夜空

电气工程及其自动化专业 2021 级本科生　李　欣

“为什么要做志愿活动?”有人说:人生的意义不在于索取,而在于奉献,这是一种多么美好的人生追求!因为坚信爱和善良的力量,所以,我选择做志愿者。

寒风中的那一抹温热

2021 年 12 月 26 日,我报名参加了新冠疫苗加强针接种志愿者活动,这也是我入学以来参加的第一次大型志愿活动。

长沙 12 月的天气总是变幻莫测。由于寒潮影响,温度骤降,阴雨绵绵,我走在路上不由得瑟瑟发抖。我在去参与志愿服务的路上也曾想要转身回到寝室里享受空调的温暖。然而,转念一想,既然已经报名,那还是要有始有终。原本我在机动组,但因为登记组人手不足,我被调了过来。登记组的主要工作是填写接种人员序号,并请接种人填写基本的个人信息。这项工作虽然简单,可是由于登记台的位置十分靠近风口,并且我的鞋子也被雪水打湿了,所以我从头到脚都没有暖和的地方。在四个小时后,疫苗接种的工作结束时,想到我曾为同学们的身体健康保驾护航,为抗击疫情做出了些许贡献,我就止不住嘴角上扬,原来我真的可以带给世界一抹温暖。正在享用晚餐时,母亲给我打视频电话,问我这么冷的天怎么不在宿舍里,我自豪地回答:“妈,我在做志愿活动呢!”

寒风虽冷,却无法阻挡我对志愿活动的热情。这次活动,让我真切地感受到了志愿活动的意义，以及它带给我的心灵上的成长。

湘桥童梦

2022年4月，我报名参加了湘雅社会实践团的暑期支教活动，在经历面试后成功进入“湘桥童梦”暑期支教项目。2022年7月22日，我前往湘西自治州保靖县拱桥村粮援希望小学开始了我的支教生活。

支教的故事真的很多，现在回忆起来，只觉得那段时光虽然艰苦，但是真的很美好。在去支教之前，有许多人问我为什么想去支教，那里条件十分艰苦，适应得了吗？其实，去支教一直都是我从小到大的一个愿望。我自己就是农民家庭出身，在读大学后一直想再回到农村，为村里的孩子们做些贡献。支教给了我这个机会，它是一场修行，是我青春旅途中一段深刻的修行。在这场修行中，我遇到了一群志同道合的朋友，认识了许多可爱的孩子，同时也见证了自己的成长。

这个小学非常小，只有一到三年级，每个年级只有1个班级，并且只有1间教室配备了多媒体设备。我们需要教两个班级的学生，每班30人。最麻烦的是，孩子们的年龄跨度很大，从幼儿园到初中各阶段年龄的孩子都有。因此，我们不得不把三年级以下的孩子分到一个班，将其他的孩子分到另一个班。

由于孩子们年龄跨度太大，我们原定的一些课程，如英语、数学、自然科学等无法开展，所以我们增加了手工课和食品安全课等，确保课程适合不同年龄段的孩子们学习。有趣的是，每次我们问孩子们喜欢哪门课程，他们总是毫不犹豫地回答“体育课”。因此，八一建军节时，我们组织了为期一天的军训体验活动，让孩子们“玩一天”。

在授课过程中，我清晰地感受到了高年级孩子们的懂事，上课纪律也能够很好地保持，课堂上也能积极地提出问题。相比之下，低年级的孩子们就要活泼得多，他们上课时会在座位下做小动作，互相之间说悄悄话，甚至还有一个小孩子上课中途就跑出去玩了，让他们在教室里安安稳稳地坐一节课实属不易。

我经常观察孩子们的举动，发现一些看似不起眼的东西也能成为他们的游戏对象。他们会悄悄地拿走粉笔，然后很细心地把粉笔磨成粉末，最后满手沾满粉笔灰玩。又或者他们会把水性笔的笔头拔下来，把墨水弄得满桌都是。在每天傍晚收拾教室的时候，我总能从书桌里看到各种奇奇怪怪的东西，就像哆啦A梦的口袋，充满无限惊喜与乐趣。

与学生为友

我很喜欢和孩子们聊天，聊天的范围很广。孩子们会问我：“老师你是哪里人?”有时他们也会谈到自己沉甸甸的梦想，有个孩子喜欢打篮球，他说以后要成为运动员，还有些孩子想当老师、警察、消防员等。他们永远精力充沛，永远对未来充满向往。

平时下课，孩子们最喜欢的活动就是多人跳绳，而我自然也就成了摇绳的一员。有些孩子怕被绳子打到，所以不敢尝试，我就在旁边鼓励他们，教他们方法——看到绳子打到地上后，冲过去，跳起来，再跑出去。越来越多的孩子勇敢地尝试，起初他们或许还不熟练，但是那份敢于面对未知的勇气是宝贵的。

有一次聊天时，有一个孩子问我：“老师你为什么来这里支教，是学校有加分吗?”当他提出这个问题时，我愣住了，在整理好思绪后，我反问道：“你觉得做一件事情之前是先看事情本身，还是事情给你带来的收益呢?”我接着说：“如果你做事情之前想的是它能给你带来什么收益，那功利性就太强了，你就只会做那些对你自己有益的事，容易忽视事情本身带给你的收获，最终只能落个一事无成的下场。我来支教，最根本最纯粹的目的就是得到快乐，给你们带来快乐，就是这么简单的一个原因。”

类似的对话还有很多，孩子们总是那么天真无邪，他们的问题和话语仿佛将我们带回了最初的生命状态。正是由于他们的存在，我们的心灵才得到了洗礼，在这段时间里我们共同成长，共同进步，共同展望未来。

“学生”做家访

在支教时，我们有一个家访活动，每天下午上完课就跟着两三个学生回家做家访。对于家访，紧张的不仅是孩子们，还有前去家访的我们。原本我们自己就是学生，突然一下就要以老师的身份去学生家里家访，不免有一些奇怪，故我戏称这为“学生”做家访。

在家访时，我了解到了许多情况。平时在学校里调皮捣蛋的孩子，回家后会主动洗菜、煮饭、洗碗，看起来十分懂事。了解后发现，当地的孩子大部分都是留守儿童，父母常年在外地打工，只有过年才回来一次，平时都是爷爷奶奶带。在与一位家长谈话时，我也了解到了最近的一些政策，如“双减”政策和就近入学政策等。这些政策的实施，让孩子们的学习更加轻松方便。走进孩子们的家庭，我们不仅了解了他们的生活状态，还感受到了人间真情的温暖。在这份亲切中，我们与孩子们建立了深厚的情感纽带。借助家访这个机会，我们更好地了解了当地的文化和风土人情，也更好地了解了自己。

让我最难忘的是对一个女孩子的家访。我记得那个女孩子有一种健康的黑，很喜欢和我们一起聊天，笑起来总是无忧无虑的。那天，我去她家家访，首先看到的是一栋很老的木质板房。她爷爷腿脚不方便，奶奶耳朵不好。奶奶看到我们进屋，把家中那个布满灰尘的老旧落地扇拿出来，硬塞给我一把小扇子，操着一口浓重的乡村口音说："老师，来坐这里，别热着了。"当我们准备开始正式家访时，爷爷开口说："我们家里很穷。"说罢，他就拿出来一份起诉书，内容是起诉女孩的父亲没有履行抚养子女的义务。后来我才了解到，女孩的父亲常年在外，对女孩不管不顾，孩子的生活全靠姑姑们接济。我问爷爷："如果她能考上高中，您会让她继续读书吗?"爷爷说："她如果能考上，我会坚决供她读书。"我们后面聊了很多很多，我让她努力学习，告诉她学习是她走出大山、实现理想的唯一途径。同时，我们把她的基本信息记录了下来，准备每年给她转 300 元钱。这钱虽少，但也应该够她买一些学习、生活用品。支教团的女孩们也说以后自己有不穿的旧衣服，也会寄给她。我很难想象，一个如此乐观开朗的女孩子会有这样的经历。我不知道她的内心到底承受了多少痛苦，换作是我，我能顶住压力如此乐观地生活吗？我不能回答，因为我并没有经历过。我希望这个女孩在今后的生活中依然能够笑容满面，积极地看向未来。

每一次志愿活动都是一次成长，我在其中见到了自我，见到了我们，见到了人间疾苦，更见到了人与人之间最纯粹的爱与守护。未来，我愿化作星光点点常驻夜空，为他人点亮回家的灯。

人物简介

李欣，男，汉族，中南大学自动化学院电气工程及其自动化专业 2021 级本科生，现任中南大学自动化学院电气专业 2104 班副班长、自动化学院青年志愿者协会副会长。他曾获"中南大学优秀学生""中南大学优秀团员""中南大学优秀学生会工作志愿者"等荣誉称号，获得中南大学学年二等奖学金。

我们的青春　第2辑

为中华之崛起而读书

——智育榜样

19 少年心事当拿云

控制科学与工程专业2017级博士研究生　杨　超

回望初心 · 朝阳而行

回望我科研道路的起点，摆在我面前的第一个课题就是探索自己的科研兴趣与方向。这是一个会反复碰壁的过程，要想跨过它，我的做法是先完成好导师交代的任务，深入参与到导师所承担的有背景、有需求、有调研、有论证研究的课题中，在工程项目中锻炼自己的科研能力和素养，在海量文献阅读、广泛技术交流、深入现场调研等诸多历练中，解决实际问题，摸索属于自己的科研路。

我目前的研究方向是列车安全运行控制，这个研究方向的选择于我而言似乎是一种冥冥之中的安排。因为我的老家是湖南株洲，它是一座有着“中国电力机车摇篮”美誉的“火车拉来的城市”。在我老家，中车株洲电力机车有限公司和中车株洲电力机车研究所有限公司等中国中车下属核心技术研发单位聚集了一大批轨道交通装备研发和制造产业的顶尖团队和人才，他们对推动我国的轨道交通交流电力传动技术的发展起到了十分关键的作用，获得了包括中国第一台电力机车在内的多个国内第一的成绩，是株洲人的骄傲。能在研究生期间从事电力机车相关的研究工作，我倍感荣幸，而且这也激发了我为国家列车事业发展贡献力量的使命感。

从过去速度为100千米每小时的绿皮车，到现在400千米每小时的高速列车，再到600千米每小时的高速磁悬浮列车，我国列车的技术和速度都在不断提升。从前，诗很远，路也很远，而现在诗与远方都离我们很近，我们可以很快抵达心中的那个远方。若想顺利到达远方，最关键的是什么？是平安。能够平安地到达目的地，不仅是广大旅客的需求，也是保障高铁“走出去”，是“一带一路”倡议等的要求。这样紧迫的需求就像一声声洪亮的时代号角，号召广大科研人员投入我国列车安全可靠运行水平提升的技术攻坚中。正是在这样的背景下，即使研究之路必然会充满荆棘，但想着我所从事的这项研究的实际意义，干起活来也就有了动力。这大抵就是朝阳而行的感觉，一开始会很迷茫，但是当你了解到你所做的事情背后的意义之后，你会觉得自己很有动力。

老实做人 · 踏实做事

在研究生期间，我有幸在桂卫华院士和阳春华教授的教导下，完成了硕士、博士阶段的研究工作。除了学术上要求严格，他们还时常在为人处世方面给予我指点。其中，我印象最深刻的一句话就是桂院士的口头禅：“老老实实做人，踏踏实实做事。”他希望科研人在做科研之前先学会做人，然后再把事做好。做人的标准就是老老实实，做事的标准就是踏踏实实。这句话也被印在我们团队实验室的展板墙上，不断激励着大家。

在学术圈有一句名言是“板凳甘坐十年冷”。在科研道路上，要想获得大的突破，就需要我们去攻克一些核心技术问题，这些问题需要花费大量时间沉下心去想、去试、去摸索。每当遇到悬而未决、久而不破的难题时，桂院士的教导就会在我心底回响，激励我继续前行。特别是当今社会上充斥着浮躁与急功近利的危险想法，在生活中充满着各种享乐主义的诱惑，这时我会坚信老师传达给我们的思想，老老实实、踏踏实实地把我们的科研工作做好，做出有价值的东西，做出能技术落地的成果。我觉得尽力去攻关，哪怕不能做出较大的技术突破和科研贡献，也至少能够获得试错后的经验教训。

质疑也是一个试金石

当我们选择了很难啃的“硬骨头”作为研究课题时，就必然会遇到来自多方的质疑，不仅有来自同行的质疑，也有来自我们自己的质疑。

在世界范围内曾发生过多次与列车相关的重大事故，这些事故往往造成了较严重的人员伤亡和财产损失。比如“甬温线事故”，这是我国高速列车发展至今最大的一次事故。为了避免悲剧的再次发生，我们需要对事故场景进行深入剖析，而对这些事故场景的模拟复现，则是深入剖析中不可缺少的一环。为了实现对故障场景的逼真模拟，最直接也是最传统的方案就是人为破坏实物再次触发故障。但在故障运行中，列车的某些零件可能弹射出来，可以想象，这种模拟有极高的危险性。而且，这种方式虽然可以覆盖到故障场景，但其故障严重程度是固定的。这就意味着，针对这些固定故障场景所开发的算法，未必适用于其他类似的场景，通用性差。因此，就需要搭建一个安全、逼真的列车故障模拟平台，通过机理建模去模拟分析故障运行，并用实物故障数据去修正，以期实现对不同的故障场景、故障类型、故障严重程度等多个故障场景要素的模拟。

此外，我们发现为了提高列车关键设备的可靠性，列车故障诊断等技术研究已得到了重视，但是国内外目前的科研成果实际上很少得到车载应用，这当中的关键原因就是，之前的研究中缺少一个兼容模拟故障环境、算法测试与评估的综合平台，无法测试算法对系统其他功能的影响，更无法用多个指标对算法进行评估。为此，我们课题组在列车故障模拟与测试平台研制方面开展了深入研究。

在研究中，有人会质疑这些故障场景模拟的可信度。为此，我们开展了大量的现场调研，与现场工程人员进行了深入交流，了解列车故障下的真实运行场景。这样做合理吗？这样做可以吗？这样模拟行不行？这样能不能反映真实情况？在研究的过程中，我们也在不断地自我提问，不断地查文献，以期解答心中的疑惑。在揭开每一个技术难题的面纱前，我们都会经历这样的曲折。

从受到别人质疑，到另辟蹊径，再到团队合作一点点做出成果，最后在企业落地应用，整个过程有太多痛苦和辛酸，好在最后终于研制成功，那种激动盖过了前面所遭受的所有困难。

成为他们的引路人

我认为能够指导本科生和硕士生开展学术活动，是老师对我的信任和栽培，我可以从中获得价值感、意义感和幸福感。我觉得这是一种担当，也是一种责任，更是一种希望，希望更多有才之士能投入列车安全运行控制方面的研究中。

其实，指导本科生还是挺难的，不仅导师的要求比较高，而且本科毕业生在做毕业设计的时候会有其他事情要一并处理，和他们交流很不容易，他们可能有的在准备考研，有的在准备出国，有的在找工作。有的学生在做毕业设计的过程中犯了几次错误后，内心会觉得很愧疚。但我不会对本科生要求太高，因为我认为能以正确的态度做研究是最重要的。不一定要做出世界一流的成果，但是一定要扎扎实实地去完成这个事情，而不是随便到网上找素材东拼西凑。有时候他们的表现也十分惊艳——一位师弟开始时遇到了困难，他通过一个寒假认认真真的琢磨，只靠自己便完成了我们的仿真模型。我本以为他需要在我们的帮助下才可能做到这一点，没想到他自己也能做得很好。

毕业是每一个学生都会遇到的句号，每个学生都应该认真对待这个句号，给自己的学生生涯留下一个美好的回忆。毕业以后，我们会踏向各自的人生路，有些人工作了，有些人还在求学，但是不管怎么样，当你忆及当年所跨过的不可想象的高峰，你会由衷地为自己感到骄傲。因为你，也曾拿云。

人物简介

杨超，男，汉族，中南大学自动化学院控制科学与工程专业2017级博士研究生，现为中南大学自动化学院讲师、硕士生导师。在校期间，他主持湖南省研究生科研创新重点项目和中南大学研究生创新项目各1项，在国内外自动化控制、电气化交通领域权威学术期刊上发表学术论文15篇，申请国家发明专利8项(已授权6项)，荣获2022年中国自动化学会“优秀博士学位论文奖”、全国铁路高校“曹建猷学生奖”，获得全国第五届“工程硕士实习实践优秀成果获得者”荣誉称号，并获得博士国家奖学金(2次)，中南大学校长拔尖奖学金，被评为中南大学优秀学生和优秀学生干部等。

20 夜色黑凉，前路有光

控制科学与工程专业2018级博士研究生　林建亨

站在由读书到工作的十字路口上，我百感交集。要毕业了，不知道以后会去往哪里。我一直以来都梦想着留在高校教书，这个梦想看似简单却又无比艰难，过去六年我坚定不移地朝它奋斗，一步一步走到了今天。现在与梦想仅有一步之遥，回顾来时的路和即将离我而去的读书生活，我的思绪良多。

理论与实际并不完全相通

我目前的研究方向是电力电子系统精确建模和稳定性分析。选择这个研究方向是因为我的导师曾发了几篇与此研究方向相关的论文给我看，由于我对数学很感兴趣，论文中所述的方法论让恰好擅长数学推导的我眼前一亮，随即逐步走上了这条漫漫科研路。然而，刚踏上这条科研路时，我在实践方面还有所欠缺，所以我报名参加了电子设计竞赛。在理论研究时，为了获得一个好的实验结果，往往会不考虑成本与效率等实际因素。竞赛则更看重研究成果落地形成实际产品的可能性，而非仅仅只有技术的先进性。因此，参加这些竞赛能够使我理论结合实践，独当一面地完成实际产品研究。

事实上，对电力电子系统进行精确建模也是在弥补理论与实际之间的差距。以往粗糙的建模忽略了许多实际因素，导致难以解释部分现象的成因。精确建模的核心在于考虑更多实际因素，使理论贴合实际，往往需要较好的数学功底。记得在我曾参与的中国中车项目中，通常都假定外界激励是一个正弦信号，但是在实际测试过程中，真实环境与假设相去甚远，所有的激励都是不规则的波形信号，并且企业方还要求系统性能优异，实现相当困难。这让我明白，理论与实际并非完全一致，要想解决实际的工程问题，还需要在亲身实践中总结经验。

钻石也需要打磨的时光

我刚读研究生时，与大多数成绩不错的学生一样，自视甚高，看不上别人写的论文，总觉得自己能够写出惊才绝艳的好论文，但往往事与愿违。还记得我有一篇论文在初审阶段就被审稿人猛烈抨击并且明确拒绝。投稿前，我对这篇论文相当自信，但在审稿人的评价里，这篇论文从头到尾一无是处。当看到审稿意见时我的心情一落千丈，难以接受这样的结果。评语之严厉，极大地打击了我的自信心。那段时间，我的论文投稿一直不顺利，我对自己的科研能力和学术水平产生了怀疑，怀疑自己是否真的适合科研工作。但是我的两个导师一直鼓励我，他们始终相信我的科研能力，对我的成果有坚定的信心，相信是金子总会发光，也一直鼓励我继续坚持下去。让我意想不到的是审稿编辑没有像审稿人一样完全拒绝我那篇论文，而是给了我一次修改的机会。我的导师也鼓励我对审稿人的问题一一回复。于是我花了两个月的时间进行修改，将修改后的稿件发过去时我真的非常紧张。没想到在第二轮审稿中每个审稿人都认可了我的稿件，整体评价从之前的 10 分上升到 90 分，我也被巨大的幸福感所包裹，久久不能忘怀。这件事增强了我的信心，给我的科研之路注入了一针强心剂。

望别人的硕果，走自己的前路

“为什么要选择这个研究方向？难度系数高、实验不好做、需要花大量的时间、难出论文、投入和产出不成正比，为什么还要坚持这个研究方向呢？”这些想法在我做科研之初一直盘旋在我的脑海之中。看到一些同学轻轻松松就能发表论文，我不禁会想自己是否也该换一个方向。当时，我的导师一直鼓励我，他希望我能够开拓一个新方向。我也曾动摇过，因为前进之路只能靠自己一步一步摸索，难以实现论文产出。日后若想留在高校，没有足够的成果是无法实现的，论文的数量和质量直接决定了我以后能否留在高校任教。或许换个研究方向做出更多成果能够让我离高校任教的梦想更近一步。思索再三，我最终还是决定在原本的研究方向上走下去。别人的路是别人走出来的，别人的成果也不会是我的，我们能走的只有自己选择的路。不过，幸好我继续坚持做自己原本方向的研究，经过最开始的沉淀期，路终究是越走越宽。

信心、浮躁、超越

做研究和学习是不太一样的。做研究首先要对自己有信心，如果没有信心，那么将什么也做不好。在论文成功发表之前，只有你自己知道你所做的研究是有价值、有意义的，但是在论文投稿的过程中总会遇到审稿人的质疑，这时候你的信心就会被一点一点消磨。如果连你自己都不能坚信自己研究的方向的价值的话，那么还有谁会去相信你这么长时间的坚持是有意义的呢？

其次就是不能急躁。一些学生在做科研时过于浮躁，看到周围的人都发表了论文，就会满脑子只想着快点发表论文，而没有将心思投入学习中，不断地讨论谁又发表了什么论文、谁又投了什么期刊，这时候其实已经很难静下心去考虑自己该做什么了。尤其是对于理论和数学方向的研究，早期要补非常多的基础知识。这些基础知识是课本上完全没有的，也没有习题可做，主要是靠自学网上的资料与视频。学习这些东西要花费大量的时间，因为并不是只要理解这些知识即可，还需要做到融会贯通，超越书本的内容，这样才能解决实际问题，才能做出成果，这需要一到两年的时间。在做这种方向的研究时，早期大概率是没有任何成果产出的，这种情况下更不能浮躁，而是应该踏踏实实地治学。

最后就是多跟老师和同学交流。老师毕竟多做了那么多年研究，懂的肯定是比学生多的，相信老师，多跟老师交流；也多跟同学交流，不必担心别人会抄走你的想法，你会收获更多的灵感碰撞。

结语

读博后，你会发现你的眼界被不断拓宽。因为做项目和在社会上工作其实没有区别。在这一过程中你会发现人外有人，天外有天。这个世界上有能力的人非常多，我们应该向他们学习。这些年来，我也在帮导师带学生。我感觉自己完全变了，从默默地做研究转向培养后辈了，从学生慢慢转向老师了。当一名老师不仅要指导学生的科研，还要照顾他们的心理，这不是易事。不过，好在我仍然走在属于自己的道路上，我已经申请了留在中南大学教书，未来我也会尽己所能去帮助师弟师妹和我的学生，给他们提出学术上的建议，在他们迷茫时鼓励他们既然做出选择就要坚持到底，看一代又一代科研人在他们的道路上奔走不息，朝着自己所向往的未来而努力，就像我的导师曾经待我那样。

“夜色难免黑凉，前行必有曙光。”

路，终究是会越走越宽的。

人物简介

林建亨，男，汉族，2022 年博士毕业于中南大学自动化学院控制科学与工程专业，现为中南大学自动化学院电气工程系讲师。博士期间，他以第一/通讯作者身份发表 SCI 期刊论文 10 篇；获授权发明专利 7 项；曾获 2017—2018、2020—2021 年度国家奖学金，2022 年度“曹建猷学生奖”，2021 年度中国研究生电子设计竞赛华中赛区一等奖，2020 年度第四届湖南省研究生电子设计竞赛一等奖，2019 年度第三届湖南省研究生电子设计竞赛三等奖，以及 2021 年度中南大学优秀学生标兵等多项奖励和荣誉称号。

21 瞄准理论前沿，扎根技术创新

控制科学与工程专业2019级博士研究生　郭静宇

在第三届中国“互联网+”大学生创新创业大赛“青年红色筑梦之旅”中，习近平总书记给参赛学生回信道，希望他们“在亿万人民为实现中国梦而进行的伟大奋斗中实现人生价值，用青春书写无愧于时代、无愧于历史的华彩篇章”。

“大众创业、万众创新”的号召以及人工智能技术飞速发展的浪潮，为当代大学生积极投身技术创新与创业实践提供了无限的可能；也为自动化专业学生提升实践技能、培养创新思维，搏击“互联网+”新时代提供了广阔平台。在中南大学创新创业政策的支持下，我们埋下梦想的种子，创新创业实训基地的开放、企业导师一对一的指导都为我们的项目实施保驾护航。

我们应担当起当代大学生的使命，敢为人先，敢闯会创，充分利用专业优势，坚定扎根技术创新，勇立潮头，刻苦勤勉，在创新创业浪潮下谱写精彩的人生华章。

湘楚优程科技创新工作室

自2017年起，我进入中南大学控制工程研究所学习，针对当时流程工业生产过程存在的生产异常感知困难、决策优化时间长，难以敏捷应对市场和生产过程变化等问题开展科研工作。

科研之余，我也积极响应国家“大众创业、万众创新”的号召，努力寻找将科研成果落地投入实际生产的途径，并于2018年作为学生第一负责人成立“湘楚优程科技创新工作室”。2019年6月，团队创业计划“流程工业智能优化方案领跑者”获得国家级大学生创新创业训练计划项目经费支持。

在我的带领下，工作室秉承“求实创新，研以致用”的理念，发轫于人工智能时代大数据挖掘等前瞻性技术，参与研发了流程工业智能全局优化运行系统，助力流程企业智能升级，有效解决了炼油过程中人工经验不足导致的效率低、能耗高等问题，为企业带来可观的经济效益。

在扎根技术创新的同时，我也积极参加创业实践，希望在提升自我创新创业能力的同时将实验室研发成果落地。项目“湘楚优程——流程工业智能优化方案领跑者”获得由湖南省教育厅主办的“建行杯”第五届湖南省“互联网+”大学生创新创业大赛一等奖，由教育部学位与研究所教育发展中心、中国电子学会共同主办的第十四届中国研究生电子设计竞赛商业计划书专项赛二等奖。相关项目先进事迹受“湖南政协新闻网 · 湘声报”报道。与此同时，团队代表中南大学赴杭州参与由国家发改委指导的以“双创赋能新制造”为主题的“大众创业、万众创新”主题展览日活动，进行项目推介。

小萌芽科技创新工作室

2017 年 3 月，我作为第一负责人成立了“小萌芽科技创新工作室”。

我国农业生产存在灌溉方式落后、化肥农药滥用、病虫害防治不及时等限制农业生产快速发展的系列瓶颈问题。针对以上现状，我带领团队成员以“聚焦农业触网，打造放心良田”为宗旨，深度挖掘植物生理学原理，并以此为核心，结合自动化专业在模式识别、大数据挖掘等领域的技术，历时 1 年技术攻关，研发了基于“互联网+”技术的农作物生产远程监控系统。

在我的带领下，团队相关技术多次走出实验室，我们赴云南省乳源镇、山西省忻州市等多地调研实践，充分了解农业生产现状，不断改进产品，助力农业生产。

团队项目“基于‘互联网+’的远程农作物监控培育系统”于 2017 年 6 月获得国家级大学生自由探索项目经费支持，2018 年 6 月获中南大学大学生创新项目经费支持。团队创业计划“基于无线通信协议的远程培育系统”荣获中南大学第十三届“升华杯”大学生创新创业大赛二等奖、智能互联大赛三等奖。

中南智囊团——基于 STM32 的双 CPU 智能婴儿车

2017 年 3 月，我与周寒宇、刘华渊等同学组建团队，研发了基于 STM32 的双 CPU 智能婴儿车。项目围绕“人工智能让生活更便捷”这一主题，对传统婴儿车进行改进，采用双 CPU 系统分别控制车床与车声。系统可以向用户提供红外遥控、自动追踪、红外避障等 3 种不同行驶模式，并通过语音控制、人机交互、温度控制、GPS 定位等功能增强婴儿车的用户体验。

项目成果获得第七届“华为杯”中国大学生智能设计竞赛二等奖、2017 年全国大学生智能互联创新大赛华南赛区二等奖、中南大学第二届电子设计创客大赛暨全国大学生机器人大赛校内选拔赛二等奖、中南大学第六届大学生智能科技作品大赛三等奖。

人物简介

郭静宇，女，汉族，于 2015 年考入中南大学自动化专业，于 2018 年通过“学科竞赛专项”免试推荐至中南大学自动化学院攻读博士学位，现为控制科学与工程专业 2019 级博士研究生。本科期间，她秉承“求实创新，研以致用”的理念，严格要求自己，“高标准、低姿态”，一路向前。自 2015 年入学以来，她在创新创业实践、科研能力及专业素养等多个方面提升自我，累计获奖 28 项，其中国家级、省部级共 7 项。

22 自当奋意向人生

控制科学与工程专业2019级硕士研究生　齐帅宾

成功从来都不是一蹴而就的，而是一次次努力的结果。我始终坚信“努力不一定有回报，但是不努力一定没有回报”。我之前的种种经历，都或多或少地给予了我直接或间接的回报。“青松寒不落，碧海阔逾澄”，时间这位伟大的魔术师，似乎从不辜负对拼搏者的允诺，也似乎从不吝啬对奋斗者的褒奖。既然选择了远方，便只顾风雨兼程。青春路上，我们只有矢志奋斗、自我突破、不断探索，才能成为人生路上的强者。

提质增效，矢志奋斗筑根基

“悦青天，则丹心为志；欲揽月，则奋斗筑基。”刚进大一时，我和很多同学一样，抱着“60分万岁”的心理，结果期末成绩很糟糕，在班级内排到了第18名。一场场不理想的考试让我意识到自己的能力不足。到了大一下学期开学，我就开始反省，并静下心来问自己，上大学究竟是为了什么。到底是愿意在安逸和倦怠中度过大学时光，碌碌无为，还是愿意从此刻开始严于律己，矢志奋斗，不断突破自我？我不断反思，也多次咨询老师，调整心态，觉得自己不能再堕落下去，于是发奋学习，开始了教室、食堂、宿舍三点一线的生活。每当课余时，我便只身前往图书馆，虽然孤独，但是坚定，因为我坚信“百舸争流，奋楫者先；中流击水，勇进者胜”。最终，从大一下学期到毕业，我的成绩一直是班级第一名。

此外，作为一名学生干部，我的工作时间与学习时间难免有所冲突。我认为，做事时一定要有一个合理的规划，将事情根据重要性进行排序，把自己的事情调度好，这样就能提高效率。学生干部工作难免会占用大量时间，所以上课就更要认真听讲，下课也要花时间去巩固。如果上课不认真听讲，肯定会恶性循环。时间是挤出来的，我们要提高自控能力，做时间管理的强者，提质增效，只有这样才能在奋斗路上不断升华自我。

信念坚定，突破上限助成长

“一个人战胜了一千个敌人一千次，远不及他战胜他自己一次。”谈到学科竞赛，我印象最深刻的就是研究生第二学年上学期参加的“华为杯”中国研究生数学建模竞赛。数学建模竞赛是一项高难度、高强度、充满挑战性的竞赛，并非简单纯粹地解数学题，而是用所学的数学方法、数学思维、技巧来建立模型，解决最实际的问题，以锻炼我们的创新能力以及从理论知识到实际应用的实践能力。另外，数学建模竞赛还是一个比较考验团队合作、毅力的竞赛。首先，这不是一个人的战斗，我在比赛过程中负责部分建模以及全部编程工作，另一位队友负责理清思路及构建模型，还有一位队友负责论文写作。我认为我们获奖的一个重要原因是能够一起熬夜、一起作息、一起拼搏，并且还能接受彼此的激励。一支团队，唯有相互信任、相互配合、分工合作，才能够克服困难，取得最终的胜利，顺境时要互相提醒保持冷静，逆境时要相互鼓励共度难关。整个比赛是无人指导的，全靠我们的自觉去解决一个个没有标准答案的数学问题，所以很考验我们的毅力。当时的题目稍显晦涩难懂，不同人有不同的理解，所以我们花了一整天时间在理清思路上。我们解决前三个问题时比较顺利，但是在进行第四个问题求解优化时，进入了一个完全陌生的领域，这需要我们立刻去学习新的优化算法并进行适配。我们尝试了不同的算法，都以失败告终，甚至有两个晚上都是天蒙蒙亮才睡觉，六点多又挣扎着爬起来去食堂买个包子，紧接着就又投入问题求解中。当时的情绪非常紧绷，身体几乎透支，我们也曾想过，不如随便用一个算法应付过去，甚至想只描述建模的思路而不搭建模型，但是一想到“志行万里者，不中道而辍足”，我们已经解决了前面大部分问题，觉得如此糊弄也对不起我们之前的付出。在倒数第二天时，我们最终敲定了解决方案，开始编程建模。那天晚上我们几乎一夜没合眼，当时我的身体状态极差，大脑宛如一片糨糊，用代码实现一个功能后常常记不清下一个要实现的功能是什么。幸好负责建模的队友不断提示我后面需要什么样的结果，我才顺利完成编程工作。最后一晚是通宵之夜，负责论文写作的队友在不断修改文章，负责建模的队友还在不断整理流程图，而我也在不断地优化求解结果。我们互相督促、互相鼓励，一直坚持到了后半夜论文初稿完成，之后又开始马不停蹄地投入论文修改中，甚至在离论文提交截止时间只有半个小时的时候，我们还发现了排版中存在一个较大的错误——可见最后一个晚上的忙碌与疲惫。提交论文后，我们的日标是保三争二，结果出来之后，我们竟然意外地获得了全国一等奖。我们选的这个赛题是参赛选手们选得最多的，身边也有很多同学选择，通过赛后复盘、论文比对，我觉得可能是因为我们多熬了几天夜，突破了自身极限，坚持了下去，在细节上处理得比其他人略胜一筹吧。我认为只要信念坚定，保持毅力和恒心，终能突破自身极限，跨越山海，终达彼岸。

致力科研，积极交流促进步

我本科四年期间都在担任学生干部，做好学生工作的同时还尽力保持学业成绩，这无疑需要巨大的精力投入。所以在成功推免研究生后，我决定全身心地投入一件事情，紧跟导师步伐，认真走好自己的科研求学之路。其实，我在科研上取得的任何进步都离不开我的导师——袁小锋副教授的悉心指导。依然记得，大四上学期推免成功后，袁老师就邀请我参与课题组组会，这极大地开阔了我的眼界，并且也促使我开始思考自己需要储备的知识以及未来的研究方向。大四下学期，我在进行毕业设计的过程中慢慢明晰了自己想要研究的方向，于是在袁老师的指导下逐步开始了科研上的探索。

刚开始做科研时，会有很多疑问与困惑，针对自己不能解决的问题，我也会积极地和袁老师进行交流，并总能从每一次交流中获得成长与进步。实际上，大多数导师都较为繁忙，我们需要主动地去和导师交流，每一次交流都对我们有提升的作用。其实，每周的组会也是一种交流，我会认真准备每次汇报的内容，以便给导师和同学们汇报清楚，并从他们那里得到一些改进建议。还有一个比较关键的是时间的投入，实际上并不只是科研求学，任何事情要想做好都需要一定的时间投入。从本科第四学年下学期到研究生第二学年，我几乎每天都在八点前来到实验室，晚上十点半才离开，中午在桌子上趴着休息，醒来后又继续下午的学习。幸运的是，我感觉我的付出都得到了一定程度上的回报，所以也不后悔曾经有多累。研究生第一学年下学期，我收到一个大修的审稿意见，审稿人提出了将近二十条修改意见。在和导师细致地沟通完每一个问题后，我几乎重写了整篇文章，甚至连审稿意见的回复也写了十几页。经过不断地修改后，看到邮件中的“Accept”，我还是很高兴的。总结下来，在科研道路上，积极和导师交流，认真对待每一个交流机会，静下心来投入一定的时间是极为重要的。

不断探索，明确方向创未来

无论是学习还是工作，如果你想坚持做一件事，那么你要对自己有一个明确的定位。你应该清楚自己想要什么，或者清楚自己以后不想过什么样的生活。清楚的自我定位就是我能够一直保持对生活的激情与动力的根本原因。研究生入学后，我结合自己的研究方向把自己未来的求职方向确定为“算法工程师”。这个岗位最近几年竞争压力较大，所以读研期间在做科研的同时，我也在不断地探索如何成功地成为一名算法工程师，并时常思考如何在读研期间尽可能地提升自己去匹配这个岗位的需求。2022 年秋招期间，我拿到了百度、阿里巴巴、字节跳动、拼多多、华为等公司算法工程师的 offer。经过综合考虑之后，我最终选择去华为。希望未来能继续在算法领域深耕，结合自己未来的业务，合理地运用算法，创新解决方案。“冀以尘雾之微补益山海”，希望我能从一颗螺丝钉做起，在算法领域有一分热，发一分光。“志之所趋，无远勿届，穷山距海，不能限也”，在未来的岁月里，我将永远以奋斗者的姿态矢志前行，不断探索。

路漫漫其修远兮，愿诸君铭记少年志，踏浪行远程，以不畏风浪的气魄攻坚克难，以只争朝夕的奋斗创造伟业！

人物简介

齐帅宾，男，汉族，中共党员，中南大学自动化学院控制科学与工程专业 2019 级硕士研究生。在校期间，他在 SCI JCR Q1 分区发表了 4 篇论文，参与多项科研项目，在中国研究生创新实践系列大赛——“华为杯”第十七届中国研究生数学建模竞赛中带领队伍获得了全国一等奖。他曾获得中南大学研究生学业一等奖学金 2 次、研究生国家奖学金 2 次、研究生推免入学奖学金 1 次，被评为“湖南省优秀毕业生”“中南大学优秀学生”等。

23 向“学”深扎根，勤“问”天地宽[①]

自动化专业2019级本科生　陈毓灵

“问与学，相辅而行者也。非学，无以致疑；非问，无以广识。”对于陈毓灵来说，“学”与“问”就是她的日常。在中南大学的近千个日日夜夜里，她在“学”中向下扎根，在“问”中向上生长。经历了“学”与“问”，终于“践”出一片新天地。

“学”中扎根百尺深

“复习电机原理第一章、预习工程制图……”早上的学习计划表开启了陈毓灵的一天。专业学习始终是她心中最重要的任务。面对数学、物理这些比较难的科目，她会拿出整段的时间集中攻克，在零碎时间做更容易的工作。陈毓灵很少熬夜，晚上睡觉前她会进行每日任务完成情况的复盘，“看自己将时间花在了哪些事情上”。点滴积累与坚持让她保持大一至大三加权总分第一名的成绩，连续两年获得国家奖学金、校级特等奖学金。

陈毓灵认为最难的课程是实验课。“自动化是一个理论与实际结合，硬软件皆涉及的学科”，因此在学习中，不仅需要扎实的理论基础，而且要掌握实际的动手操作能力和具有团队协作能力。在“微机原理与系统”课程实验中，老师要求利用单片机进行某个具体可实现的系统功能设计。刚开始的实验结果常常令她抓狂，

---

① 本文由作者采用第三人称视角进行叙述。

“就算模拟仿真时的结果一切正常，在实物实践的时候也总会发生你意想不到的事情”。不断地调试，不断地检查，密码锁终于显示出了第一个结果。开心之余，陈毓灵并不满足于此，她开始思考如何做一个“更进一步”的密码锁。在不断的尝试中，她成功增加了指纹识别的模块。这些“更进一步”的想法早在之前的学习中就已露出苗头——在大一的 C++课程设计中，她同样不满足于传统的黑白界面，为了更美观，她自学 QT 软件，将课程设计打磨得更加成熟。学期结束，她的所有实验课设计均获得“优”的成绩。

专业学习之余，陈毓灵也积极参加各类竞赛并获得了不错的成绩——全国大学生英语竞赛 C 类二等奖、电子商务三创赛校级二等奖、数模竞赛 F 奖。她认为参加各类竞赛“是一个试错的过程”，尝试的过程远远比结果更加重要。其中，电子商务三创赛给她留下了很深的印象。在做自己负责的小程序的过程中，由于来自不同专业的队友们的思考方式存在差异，她发现自己面对的除了技术问题，更多的是“如何用技术融合成员不同的想法”。此外，通过科研与竞赛能够更好地了解不同学科的全貌，并且能更好地领悟知识，不断明确自己在团队中的定位，以及确定未来想要从事的方向。在不断的实践中，她更加明确了自己更偏向于做后台的算法控制工作。

“问”出新知促成长

“我是一个特别喜欢提问和讨论的人。”在大一刚开学的英语课上，面对无人回答的问题，陈毓灵第一个站了起来，此后每堂课都有她的发言。她认为：“沟通和讨论是很重要的，发现自己的错误和不足是十分令人高兴的事情。”陈毓灵十分重视课堂学习和互动，她将老师的课堂讲授作为获得知识的主要来源，不仅在课堂上积极回答问题，有疑难问题也会在课后及时询问老师与同学。

“大学的知识不能只靠单纯做题和强制记忆，需要自己的融会贯通。”提问、回答和讨论就是陈毓灵融会贯通的主要途径。由于特别喜欢刨根究底，在加入了维纳班之后，她主动担任了班级的学习委员，大胆提问的同时，也鼓励同学们和她一起讨论问题。维纳班内有很好的学习氛围，为了促进班级同学间的相互学习，班级根据学科分成了不同的学习小组。她所在的“电机”学习小组，不仅收集解答同学们对这门课的疑难问题并组织讨论，也负责为其他同学进行讲解。“如果只是单纯被动地接受，那么我们不能确定自己对知识的掌握程度。但是如果需要我们去表达某些观点，那么我们一定会在确保自身理解知识点的基础上，再去解答。”在一问一答之间，不仅可以让其他人理解，也可以加深自己的印象。

班级答疑群有共享文档专门收集问题。“通过讨论，知识框架也会更加清晰。”不论是大二时“自动控制原理”课程的各种模型与点阵图等复杂的内容，还是“运动控制”中异步电机的复杂数学模型的建立，学习过程中这些令她感到难以理解的问题，总是在答疑群中反复出现。通过反复讨论与思考，她不仅解决了同学们的问题，而且加深了自身对课程的理解。

“践”出一片新天地

“我认为，所有的知识都不应该仅仅只是存在于课本上的文字，只有将知识真正运用到实践当中，我们才能更好地理解那些知识点。”在大三的暑假，陈毓灵第一次走进社会，在星网锐捷研究院测试部门的 DFX 工程组实习，进行自动化脚本相关的工作。在本次实习过程中，她跟随公司导师，第一次接触机房中的设备，第一次将大学课堂上的硬件与代码的知识与实际项目融会贯通。

在实习的过程中，她也发现了大学学习与工作实践的“温差”。这种“温差”不仅体现在实验室内的环境与公司园区的机房上，还存在于进行具体实际工作的方式上。虽然都是进行系统总线与故障注入等知识的学习，但是在学校学习的过程更加注重理解知识，而在公司的工作更加注重成果和效率。此外，在实验测试的方法与目的上，学校与企业也存在许多差异。在学校的专业培养计划以及课程的设置上，自动化专业的课程有着许多需要实际动手操作的实验课，但学校的实验课大多是针对知识的验证，是在已知结果的基础上进行的，而公司的工作则是需要去对未知结果进行分析。

虽然工程师的工作与科学研究有很大的区别，但是在工作的过程中，陈毓灵也发现二者并不是相互割裂的。夯实的专业知识基础确保了具体工程的进行，而实地的经历也可以更好地促进学术进步。进行实地操作，不仅帮助她积攒了更多的团队协作经验，也拓宽了她的研究视野。这些经历不仅让陈毓灵从新的角度思考在学习中遇到的问题，也使她不自觉地将公司中高效的工作习惯运用到学校的学习生活中，例如在课程设计中养成及时记录调试日志的习惯、在小组作业的分工和日程计划中运用公司的规划模板等。除了对学习有帮助，这些经历也让她对自己未来的职业和研究生涯有了更多的认知。

在规划中、实验中、比赛中、实践中，她遇见了更好的自己；在提问中、回答中、讨论中，她收获了一片广阔天地。基础越发扎实、结果越发成熟、目标越发清晰、前行越发坚定，在“学”与“问”之间，陈毓灵默默扎根，向阳生长。

人物简介

陈毓灵，女，汉族，中南大学自动化学院自动化专业2019级本科生。她大一至大三学年加权成绩排名专业第一名，曾获2019—2020、2020—2021年度国家奖学金，2020年全国大学生英语竞赛C类二等奖，2020年美国大学生数学建模竞赛F奖，2019—2020、2020—2021学年中南大学特等奖学金，比亚迪奖学金，汇顶科技奖学金等。

24 请再勇敢一点

电气工程及其自动化专业2019级本科生　方心盟

理想中的校园生活是自由又丰富的，但也因如此，一时的麻木迷失仿佛也情有可原。大一下学期，我打着“青春怎能不放肆”的旗号，付出了成绩下降的代价体验及时行乐的生活。虽然专业分流时我能分到自动化专业，但对自己的未来感到无所适从。读研还是工作？保研还是考研？在什么领域工作？在什么方向读研？思考着，迷茫着，彷徨着……大一学年匆匆结束，而我也终将拨开云雾见天日，找到自我命题的正解。

勇于做抉择，成为人生的掌舵人

大二上学期刚开学不久，辅导员在群里转发了一条有关转专业的通知。由于大一下学期的“及时行乐”，我的成绩跌落了一大截，但也刚好满足转专业的成绩要求——加权成绩排名20%以内。

成绩较好的同学大多选择了自动化专业与智能专业，但是我的梦想读研院校是武汉大学，其王牌专业并不是自动化专业，而是电气专业。于是，我突然有了转专业的想法，如果选择从自动化专业转到电气专业，学业会轻松一些，能腾出更多精力去搞比赛和科研，还有可能保研到武汉大学的电气专业。但是从热门的自动化专业转到电气工程及其自动化专业，需要逆行向前的勇气。思虑良久，我终于想清楚在武汉大学读研是我未来的计划，也是我认为很重要的一件事，于是我下定决心申请转专业。从自动化专业到电气工程及其自动化专业，改变的不仅是我的本科专业，更是我的大学轨迹。时至今日，再回首，我会感谢那个勇于掌舵的自己。

勇于去改变，致敬更好的自己

为了顺利实现保研至武汉大学的目标，转到电气工程及其自动化专业1906班的我下定决心要“一雪前耻”。整个大二上学期，我认真对待每一门专业课，尽量做到课前预习，并利用大量的课后时间巩固专业知识。如果在课堂上遇到问题，我会直接在课间询问老师。而对于课后遇到的问题，我习惯于整理至备忘录中，待每日计划完成后，专门留出时间去处理。善于提问、勤于思考在我看来是夯实专业知识的重要方法。在大二上学期，我的学习态度得以改变，成绩的提升也水到渠成。而最令我感到欣慰的是，我好像变得更加勇敢了。

还记得大一第一次在阶梯教室上课时选择座位的犹豫纠结。虽然我很想离讲台近一些，但还是会碍于面子尽量选择靠后人少的位置，并且很少从教室的前门出入。但到了大二上学期，我下定决心要坐在教室的第一排，并坚持每节课都坐在第一排。起初，我还会尴尬于后排同学的目光，不过习惯了之后也就释然了。相比于入座时的尴尬，我更在意的还是第一排听课带来的专注感。如果你足够勇敢坐在第一排，就会有很多和老师交流沟通的机会。记得在刘子健老师的模拟电路课程上，刘老师会不断问同学们是否听明白了所讲述的内容，进而整体把握课程节奏，而第一排的同学显然就是老师关注的重点。绝大多数同学都会遇到老师在课堂上问：“哪位同学可以发表下自己的看法？”“这道题应该怎么算，答案选什么？”请相信我，再勇敢一点，主动发表自己的看法是面对这种情况最棒的处理方式。如果你知道答案，第一时间举手回答；如果你不太确定答案，可以向老师展示你的思路。即使回答错误，也不是一件丢人的事，你反而会更加清晰地记住正解。

勇于去尝试，让兴趣成为答案

大二上学期全身心投入专业课学习后，我取得了该学期专业第一名的好成绩，总排名也稳定在前列。由于佩服创客空间学长学姐丰富的竞赛科研履历，我在大二寒假参加了本科阶段的第一个竞赛——美国大学生数学建模竞赛（简称美赛）。绝大多数竞赛都有一个相同点，就是只要认真准备了，结果是不会辜负你的。当然，寻找合适的队友至关重要。在此，诚心向大家推荐自动化学院的创客空间社团。社团类似于一个自习室，很多同学可以一起讨论问题，也能找到合适的人选组队参与比赛，更有厉害的学长学姐分享自己的经验。

决定参加美赛时的我还是个建模新手，对数学建模可以说是一窍不通。通过逛 B 站对数学建模有了初步的理解之后，我明确了适合自己的职责——建模。通过阅读数学建模书籍，我在比赛前掌握了建模的常见模型与基础方法。美赛有四天三夜的赛程，由于我们建模的效果不错，在第一天就完成了模型的建立，可以说是几乎没有熬夜就很顺利地完成了比赛。当然，其中最关键的是队友之间的沟通与协作。不断的沟通和高效的协作是取得良好成绩的关键。

在众多校级重点建设学科竞赛项目中，我选择了看起来更有意思的智能车竞赛。智能车竞赛的入门门槛较高，需要较强的逻辑思维与编程能力。刚开始接触时，我们经历了许多的困难，甚至产生了放弃的想法，小车一直很难如预期般移动。也正是熬过了那段日子，我才成了更好的自己。大二下学期，我们队伍成功地在智能车校内赛中完赛，第一次感受到小车跑完全程的激动。到了大三，凭借之前参与比赛的基础，我又获得了湖南省智能车秋季赛一等奖，也获得了第十六届全国大学生智能车竞赛室外光电组一等奖。通过参与智能车比赛，我收获了软硬件的相关知识，更发掘了自己对电子产品的兴趣。

大三阶段，为了锻炼自己的科研能力，我选择了主动联系宋冬然老师。在宋老师的帮助下，我第一次尝试了科研论文写作，其间遇到了很多的困难，但坚持下来后就会发现这是一件很有成就感的事情。通过撰写论文并投稿，我明显感受到自己的能力有了全方位的提升。至于大学生创新创业训练计划项目，请大胆申请吧，在本科阶段做一个为期一年的项目是很值得骄傲的事情。

现在，我已经成为武汉大学电气与自动化学院夏令营的优秀营员，并决定进入武汉大学读研。夏令营期间我也获得了清华大学、复旦大学、西安交通大学等院校的入营资格，但因为转专业时我的目标就是武汉大学，这次的抉择就容易了许多。希望学弟学妹们也能尽早确立自己的大学目标，当犹豫不决时，请再勇敢一点吧。一旦拥有踏出那一步的勇气，就会成为更好的自己。

人物简介

方心盟，男，汉族，中南大学电气工程及其自动化专业 2019 级本科生。在校期间，他学习成绩优异，加权成绩排名专业前 2%，曾获国家奖学金、“山河英才”教育奖学金、中南大学一等奖学金，获评中南大学优秀学生等。他积极参与学科竞赛与科研活动，曾获中南大学智能车竞赛校一等奖、2021 年湖南省智能车秋季赛一等奖、第十六届全国大学生智能车竞赛一等奖、美国大学生数学建模竞赛 M 奖。他参与的国家级大学生创新创业训练计划项目以“优秀”结项。他以通讯作者兼第二作者身份撰写论文 1 篇，投稿于 SCI、EI 收录期刊。

25 赤子之心，无问西东[①]

智能科学与技术专业2019级本科生　牛　奕

人生是一次远航，唯一的舵手是我们自己。面对茫茫海面，我们往往会不知所措，不知道应该驶向何方。有那么一位舵手，他独自坚定地行驶在自己的航线上，在中南大学这片广阔的海域迎来了自己的蜕变，他就是牛奕。

起航遇挫，重拾信心

和大多数刚刚迈入大学校园的同学一样，初入大学的牛奕心里想着"须知少日拿云志，曾许人间第一流"。崭新的大学生活，志同道合的同学们，让他迫不及待地想施展拳脚。于是在忙碌的课程学习之余，他参与了校团委的学生工作。但让他没想到的是大学的学习并不容易，课堂上老师讲的内容他要反复看网课视频才能慢慢理解。不仅仅是学业上的迷茫，生活与工作的重担也常常压得他喘不过气来，这和他憧憬的大学生活截然不同，困惑与迷茫在他心间悄然而生。

直到一次英语课牛奕才重拾信心，让自己有了坚定的航向。那时，每堂英语课，任课老师都要请一位学生上台做课堂展示，并要求全英文脱稿。他踌躇了几天后才下定决心要打一个漂亮的翻身仗，于是找老师报了名。寻找恰当的选题、撰写通顺的中文演讲稿、将中文演讲稿翻译为地道的英文、制作精美的PPT、对着镜

① 本文由作者采用第三人称视角进行叙述。

子日夜练习、按照英语学习软件纠正每一个单词的发音……那段时间，牛奕全身心投入这个课堂展示之中。对于他的全情投入，有的同学感到惊奇，有的同学表示不理解，有的同学给予鼓励，也有的同学在看笑话，但是牛奕早已将他人的目光抛之脑后，他眼中只有那份日渐完善的演讲稿。虽然在汇报时牛奕显得很紧张，语速不由得逐渐变快，但当他完整地用英语将“电子产品对日常生活的影响”这一主题娓娓道来，他看到了老师肯定的目光和同学们吃惊的表情，有那么一刻他慢慢地明白了其实不需要将所有事情都做得很好，将愿意去做的事情做到最好就可以了。

扬帆行进，不骄不躁

大一结束的时候，牛奕的专业成绩在学院只算中等水平，仿佛他的努力得不到回报。但好在他有一颗浇灭不了的恒心。他从来不过多地去想未来是工作还是考研，他着眼的是当下。课后，他不断回顾、总结每一堂课的内容。凭着这种孜孜不倦的精神，到大三时，他惊讶地发觉自己的专业成绩竟然提高到了学院靠前水平，并且每年评定的奖学金等级也在提高，这也让他朝着更宏伟的目标行进，他要争取学院的保研资格。

在《某某与我》节目中呼兰曾说：“只有走起来，才找得到自己的方向。那些内耗严重、身心俱疲、找不到未来的目标和意义的我们，如果以出人头地为目的的话，其实只是给自己找了一个非常狭窄的道路。干得比 90% 的人好，很难。我今后的任务是做一个优秀的普通人，热爱世界，热爱众生，热爱万物，踏踏实实找一个自己内心喜欢，又有时代价值的事，把这件事情做到‘良’就很好了。”牛奕清醒地选择去做一个优秀的普通人，去热爱这个新奇的世界、热爱内心深处埋藏的理想。他始终踏踏实实地去做当下的每一件事，让青春的光和热源源不断地从他的身躯内向外迸射。

中流击水，浪遏飞舟

俗话说得好，“众人拾柴火焰高”。大三的时候，他加入了 CSU_YUNLU 机器人社团，与学院其他优秀的学生一道备战中国机器人大赛。该项比赛准备时间长，中间充满了各种不确定因素，大家为了有一个好成绩，每天会花很多时间去钻研和解决存在的各种问题。从不断优化底层代码，到为一个隐蔽的错误重构代码和通信量，再到队伍成功入围中国机器人大赛暨 RoboCup 机器人世界杯中国赛，最后在决赛中一举拿下了常规赛和技术挑战赛的双冠军，牛奕和他的队友们取得了学校自 2016 年开始参加这个比赛以来的最好成绩，这一路走来的种种艰辛只有亲身经历过才知道。

荣光的背后，是他和队伍成员默默耕耘的辛酸，也是他厚积薄发的体现。他已经记不清自己为这个比赛写过多少行代码，经历过多少次的仿真模拟，他唯一能够记起的是团队成员每周确定好自己的任务，大家一起撰写代码，甚至在比赛前针对对手的信息不断调整队伍的战术策略。支撑他和团队成员度过那段峥嵘岁月的，仅仅是心底纯粹的热爱。在他看来，一年里所有的辛苦和努力都归于一句“好事多磨”，因为他坚信汗水不会白流，朝着一个目标缓慢航行就能拥有不一样的大学生涯。如今，他和团队其他成员建立了良好的友谊，他们相互学习，这也让他更加确定了当下前行的方向是值得的。

乘风破浪，深情寄语

团队将赛事成果整理发表成会议论文，作为第三作者的他代表团队参加了2021 年 ICRAIC 自动化与智能控制国际会议，并进行了讲习会研讨。第一次参加这种大型会议的他丝毫不怯场，因为在大一的时候他就自信满满地进行过全英文的演讲了，当来到这样的场合，他也早已做好了充足的准备，与来自其他院校的优秀同学一起交流、分享并展示自己的研究成果。正是因为一路走来感受颇丰、思考良多，他勇于表达，始终用一种奋进的姿态去面对生活，不再像过往那般迷茫和焦虑，对可控的事情保持高度热情，对不可控的事情也乐观地去面对。他想对仍处于焦虑与迷茫中的同学们说：“每个人都有自己的节奏，也都过着不一样的生活，与其时刻在意别人的成就，不如沉下心来做好自己，在大学中找到一件自己热爱的事情并为之不断奋斗，不要去管最终的结果，只要自己努力过。”

焦虑与迷茫是每一个刚入大学的学生可能都有过的感受，但牛奕却凭着一颗真诚的心，追求自己热爱的事情，不去想世俗的成功，因为只要自己不曾碌碌无为，那么回忆起来就不会追悔莫及，在以后的岁月中，也会以更加坚定的自信心和扎实的能力去面对挑战。幸福都是奋斗出来的，身处大好青春年华的我们，在面对各种挫折时，应保持一颗真诚勇敢的心，在人生的航程中，做好清晰的规划，找到自己擅长的领域，挥洒汗水，只有这样才不会辜负这一段美好的时光。

人物简介

牛奕，男，汉族，中南大学自动化学院智能科学与技术专业 2019 级本科生。他曾参加校团委升华工作室运营部学生工作，是中南大学无人机协会和中南大学机器人协会会员。他曾获 2021 年中国机器人大赛暨 RoboCup 机器人世界杯中国赛中型仿真组常规赛和技术挑战赛双冠军，全国大学生英语竞赛（NECCS）三等奖。他曾以第三作者身份发表 EI 会议论文，代表团队参加 2021 年 ICRAIC 自动化与智能控制国际会议并做讲习会研讨。

26 此间四年共青春

自动化专业2019级本科生　王佳辉

倘若青春的界定是15至24岁，那么对我而言青春已过大半，前半个青春在中学无休止的考试中拼杀，最后4年交付给大学，像是完成了青春的历练。

埋头苦学路

大学时光匆匆而过，搁浅在岸迷失的大一、裹挟向前莽撞的大二、举棋不定踌躇的大三……如果沿学分追溯，故事的起点首先是一条埋头苦学的路。

这条路从迈入大学校门口的那一刻开始。带着对大学校园的憧憬和12年求学的思维惯性，入学的第一天我就暗下决心在自己最拿手的领域——“看书、预习、做题、考试”——埋头苦干下去，仿佛只有从“读明白书、做得对题”中才能找到自身的价值与片刻的安心。现在看来，这样的人是“书呆子”，是令人敬畏却又无奈至深的代名词。可它确实是我的过去，是我大学生活近半数时间的生活状态。正是这样的态度，让我从未停止学习，那是纯粹的光阴，它可能无聊苦闷至极，但它为我提供了继续向前的资本。

这样的状态又持续了很久。在拥挤的课表和堆叠的报告中求生存、谋发展，我就这样稳稳地走完了大学的前两年。我想用“无知”来描述那两年的努力与坚持，因为虽然花费了许多时间在专业课的学习与课后题的训练中，可这不过是“高中生思维”的延续罢了，在日复一日的学习过程中我并没有去寻找自己的兴趣点，更没有将所学知识投入实践中去。“无知”地埋头苦学就是徒劳吗？我并不这么认为，今天的我、将来从事某方向研究的我，乃至未来步入工作岗位的我，都不能保证自己是在沿着真正热爱的方向前行，更何况是刚刚脱离中学思维的我、对专业情况一知半解的我、迷茫中摸索前行的我。“无知”地埋头苦学可能是一种“避世”的学习态度，可作为初学者，不妨将它作为一种入门的静心之道。

低成本学习时代——“点击就送”

埋头苦学的时间里，对社会实践、创新创业、学科竞赛等一系列课外活动的缺席让我焦虑不已，我也曾想过要报名参加智能汽车比赛、机器人大赛或是智能互联比赛，但课堂上并未学过的芯片、编程语言以及控制系统让当时的我望而却步。大一时的我心想：“我 C 语言都没学明白，参赛后也无法做出成果，还是大二学习专业课后再试试。”大二时的我心想：“课程安排太密集了，专业课都学不明白，还是等清闲的时间再搞学科竞赛吧。”直到大三我才开始领悟到“课内打基础，课外靠自学”的道理。于是直到大三下学期，痛定思痛的我才开始发力，先是一周速成了 Python，“入门”了深度学习，又在比赛截止时间的“激励”下接触了 ROS 与 Ubuntu 操作系统，慢慢地在移动机器人、SLAM 的小 demo 中蹒跚学步……直到比赛结束，我才发觉过去的 86 天里我学到的新东西甚至超过过去两年的总和，曾经望而却步的高山也不再那般难以逾越。

我偶尔也会慨叹当年没能更早更勇敢地迈出自学新知识的那一步，如今的网络条件下想要学习新知识、掌握新技能是多么容易。MOOC、CSDN、Github、B 站等知识分享平台层出不穷，最大的学习成本恐怕就是时间成本。而这恰恰是当代大学生最不缺乏的东西，可以是课业之余的闲暇晚上，也可以是放松叙旧之余的寒暑假，这些都是优质的时间资源。

在大学校园里，自主掌握新知识、新技能往往不只代表着荣誉、奖项、加分等利好，更是检测职业兴趣的试金石，同时也是结交志同道合的伙伴的契机。

虽无一鸣惊人，却也细水长流

就我个人而言，抛去学业成绩不谈，并没有什么能拿得出手的荣誉。还记得当时辅导员让班里每个同学联系老师，在本科阶段参与到老师的研究中去，提前培养研究兴趣与习惯。可是我没能抓住机会，以课业压力为由为自己开脱，最后并没有什么像样的科研经历。我深知这是我个人的懈怠导致的，所以在看到别的同学获得喜人的科研成果时，也只能将自己的遗憾吞进肚子里。

平平淡淡的生活里我也在不断积蓄力量　　稳步提高的 PPT 制作能力、越发自信的汇报能力、“专业标准”的报告撰写能力、应对困难的抗压能力、解决问题的应对能力等。这些都是一路过五关斩六将之后，除了成绩之外获得的更为重要的收获。每每达到一项课业要求，不仅意味着完成了任务，更是加深了对知识点的理解，巩固了自身能力。至于那些错失的机会与荣誉，与其焦虑万分，不如细水长流，找到独属于自己的节奏。

不做苦行僧，为浪漫而活

如今的年轻人不再被社会大众标榜为“××的一代”，只是转而在繁重的学业工作压力中自嘲“躺平”，在自己所热爱的领域和年华燃烧自己的青春。不做苦行僧，为浪漫而活，俨然成为我埋头书本的大半个学生时代对自己的要求。

回顾大学生活，我选择将更多的时间投入书本的研读、专业知识技能的提高中，书架上的几本散文诗集落满了灰尘。我经常和境遇相同的好友倾诉，互相感叹花费了大量的时间到头来还是人外有人、天外有天，不如抽出点时间热爱生活，给自己的青春留下更多学业之外的回忆。可是说得轻巧，一旦被裹挟进了这条勇攀高峰的单行道，就很难再从中跳脱出来。能忙里偷闲，就是最舒适的了。面对无从下手的C语言课程设计，大一的我会因为程序错误而情绪低落；面对没有眉目的数字电路课程设计，大二的我已经学会了在暴雨倾盆的晚上叫上要好的朋友一起在湘江边欣赏绽放的烟花；面对紧迫的复习压力，大三的我会毅然决然地冲进漫天飞雪中与同学玩耍度过整个上午……可以预见，这样的精神压力与尴尬处境在以后的人生路上还会有更多，在前往未知的道路上不免会有埋头的刻苦付出、有截止日期来临前的高强度熬夜，有对成果的渴望和技不如人的苦涩、有困境中的挣扎和患得患失的痛苦。可我们终将遇到感兴趣的方向，热爱的工作，珍视的彼此和浪漫的自己。

所以，只管坚定地走下去，我去君又来，此间共青春。

人物简介

王佳辉，男，汉族，中南大学自动化学院自动化专业2019级本科生。本科阶段，他专业加权成绩名列专业前2%，踊跃参加中国机器人大赛、全国大学生英语竞赛并分别获得国家级二等奖、三等奖，获校级奖项若干。他荣获本科生国家奖学金、国家励志奖学金、屈原奖学金、中南大学特等学金奖，被评为中南大学优秀学生等。

27 百折不挠，终将破茧成蝶

智能科学与技术专业2019级本科生　易宸昊

当孩子们来找爱因斯坦时，他会给他们展示垃圾桶里计算失败的草稿纸，并说："天才也会犯错。"没有人是完美的，我们欣赏他人的闪光，也从他人的挫折中汲取力量。我觉得自己是在成长道路上常常犯错的人，但我也是不惧挫折、有无穷自信迎接困难的人。很高兴跟大家分享我的大学故事，为大家介绍我的挫折和闪光。

学业的转折

大一刚结束，我进入了智能科学与技术专业。在116人的专业中成绩排名第38名。还记得大一出高数成绩的时候，我十分难过，考试成绩62分，最终成绩74分。不够专注于学习导致大一结束时我的排名离保研线很远。但在大二学年，我的加权平均分和综合测评成绩都排到了专业第2名。从第38名到第2名，大二这一年是我大学学业的转折点。

信念+行动是实现目标的关键，即坚定的目标和扎实的行动。进入大二的时候，我树立了"我要成为专业第一名"的目标，虽然我在同学、室友乃至辅导员的眼中，都是成绩平平的学生。但是在我的心中，我就是最优秀的。强烈的自信是我行动和达成目标的基石。班会中，辅导员会夸学习优异的班长；寝室中，室友会称赞进步神速的同学；认知实习中，带队老师会夸表现优异的学生……听到大家对身边优秀学生的夸奖时，成绩平平的我内心的独白是:“我也可以!”这些积极的心理暗示和坚定的信念给予我巨大的行动力。

我也知道空有信念,没有落到实处的行动和有效的方法是难以达到目标的。我现在还记得当时对待“大学物理”“模拟电路”和“计算机组成原理”等课程的学习态度。开始学习“大学物理”时并不是很顺畅,于是我尝试课前预习,课后把所有习题弄懂,从结果来看这两个学习方法效果显著。“模拟电路”对于我们来说是比较难的科目,为了学好它,我会在课前看网上视频自学一遍。有一次,老师在课堂上提了一个问题,当其他同学还没有解题思路时,我已经将这道题解出来了,这让我更加重视课前预习。“计算机组成原理”也是令大家头疼的课程。考试的前两周,“计算机组成原理”的知识点我还掌握得很一般,当时我严肃地提醒自己:“这门课不学好,直接影响保研!”从那时起,我常在图书馆复习这门课程,最后取得了 99 分的好成绩。

在很多课程的复习阶段,我复习完后,会给室友讲题,为他画出关键点,因此也得到了“易老师”的外号。总之,在诸多扎实的行动后,在大二,我的加权平均分达到了 92.19 分,在专业排第 2 名,之后的学习也越来越如鱼得水。看到自己的年级排名从第 38 名上升到第 2 名,我内心的喜悦是不言而喻的。

竞赛的突破

在学业成绩上的突破可以凭借个人的信念与努力,在竞赛上取得突破,还需要团队的力量。在大二上学期,我和同年级另外两位同学一起参加了全国大学生智能互联大赛。这次比赛我们并没有取得好成绩,一方面是我自身的实力还不够强,另一方面是整个团队的配合不够。在比赛前,我常常一个人待在实验室缓慢地推进作品进度。一个优秀的团队应该是要共同承受压力,共同思考和行动的。但是,当时因为队友有其他事情要忙,也可能是不够重视这个比赛,最终,我们草草地交了作品,与获奖失之交臂。

在这之后,我觉得自己能够独当一面了,开始寻求优秀队友合作。2021 年初,我步入大二下学期。当时,我从其他同学那里了解到数学建模比赛,我觉得这个比赛可以有效地锻炼我的专业能力,于是心中埋下了参赛的种子。这是我之后获得全国数学建模竞赛国家级二等奖、五一建模竞赛一等奖等建模奖项的开始。

在我准备组建自己的建模队伍时,我们专业排名第 1、第 3 和第 12 名的同学已经先于我完成建模队伍的组建。虽说比赛不存在校内竞争,但是,我对他们组建的队伍还是带有一丝敬畏的。“这支队伍有几名优秀的同学一起合作,那么我应该找谁组建起优秀的队伍呢?我们的队伍能不能超越他们呢?”带着谨慎与思考，我确定的第一名队友是一位从土木大类转专业过来的女生。不同于我的高数成绩 70 分，她大一的成绩在土木学院 1000 多人中排名前 10 名，高数更是取得了满分的成绩。相比于我对待问题时的变通，她有一种一丝不苟的坚持。于是，我很快决定邀请她作为我们队伍中的建模手。我带着宁缺毋滥的挑剔眼光寻找队友，另一名队友迟迟没有定好。在这期间，我找过阿伟，一位我很佩服的专业水平很强的同学，但他因为参加了其他比赛，就拒绝了我。就在我思考该找谁的时候，有一次，我跟室友说了我准备参加数学建模比赛的想法，出乎意料的是，他表现得十分兴奋，后来我才知道，他在《天才基本法》中看到小说中人物参加数学建模的情节，因此对数学建模很感兴趣。起初，我没有主动邀请他，因为在和他的相处中，我感觉他不是专业能力很强的人，但是后来的事实证明，邀请他入队是非常正确的决定。他作为比赛的论文手，完全负责了比赛论文的撰写工作，这使得我们可以把精力放在解题和编程上，并且有了他对论文的精益求精，我们才有机会得到这么多建模奖项。

我们队伍在 3 月末组建完成，7 月是校赛，9 月初是国赛。为了让大家快速适应比赛，我积极报名了 5 月 1 日举办的五一建模比赛。在 1 个月的备赛期间，我们各自分工、学习建模的知识，在初次参赛时就获得了一等奖，这给了我们队伍极大的信心和鼓舞。7 月校赛，题目有点偏，而且我们又选了不熟悉的物理题，所以解题过程十分艰难。但整个建模过程中，我们都是三人共同承受压力，一起解题，一起吃饭，合理作息，最终获得校级二等奖。经过了暑假备赛，我们掌握的解题算法逐渐丰富，论文的写作与排版逐渐精简而美观。在国赛时，我们圆满地完成了我们的论文。11 月开奖，我们获得湖南省赛区一等奖、全国二等奖的成绩。我发现，我在为数学建模比赛默默努力的时候，自己取得的进步已经超越了我最初敬畏的对手。

3 月到 9 月的数学建模比赛，是我大学生涯中筹备得最久的学科竞赛。这次竞赛之后，我又陆续参加了计算机设计大赛、服务外包大赛、全国大学生智能车竞赛，自己的专业能力逐步提升。

人生新的篇章——人工智能的科研之路

在进入大学之前，我从来没想过自己要从事科研工作。我对科研工作的刻板印象就是面对枯燥的公式和单调的人生。高考填志愿时，我选择来到中南大学的智能科学与技术专业，是相信 AI 能够改变人类。我浅薄的认知里透露出少许高远的梦想——用科技推动社会变革和人类进步。现在我才明白，科学研究是实现这些伟大愿望的基石，而大学正是培养科研人才的地方。

当我了解到 2016 年计算机视觉领域顶级期刊 CVPR 中，有关 YOLO 模型和 ResNet 网络的两篇论文对计算机视觉与 AI 的影响是从学界延伸到工业界的时候，我才意识到科研对这个世界的影响，实实在在地感受到“科学与技术的力量”。ResNet 网络的提出者何凯明年仅 28 岁，是广东省的理科高考状元。随着我对专业的深入学习，我了解到越来越多学者对 AI 的研究，例如优秀的同济大学研究生(ID：同济子豪兄)就在 B 站上解读 AI 论文，我们中南大学的诸多研究团队都有在做 AI 相关的研究。之后，在王勇老师的实验室，我了解到了研究生的生活。通过跟周晓君老师交流，我也了解到了一位优秀学者完整的科研之路。我感觉科研离我是那样近，同时也意识到科研是实现我梦想的必由之路。经过思考，我做出了读博士和走科研道路的决定，并在 2022 年 9 月，被保送到中国科学院大学。

百折不挠，终将破茧成蝶

回望我大学三年的学习生涯，说不上很优秀。但在人生的每个阶段，我都不会惧怕强大的对手与挫折的磨炼，不会为之前的失败感到懊恼和悔恨，而是思考和落实自己的行动。我相信带着一颗百折不挠的心，坚持越过重重荆棘，我们终将破茧成蝶。

人物简介

易宸昊，男，汉族，中南大学自动化学院智能科学与技术专业 2019 级本科生，直博至中国科学院大学。他荣获 2022 年全国大学生智能汽车竞赛湖南省赛区一等奖，2021 年全国大学生数学建模竞赛二等奖，2021 年五一数学建模竞赛省级一等奖，2021 年第十六届中南大学数学建模竞赛二等奖，2020 年“全国大学生嵌入式芯片与系统设计竞赛暨智能互联大赛”中部赛区复赛三等奖，获评 2021 年中南大学大学生创新创业年会“优秀案例”“优秀论文报告”“优秀项目”，获得 2021 年校级“优秀学生”称号，以及 2021 年国家奖学金，2021 年校级一等奖学金。

28 以梦为马，不负韶华

自动化卓越人才培养专业2020级本科生　周文珂

在大一军训时，我写的一篇通讯稿被发表在学院的网站上，时至今日，我仍能记起通讯稿的第一句话是我引用的肯尼迪在《我们选择登月》演讲中的一句话："我们决定在这十年登上月球并实现更多梦想，并非它们轻而易举，而正是因为它们困难重重。"回看自己在大学的这两年，充满了学业上的压力与困难，但更多的是战胜一个又一个困难，完成自己预设的一个又一个目标后所获得的满足感与成就感。

凡事预则立，不预则废

回顾十几年的学习生涯，英语可以说是我的忠实伙伴。从小学开始，我就进行各种英语课程的学习，父母带着我到各处参加英语演讲比赛，锻炼胆量也积累各种经验。到了初高中，繁忙紧张的课业让我不得不利用课余时间自主学习英语：每周阅读一份英语报纸，摘抄好句好段；抽空看看英美电影、电视剧，同时积累语感；挑选自己喜爱的英文小说，积累词汇短语。久而久之，我发现自己渐渐开始享受这一过程，享受语言学习从被动输入到主动运用的成就感。英语不再是一门任务式的、强制性的学科，而是成为我学习过程中最好的伙伴。

进入大学后，虽然只设置了三个学期的英语课程，但我仍没有丝毫的懈怠。我在课堂上跟着老师的思路，积极回答问题，课后认真完成作业，做好复习和预习，老师布置的作文我也会不断地修改。对自己的高要求和对英语的喜爱，让我入学以来的四门英语课取得了均分 97 分的成绩，并在大一以 632 分和 585 分顺利通过了英语四、六级考试。

获得一定的成绩让我对英语学习产生了更强烈的兴趣。大一下学期，我报名参加了全国大学生英语竞赛，由于当时对学科竞赛了解甚少，在比赛之前只做了一两套真题试卷便去参赛了。几个星期后，李瑶老师告诉我我获得了三等奖，得知这个消息后我很惊讶。如果我再提前认真准备的话会不会有更好的成绩呢？于是大二时我又报名参加了英语竞赛，平时，我都会特别留意获奖同学分享的备考经验，并提前开始具体的准备。考试正值 5 月中旬，与期中考试时间相近，我便边复习专业课边做往年真题，上学与放学时在公交车上用耳机听听力。从 2008 年的试题做到 2021 年的试题，完成之后又要对答案、查单词、分析错题、看参考范文……好几次，我背单词、做试卷直到凌晨。谁也无法得知是否能获得比上次更好的成绩，也无法得知这样的努力有没有用。但其实很多时候，当你为某件事而拼命努力去准备，想真的把它做好的时候，这件事就已经成功一半了。成绩出来了，在全校 7000 多名考生中，我的排名为第 80 名，获得了全国二等奖。虽然与一等奖只有一步之遥，但我并不后悔，因为每一次的遗憾都意味着下一次的进步。有时我们不能奢求，也不一定能做到尽善尽美，因为努力本身就是一种成功，做好准备的人也终将会得到一颗糖。

纸上得来终觉浅，绝知此事要躬行

“知之愈明，则行之愈笃。行之愈笃，则知之愈益明。”大学与高中学习的不同在于大学知识很大程度上是应用导向的，它要求我们在掌握理论知识的同时也能够将其付诸实践。大一下学期的程序设计课程就要求我们根据已学的编码知识设计真实可用的程序。我从外卖行业入手，搭建了一个外卖餐饮服务平台，能够实现从商品查询下单、骑手接单、商家备货到配送到家的全流程多角色模拟外卖服务。

当我开始准备这项任务时，内心是忐忑又激动的。忐忑是因为当时的我并没有系统性编码的经验，激动是因为这将是我编写的第一个应用平台，而且平台对交易准确性、时效性有着很高要求。将理论转化为实践绝非易事，大到逻辑框架，小到商品信息展示的细节，都要在充分考虑客户与商家的易用性的基础上进行设计。我每天专心扑到课程设计的工作上，早早起来开始编码，有时猛然抬头发现天已经黑了。我仍然记得验收前的一天，我发现在骑手接单的信息提示方面还可以进行优化，如增强消息的实时性和客户购物体验，于是开始调整代码，我常常将这天编码的经历开玩笑地称为“从天黑写到天亮”。最终，功夫不负有心人，我获得了“优”的成绩。

实践是让前瞻性、开放性、战略性的创新理念得以实现的必经之路。大二下学期的微机原理与嵌入式系统课程中，我与寝室两位同学自主设计了一款“智能森林防火系统”，我们集思广益，软件硬件兼顾，对传统的传感器进行了创新性的改造。为了调整好一个传感装置，常常要从下课工作到凌晨，而最后的设计结果很让我们满意，那些当时感到棘手困难的日子现在看来却是最值得回味的。在完成课内学业的同时，我还与同学们参加大学生创新创业训练项目等，学习新领域的知识，锻炼自己各方面的能力与素质。

我从丰富的实践经历中汲取养分，深化对课业理论知识的认识和理解，也为未来学习提供动力源泉，入学以来的八门实践实验类课程成绩均为优秀。“自古圣贤之言学也，咸以躬行实践为先，识见言论次之。”我用时间将知识与社会连接起来，使所读的书活起来。

莫见乎隐，莫显乎微，君子慎其独

“慎独”这个词初识于初中，但却像行动指南一样一直指引着我，让我严于律己。虽然我学理工科专业，但这丝毫没有影响我对文学和文字的热爱，课业再繁忙，我也会抽出一些时间看看书。明人李贽读《三国志》，情不自禁欲结书中豪杰，大呼：“吾愿与为莫逆交”。“身无半亩，心忧天下；读破万卷，神交古人”这副对联让左宗棠自励终身。每个人都需要一处精神家园，去时代的地平线以外旅行，去光阴深处化缘，以古往今来为时代背景和美学资源，从具象的生活中短暂地抽离……对于文学和文字的热爱也或多或少地助益了我在大学阶段思政类课程的学习，“中国近代史纲要”和“马克思主义基本原理概论”两门课程我分别取得了 95 分和 97 分的成绩。

我享受静心做事的踏实感与充实感，这对于我来说是一种自由，就像我每天会看一些文字，我也会要求自己考前在笔记本上列出应该注意的细节与易错的公式；我每周会去操场慢跑；我会认真完成老师布置的所有作业。犹记得有一次英语课布置的作文，我反复修改了 23 次才提交。自律不是强迫与约束，更不是用做不到的事情为难自己，在通往罗马的路上，或许有人选择传统的康庄大道，或许有人另辟蹊径，求得创新与独立，其中并无优劣好坏之分，但唯有自律能使我们坚定自己的道路，不被他人所定义，不随波逐流。

对未来的真正慷慨，是把一切都献给现在

当今社会被所谓的“内卷”“精神内耗”充斥着，与其受负面情绪的影响，不

如用行动去治愈自己。志在山顶的人，不会贪恋山腰的风景。大学进度过半，我们每天都在与过去告别，又在不断地开启新的篇章。大学的学习只是我们学习生涯的一部分，我们应不断地向书本学习、向他人学习、向自然学习，用知识武装头脑，用行动践行使命。

当前，5G 网络、人工智能、智能制造各领域齐头并进，作为自动化专业的学生，我们要学好理论知识，并将其应用于实际，为中国的“智能制造”贡献一份力量！

人物简介

周文珂，女，汉族，江苏徐州人，中南大学自动化卓越人才培养专业 2020 级本科生。入学以来，她在学业上认真刻苦，脚踏实地，加权及综合测评成绩位于班级和年级前列，曾被评为 2020 本科新生“军训先进个人”，2020—2021 学年“优秀学生”，并获得中南大学 2020—2021 学年二等奖学金、比亚迪奖学金，2022 年获得全国大学生英语竞赛二等奖，英语四、六级考试分别获得 632 分与 585 分的成绩，并以优秀等级通过计算机二级考试。

29 夜雨惺忪聊赖日，叶卷云舒也长情

自动化卓越人才培养专业2020级本科生　刘尚坤

窗外树叶沙沙，天色渐晚，在这期盼已久的雨季，我的内心甚是愉悦轻快，又有些许多愁善感。旅途已过半的本科时光，给我留下了许多珍贵的回忆和成长的思考，无数有趣的人、有趣的事构成了我充实丰盈的大学时光。

初到中南大学，我便定下了大一一年完成转专业的小目标。我想我是幸运的，通过在假期与军训期间的备考，我成功转入自动化学院成了自动化卓越班的一员。我在这个班的成绩并不出众，但我知道这只是开始，于是我重新审视自己，大一这一年的目标变成了成绩进步五名以及向党组织靠拢。与许多同学一样，我在入学时就向党组织递交了入党申请书。“为人民服务”是大家都熟知的一句话，我将其视为我实现个人价值与为社会贡献价值的基本价值观念。

一次偶然的机会，班委会让我为班级同学讲解高等数学的课程内容，接到任务后我十分兴奋。我认真备课，力求进行实用高效的讲解。通过课堂的方式为同学服务，我想这是我自身所学与自我信念的一次高质量结合。解决一个个问题后，助人所产生的价值感与满足感汇聚成温暖心扉的幸福感。助人为乐的幸福感和自己在知识学习过程中的大彻大悟使我的生活愈发充实。说到大彻大悟，我想说的是学习中对知识的掌握与看待学习的态度。想必许多同学都会有这样的想法，即在有限的时间内扎实掌握知识与在有限的时间内拿到高分这两件事是相互矛盾的，要想解决这

个矛盾就要拓展“有限的时间”，将考试前一个月的集中学习变为整学期的沉浸学习，这是解决矛盾的好方法。掌握一门知识，通晓一门学问，攻克一道难题，想必都会成为学生时代的骄傲回忆。

动力不足与未来目标不清晰是许多学习问题产生的根源，为了让自己充满动力，我有时候突然会迸发出一些想法，这些想法可能是我会去哪所学校读研，我的导师是谁，虽然听起来很遥远，但是却让我有了方向，只要我朝着这个方向坚定地走下去，也许未来的某一天梦想就会实现！

习近平总书记曾用“雄关漫道真如铁，人间正道是沧桑，长风破浪会有时”来形容中华民族的过去、现在与将来，用其来形容每个人的成长或许也十分准确。回望我的大学生涯，大学开始时我认为大学将是知识的海洋，但现在我认为大学还是价值观与人生观的成长平台。就个人而言，我克服了困难，过雄关，涉漫道，在知识层面更上一层，在两年前看来好像很不错了，但如今看来还需要“交互”。所谓“交互”，是个人与个人、个人与团队、团队与团队的交流合作与进步，也是走进社会，与社会建立联系，从而检验自己的必要“关卡”。我常常想，单单书写好自己这份答卷远远不够，更不能沉浸于亲朋好友对自己的夸赞中，而是要书写好时代赋予我们的答卷。我们必须承认，我们生逢其时，在这最伟大的时代，我们有义务肩挑重担，书写属于我们自己的答卷。

时间是宝贵的，充分利用时间与合理安排时间是需要大智慧的，于我而言，目前为止的学习与生活都是较为宽松与充裕的，也留给了我许多时间去安排生活与放松自我。人生的主基调应该是在曲折中前进，存在进步，亦存在退步。仔细想想，我确实不认同“我命由我不由天”的论调，也没有“黄沙百战穿金甲”的豪迈，看待世界的眼光与看待人生的眼光也十分普通，只是一直坚定一种朴素端正的价值观状态。这样的眼光使得我更容易接受变数对我造成的各种影响，也让我在生活中与学习中更容易保持稳定而平静的心态。我想这也是我在学习过程中，从生活与书本中得到的一点感悟吧。

大二下学期，我很荣幸地成了一名预备党员，我想为人民服务是一门终身的课题与学问，吾辈更应坚定理想信念，将其贯穿于未来的生活与人生道路之中。

再后来，我又参与勤工俭学，成了“双创”办公室助理，并进一步为我所在的本科生支部工作、服务，同时，经过大二对单片机、电机等的学习，我也开始尝试参加一些竞赛，认识了更多优秀的同学，取得了相当大的进步。在这个舞台上，平日里不爱说话甚至沉默寡言的同学展现出了他们优秀的一面，而和他们共同奋斗的时光也让我倍感珍惜。

生命的银幕上演绎着不同的精彩，最绚烂的一笔就是我的学习经历。

本科阶段的课程就我个人而言内容要比中学课程更为广阔，也更令人兴奋，因为没有了密密麻麻的题目与集中训练的课堂，学习生活有了更多的选择。你可以在本科元年就参与一次激动人心的高水平比赛，可以与同窗一起纯粹地做一次项目，也可以认识更多优秀的高年级同学，向他们学习，更可以参与学生工作，做自己喜欢的小项目设计等。这些也都是常态化选择，在做出选择之前，应当要结合自己的兴趣爱好与情况去做考虑。单就学知识而言，我的学习可以说是集中而广泛的，所谓集中，我主要以课内的课程作为学习的重点与出发点；而广泛，是指我并不局限于课堂内的内容与教材内容，我会去知识的海洋中遨游，拓宽自身的知识面，寻找到更适合我的“老师（书本）”。还有一点就是学习环境，上学期间我体验过各种学习环境，比如教室、校本部图书馆、马克思主义学院、宿舍、食堂、咖啡厅，甚至户外。就我个人而言，环境的选择本身并不重要，寻找一个能够使人集中的时间与合适的环境才是最重要的。比如大二上学期，我一整个学期的自习都是在宿舍中进行的，可能就因为当时我认为宿舍是于我而言最佳的学习环境，当然也很大程度上得益于我的好舍友们。

最后我有一句箴言也是长辈经常提醒我的一句话想分享一下：“学业不是你的全部，学习之外还有生活。”是啊，不要把结果看得太重，生活闲暇之余应多一些闲庭信步，多读一些专业书籍之外的书，而且一定要保证适当地运动。健康的体魄真的很重要，当我遇到生活中不顺心的事情时，或者因忙碌而疲惫时，我常常来到新校区的情人坡外。大自然向我投以怀抱，它拂去我心中的疲累，让我的身心得以短暂地休憩。在精神得以饱满后，我沿着定下的方向继续前行，书写我人生的下一篇章。

以积极的心态面对生活，对生活张弛有度才是我们每个人的必修课。高中时我总有“人生如逆旅，我亦是行人”的感慨，又有“男儿何不带吴钩，收取关山五十州”的壮志满怀，亦有“忽见陌头杨柳色，悔教夫婿觅封侯”少妇的忧愁。如今的我、我们可能会有许多青春的沧桑，也不失年少的锋芒，将追忆留给昨天，与沮丧彼此绝缘。勇敢向前吧，少年！

人物简介

刘尚坤，男，汉族，中南大学自动化学院自动化卓越人才培养专业2020级本科生。他曾任创新创业办公室学生助理、自动化学院学业辅导讲师，荣获校级学年奖学金、锐伟奖学金，以及优秀学生、入党积极分子优秀学员等多项奖励和荣誉称号。

30 昂昂千里，泛泛不作水中凫

电气工程及其自动化专业2020级本科生　黄泽海

大学应当如何度过？我给出的答案是“昂昂千里，泛泛不作水中凫”，宁愿昂然做一匹千里马，也不愿做一只普通的水鸭随波逐流，得过且过糟蹋了青春，随波逐流蹉跎了岁月，我始终相信树立清晰的目标而后不断追逐才是人生的最优解。

一往无前勇尝试

初入大学，前所未有的自由让我无所适从，同时我也逐渐意识到自己的不足和周围同学的优秀。我知道，大学不是终点，至少对我而言，人生新阶段才刚刚开始，我不愿得过且过，也不想在大学迷失自己、放纵自己。我深信，当你不知道自己该做什么的时候，那就学习吧。因此，从大一开始，我就一直在刻苦学习。上课认真听讲，做好课堂笔记，并重视课后的学习，我在课后复习和吸收知识上所付出的时间往往比课堂上课时间还要长。回想起大一的周末，从日出到日落，我与舍友在宿舍学习，彼此陪伴，一起讨论，那将是我永远珍藏在心中的宝贵回忆。如今看来，当初也走了不少弯路，但那也是我探索大学生活方式的宝贵经验。就这样，凭借着毅力和努力，大一学年我取得了专业加权排名第一的成绩。

面对学科竞赛，初入大学的我如同白纸一张。最让我记忆深刻的是那个周六，我打开了影响我大学轨迹的一扇大门——我报名参加了由自动化学院夏鄂老师带领的创客团队开展的Arduino单片机培训课程。在培训过程中，我知道了什么是单片机，软硬件怎么相互配合，现在业界的技术水平发展到了什么程度等。当我初次编写代码实现 Arduino 点灯和舵机运动时，我发自内心地感到喜悦，意识到有机会去接触新事物也是一种幸运。

在这次培训过程中，我不仅学到了一些基础的代码和接线知识，而且了解到了一种全新的学习模式，系统功能的实现由易到难始终有一条贯穿始终的思维路线，只要我们掌握一定的学习方法，循序渐进，再复杂的问题也能迎刃而解。“师傅领进门，修行在个人。”至此，我也算是真正被“领进门”了，我开始主动地去了解相关技术，并结合课内的学习拓展自己的认知边界，为之后的学科竞赛打下基础。

失之何如莫言弃

在夏鄂老师的建议下，我与几个小伙伴网购了一些材料和器件，开始拼装并编程我们的第一辆基于 Arduino 的循迹小车。我们根据网上的教程研究如何接线、怎样通过蓝牙控制小车运动，几个人耗费了一整天的时间。当我们成功通过手机按键遥控小车运动时，内心的喜悦溢于言表，这种快乐是最为纯粹的。尽管现在看来，从零开始拼装循迹小车已经称不上困难，但对那时刚刚接触学科竞赛的我来说却是莫大的进步。

为了参加校内的嵌入式竞赛，我们在循迹小车的基础上进行拓展，开发基于树莓派和 Arduino 的实验室智能机器人，这次项目的重点与难点在于将传感器监测数据上传到 MQTT 服务器。为此，我们几乎利用了学业之外的所有空闲时间进行相关知识的学习和试错，最终成功实现了这个功能。但是，由于经验不足，在项目书与项目展示上有所欠缺，最终遗憾没有获奖。这次比赛失利并没有打击到我，相反，我很感激它，它让我懂得了学科竞赛的基本流程以及该注意的细节，让我更有底气面对下一次的挑战。失败也是我需要的，它和成功对我一样有价值。世上没有恒常的失败，也一定没有永远的成功，在失败中成长才是生活的主旋律。

在此之后，我有幸参与了创客团队组织的微信小程序线下培训。在对微信小程序有了初步认识后，我们开始筹备计算机设计大赛的比赛作品——基于微信小程序的河道巡查系统。在这次比赛过程中，我以作品的功能为线索，从基础的页面设计开始学习，进而掌握数据库云开发。每一次的比赛都是一次新的学习过程，有方向、有目标，学习才会有效率。在开发过程中，我也常常从用户的角度来审视自己的作品，是否足够人性化，功能是否完善，数据是否安全……脱离开发者的角度看自己的作品才能够不断精进。我总结了校内竞赛的失败教训，以更成熟的姿态面对这次比赛，最终取得省级三等奖的成绩。

以往为鉴再出发

我一直认为我是一个重过程、轻结果的人。尤其是大学阶段，我们有许多试错机会，如果因为担心不能取得好的结果而束缚住自己的手脚，反倒会阻碍我们的发展。

大二时，我毅然决定继续参加比赛。我大二已经积累了一些比赛经验，专业水平也得到了进一步提升。为准备全国大学生嵌入式芯片与系统设计竞赛，我们做了大量的前期工作，包括研究组委会提供的开发板和比赛的侧重点以及进行项目可行性分析等，最终确定了选题——电动车禁入电梯管控系统。

这次我们选用的开发板龙芯教育派是龙芯中科技术股份有限公司的新产品，该板件只有官方提供的简单案例，没有具体的项目开发文档和完善的交流社群，这给我们前期项目的开展造成了较大困难。组委会工程师在开发板方面有丰富的案例经验，与他们交流是最直接也是最有效的解决问题的方法，而且不必担心自己的问题过于简单或者他们作为官方技术人员对选手有所保留。在不断地交流探讨下，我们成功解决了系统环境配置问题和软件不兼容引起的报错问题，在项目进程上迈出了一大步。

我们的项目基于模式识别与图像处理技术，利用目标检测算法识别电动车。考虑到实际应用场景必须保证较高的识别率，故一份高质量的数据集是项目成功的关键。由于网上并没有现成的电动车数据集可供利用，因此我们只能人工构造。我们通过实际抓拍、爬虫等多种方式获取并筛选出几千张电动车图片，每一张图片都由我们亲手标注，然后再将数据集进行适当的预处理。尽管过程烦琐、工作量大，但看到最终识别率在95%以上时，我们认为一切都是值得的。

回望过去，我由衷地感到幸运，幸运能够来到中南大学，幸运接触并加入创客团队，幸运能够成为现在的自己。我很感激学校和创客团队的帮助，也想把这种传承和奉献的精神延续下去。曾经，我作为一名技术新手参加创客团队的微信小程序培训课程，现在，我也有幸作为创客团队的一员为学弟学妹们开展小程序的课程培训。当我看到学弟学妹们好奇发问、不断琢磨的样子，仿佛也看到了曾经的自己。只要我能够引起学弟学妹们对相关领域的兴趣并使其自主走上此路，哪怕磕磕绊绊，我的工作也就有了意义。

泰戈尔说过："有勇气在自己生活中尝试解决人生新问题的人，正是那些使社会臻于伟大的人!"勇敢地走出自己的舒适圈，尽可能地去尝试新事物，我们还年轻，还有试错的资本，与其终日如履薄冰，不如带着一腔孤勇踏上征途。"昂昂千里，泛泛不作水中凫"，让我们将未知和挑战淬炼成千里马昂扬之志!

人物简介

黄泽海，男，汉族，中南大学自动化学院电气工程及其自动化专业 2020 级本科生。他加权成绩排名专业第一名，现为自动化学院“期末稳过”辅学讲师，参与国家级大学生创新创业训练计划项目 2 次，荣获计算机设计大赛省级三等奖、嵌入式设计大赛国家级二等奖，获得中南大学 2020—2021 学年一等奖学金、中南大学 2021—2022 学年特等奖学金、魏桥铝电奖学金、2022 年国家奖学金，被评为中南大学优秀学生等。

31 不囿于迷茫，不贫于思考

自动化专业2020级本科生　陈　熙

初入中南，不忘初心

在入学报到的前一天，我决定不让父母陪我来长沙报到。因为我知道自己已经成年了，是时候独立闯荡了。那是我第一次一个人坐上前往外乡的火车，心里很是激动。那天晚上，我一宿没睡，静静地想象着我的大学生活，我的未来。

初入中南，我是非常害羞的，甚至有些自卑，因为我本来就不太擅长与人打交道，而且除了长跑之外也没有什么其他的兴趣爱好，更没有一技之长。第一次开班会，班导师要大家进行自我介绍，听到别人介绍自己样样才艺精通，兴趣爱好广泛时，我着实羡慕。轮到我时，我站在台上极度紧张，介绍了自己的名字后就落荒而逃了。第一次班会给了我不小的挫败感和迷茫感，因为我感觉自己与别人相比实在是太过普通，甚至是有些平庸了。在校园内，也有很多部门招新和社团招新，我当时没有报名任何部门或社团，但是鼓起勇气去参加了卓越班的选拔考试，结果是连初试都没过。总而言之，我的中南初体验是十分失败的，当时我将自己当成了"小镇做题家"，没什么爱好，只会在题海中扑腾。

真正从开学的灰心中走出来是在第一次高等数学课上。我们当时的老师是张齐老师，她是我大学从迷茫、不自信到自信的关键。我仍然十分清晰地记得，第一次高等数学课上张齐老师对我们说："高等数学是一门必修课，对于自动化专业非常重要。你们来自不同地方，基础不太一样，我会慢慢给大家讲授知识点，争取大家都把高等数学学好。”老师当时的话，真的让我受到了莫大的鼓舞。既然我其他方面不如别人，那我学业成绩一定要比别人更加优秀。从那之后，我一门心思都扑在了高等数学上，我到现在仍然记得张齐老师讲的很多解题方法，她真的非常热爱数学，在课堂上带领我们领略数学的神奇与美妙。学习是需要沉淀的，我大一上学期把所有的心思都放在了高等数学与 C 语言上，日复一日地待在图书馆。我早上会 5 点 50 分准时起床，晚上早睡，周末我也会学一整天的高等数学，把书本上的题全部做完后就去网上找拓展内容，丰富自己的高等数学知识。正是这样的日积月累，我大一的高等数学考了满分，当时老师还特意在群里把我的试卷发出来作为优秀试卷给大家学习，我的成绩也勉强进入了大类前十名的行列。

高等数学，让我建立了自信，让我相信我能够胜任大学的学习，也能够在大学过得非常精彩。这为我后来的生活、学习、工作全面发展打下了坚实的基础。

学会思考，全面发展

如果说大一上学期是我建立自信的一个学期，那么大一下学期就是我学会思考并且逐步全面发展的一个学期。大一下学期我遇到了一群风趣幽默的老师。令我印象最深的是教线性代数的龙珑老师，每节课他都会以一种十分诙谐幽默的口吻上课，让我感受到了他对数学的热爱，这种热爱也深深影响了我，让我十分喜爱线性代数这门抽象的科目，并感叹其中精妙的数学思想。正因为老师们对我的影响，我的线性代数也取得了满分的好成绩。教高等数学的张齐老师一如既往地带领我领略高等数学的奥秘；教概率论与数理统计的甘四清老师将各种统计方法娓娓道来；教复变函数与积分变换的徐玉锋老师向我展示各种变换方法，令我啧啧称奇。彭勇宜老师上的大学物理课程的内容很充实，不仅覆盖了物理学的基础知识，而且包括了前沿领域的研究。电路理论的李中华老师深入浅出地讲授电路理论，让同学们轻松理解和掌握电路的基本概念和应用，他总是通过生动的实例和案例，将抽象的知识点变得具体而有趣。

除了遇到非常好的老师，我还遇到了优秀的同学。李松佑同学是我非常好的朋友，我们经常一起上课，他上课时会非常认真地听讲，也会提出很有见解的问题，与老师积极交流。他还鼓励我积极参加竞赛，帮助我在学业上更进一步。

大一下学期，我的成绩飞速进步，一跃成为大类第一名，但更让我感到开心的是我渐渐学会去充实自己的生活，去接触校园中学习以外的东西，我不再是那个一上台就紧张得发抖的人了，同时我在大一下学期提交了入党申请书，正式成了一名入党积极分子。我入党的动机是纯粹的，因为我想去丰富自我，去体会为人民服务的快乐。

脚踏实地，积极探索

大二上学期，我当选为我们班的团支书。因为我觉得除了学习，学生工作也很重要。作为我们班的团支书，我每周会督促同学们完成青年大学习，每月举办团日活动。这些事情虽然小，但是也为我提供了许多学习、锻炼的机会。我的大二上学期过得累且充实。我每个星期的课都是满的，还有数字电路、模拟电路这一类难度较高的课程，当时的我回到寝室就想躺下睡觉。不过，大二上学期也是我进步最快的一个学期。我不仅积极参加了数学竞赛和数学建模竞赛，而且还都获了奖。这对从来没参加过竞赛的我来说是莫大的鼓舞。大二下学期最让我印象深刻的课程就是自动控制原理了，这门课让我逐渐摸索出了非常好的学习方法。我们的自动控制原理老师有两位，一位是讲话速度特别快的谭冠政老师，另一位是讲话速度特别慢的徐德刚老师，两位老师上课的风格各具特色，我都非常喜欢。这门课学习难度大、考试难度大，还有课程设计需要分组完成，这让我们十分担忧。但当开始尝试完成自动控制原理的课程设计时，我感觉用所学知识实实在在地做出一些作品对于深入掌握自动控制原理这门课程是非常有帮助的。课程设计是非常考验学生水平且非常有现实意义的环节，在这一过程中，我和队友通力合作，从一个非常浅显的主题入手去深入挖掘，尝试用不同的方法去改进系统，使系统性能逐步提高。在我们的交流下，我们的课程设计变得越来越好，我们对于自动控制的理解也在进一步加深，这是非常让人激动的一个过程。最后，我们小组得到了谭冠政老师的表扬。从这门课中，我真正学到了如何去学习大学的课程。除了课上认真听讲，还要用所学知识去认真实践，把所学知识运用到实际，只有这样才能真正学好一门课程。

如今，迈入了大三，我一定会更加努力去探索自身的可能性，在中南校园里挥洒下自己浓墨重彩的一笔。同时，我也希望大家珍惜大学这段美好时光，不要在虚拟游戏中度过，要走出自己的舒适圈，学会思考，学会享受生活。

人物简介

陈熙，男，汉族，中南大学自动化学院自动化专业2020级本科生，现为自动化专业2004班团支书。他获得过国家奖学金、学年特等奖学金，被评为校级优秀学生等；在竞赛方面，获得过全国大学生数学竞赛省级二等奖、美国大学生数学建模竞赛H奖以及若干校级奖项。

32 专注当下，脚踏实地

智能科学与技术专业2020级本科生　李松佑

当我们懊恼过去的失败，期待未来的前景时，就已经是不专注于当下所做的事了，这容易使我们变得不真实，变得过分焦虑不安。过去已经过去，未来正在到来，与其执着于过去、未来，不如平静下来，细细品味当下的乐趣。

初来乍到，踔厉奋发

初入大学时，我为获得了充分的自由而感到振奋。但我认为的自由与大多数人所想的自由有些不同，我说的自由并非脱离高中束缚而沉溺于享乐放纵的狭隘的自由，而是能够自我规划、管理大量空闲时间的更为广义的自由。大一时课程少，空闲时间多，我却不敢浪费一丝一毫，即使平均每天只有一节课或两节课，我每天的安排也是非常充实的。我深知大一的公共基础课程的重要性，我把相当一部分的时间花在了学好这些课程上。做完了高等数学规定完成的课后作业，我就去做教材上的习题，做完了教材上的习题，我就买了本吉米多维奇的题库来做。备战英语四级时，我每天会背固定量的单词；竞赛方面选择了程序设计竞赛。我在程序设计方面的基础为零，只能快速学习语法基础，然后每天做一些基础思维题、学一些基础算法才得以入门。

大一上学期结束后，我英语四级考得还行，算法竞赛方面也逐渐掌握了基础的算法，并获得了寒假集训的资格。大一上学期的我从未想象过学期结束后成绩会排名多少，我当时所做的就是专注于每时每刻给自己定下的每个任务，用心感受完成任务所付出的努力、所得到的感悟、所收获的乐趣，以至于当我大一寒假查询排名时大吃一惊，我从未预料到自己竟能排得那么靠前。

大一下学期，课程开始变多，学业逐渐繁忙。我抱着争取考满分的十分功利的目的去学习相关课程，因此并不能沉下心来，没有把真正学好这些基础课程作为目标。我只求速度，往往一个月就能学完一门课程一个学期所要学习的内容。实际上，我并没有深入地理解相应的知识，所以虽然看似学得很快，但实际上也忘得很快，往往需要通过机械式的重复记忆来巩固知识。最后的结果也是很残酷的，真正达到目标的只有高等数学的成绩，极高的期望和现实的冲击给我带来了很大的挫败感，尤其是C++课程设计的“良”更是犹如一柄尖刀直刺我的胸膛。那时正是暑假，得知C++课程设计得到“良”后，我难过了几天，因为这不仅意味着我的加权平均分大受冲击，更否定了我投入的大量精力，让我的信心大大受挫。就在这样极度的难过中度过了数日，我终于痛定思痛，开始反思我失败的原因，我虽花费了很多精力在这上面，但却仍然不够完美，而正是这些看似微不足道的缺陷，一点点地葬送了我的全部努力。我暗暗下决心，今后的课程设计一定要精益求精，以极高的标准严格要求自己。

知耻后勇，披荆斩棘

大一下学期的加权平均成绩不理想仅仅只让我难过了数日，镇定过后反倒给予了我极大的反向推动，在深刻总结了失败的教训后，我更加充满干劲。暑假期间，我需要留校进行算法竞赛的训练，与此同时，我获得了大学生数学竞赛的校赛二等奖，入选省赛，从而不得不同时准备数学竞赛省赛。暑假，当别人在旅游玩乐时，我却是白天进行算法竞赛的训练，晚上腾出时间做数学竞赛的题目，单是白天的训练就已是极为耗费精力了，晚上回宿舍后我已经是疲惫不堪了，但我并没有懈怠，觉得困了就趴在桌子上休息一会儿，等到精力恢复后又继续做数学竞赛的题目。我知道大二上学期有很多专业基础课程，到时候肯定难以腾出充分的时间准备数学竞赛，因此只能提高暑假的思维训练强度了。然而，暑假时，学校南校区只有一个食堂开门，而且供应的菜品比较单一，让我每次在食堂吃饭时，总会想起家乡的种种美食，两相对比，就不禁难过起来，但一想到我暑假留校所做的事的意义，就感觉这一切都值得了。我心无旁骛，专注于每天学习的算法，专注于每道微积分题目的解题技巧，至于数学竞赛和算法竞赛最后能够获得怎样的成绩，我从来不去设想，因为过多的期望其实并无太大意义，未来的事情变幻莫测，又岂能事事如人所愿，能够享受思考题目带来的乐趣，足矣。

大二上学期课程压力较大，我除了晚上回位于南校区的宿舍睡觉之外，其他时间基本都在新校区，为了节省通勤时间，以及保持较好的学习状态，我中午是不回宿舍午睡的，午饭就在 B 座底下的食堂吃。如果下午第一节有课，我就直接到相应的教室午休。一般而言，吃了午饭后能够学上半小时左右，通常以复习为主，然后午休，起来后又可以再学半小时左右，以预习为主，然后上课。如此一来，就可以充分利用这些碎片化的时间，而这些积聚在一起，能够产生不可忽视的效果。除了每天紧凑地学习，我也注重劳逸结合，为了适应较高的学习强度，身体素质必须保证，因此条件适合的情况下，我晚上会去跑步，跑个三四千米，虽然不远，但能够强健体魄。智与体事实上是一体的，充分的运动能够提高思维的活跃度。经过一学期的努力，我扭转了之前的劣势。除此之外，我还参加了数学竞赛的省赛，但因为没什么时间准备，只能比赛前一天晚上做几小时的真题保持手感。因为准备的时间极短，所以我几乎没有太大的压力，只把它当作一场纯粹的长时间的思维活动。庆幸的是，我大一时花费了较多时间精力打好了高等数学的基础，因此对大部分知识都还很熟练，但缺乏题海战术下形成的做题意识。赛场上，我轻松地做出了所有填空题。有一道极限大题的证明部分我不是很会，就只能随便写写，在大致浏览了所有大题之后，我觉得积分的大题很有意思，就试着做了做，没有太多的压力，自然也没有对比赛时间一点点流逝的焦虑，我完全沉浸在了这道积分题中，不断地尝试着各种方法，写了一页又一页草稿纸。终于，在比赛快结束的时候，我内心一阵惊喜，我竟然做出了这道题，在检查了一遍之后，欣喜地把其他不太会的大题都写上了一些过程，然后比赛就结束了。后来我都差不多忘了有这回事了，直到某天中午午休完毕，有个同学和我说：“太可惜了，差点进国赛了。”我闻言一愣，填空题因为我的不细心错了一道题，而且也只完整做出了一道大题，难道这样也能获奖？我打开获奖名单翻找，发现我不仅获了奖，还是一等奖，甚至还是湖南省前三十名！也是在这一学期，我参加的算法竞赛也侥幸拿到了铜奖，真可谓收获颇丰。但这一切的前提是我当时在遭受挫折的时候坚持过来了，挫折带来的深刻痛苦反倒成了我前进的反向推动力。

大二下学期和大三上学期，在稳住课程学习的同时，我继续坚持算法竞赛的日常训练，以冲击更高的奖项。我每周进行一至两次时长为五小时的模拟赛，日常做题补题，尽管刻苦训练，但竞赛过程依旧坎坷。在第一场中国大学生程序设计竞赛中，由于各种突发因素，我们队伍遗憾落败。这对我的打击很大，给我们造成的压力也很大，因为若是后续两场都是如此的话，金牌、银牌无望，两年来的努力就白费了。队伍气氛很压抑，但痛定思痛，全队深刻讨论分析失败的原因，有针对性地加强每个人的训练并调整比赛策略。终于，在第二场国际大学生程序设计竞赛中，我们克服了第一场比赛中的种种问题，发挥得还不错，公布最终排名时，我和队友紧紧盯着屏幕，直到确定为银牌后才松了一口气，虽然过程有些曲折，但最终结果也没有辜负两年来的努力。

少想多做，精益求精

正因为对智能科学与技术专业有着浓厚的兴趣，我向来都是认真对待每一个专业课的课程设计。我享受将所学知识付诸实践的乐趣，享受完成一个个小模块并将它们联系在一起构建大工程的过程体验。大二下学期，OS 课程设计要求做一个模拟进程调度和内存管理的系统。欣赏着老师展示的往届学长学姐的作品，我心中不禁感慨，下定决心要比他们做得更好。尽管当时的我完全不知道如何设计 UI 界面，但在兴趣的驱使下，我边查官方文档，边写代码，以惊人的速度入门了 QT。反复巩固所要用到的理论知识后，我开始废寝忘食地编写代码，我对着需求编写了一个又一个模块，走路、吃饭的时候，都在思考某个模块的逻辑是否正确、能否进一步优化等问题。一旦有了较清晰的想法，就迫不及待地去尝试。经过两周的努力，我不仅完整实现了基本的功能，而且拓展了很多额外的功能，整个课程设计越来越复杂，其间不断删改，产生了 20 余个中间版本，代码更是不少于千行。其中的一个功能更是极具创新性，哪怕是放到近几届的课程设计作品中去比较，也有一战之力。我本可以完成基本功能后就不再折腾，但对于我的课程设计作品，我总想着要拼尽全力，完善到较为满意为止，哪怕这意味着投入更多时间、精力，甚至多次遭受挫败。

看淡过往荣辱，不设想未来所能攀登的高度。于我而言，能每日思考，已是至乐。

人物简介

李松佑，男，汉族，中南大学自动化学院智能科学与技术专业 2020 级本科生。大一、大二期间，他成绩优异，获得过国家奖学金、学年特等奖学金，在竞赛方面主要参加算法竞赛和数学竞赛，获得过 ACM-ICPC 国际大学生程序设计竞赛区域赛银牌、铜牌，全国大学生数学竞赛省级一等奖以及若干校级奖项。

33 攻坚克难，勇毅笃行

智能科学与技术专业2020级本科生　常琪凯

力戒浮躁，潜心问道

大学如同大熔炉，做各种选择都可大放光彩，只要你坚定地在你选择的道路上走下去。而我的选择一如既往——潜心问道。

来到中南大学的第一天，我去到了梦寐以求的图书馆，书籍浩如烟海，环境安静又温馨，空气中还夹杂着淡淡书香。从大一开始，我的生活变得极其规律，早晨起床后去图书馆自习，吃过午饭后在图书馆午休，吃过晚饭后继续回图书馆自习，直到熟悉的《我心依旧》响起。伴着音乐，我缓缓走出图书馆的大门，还可以抬头仰望星空，像极了高三时奋斗的时光。每天的这一刻，所有的疲劳全都顷刻消失殆尽，剩下的只有满足感。虽然每日学习的时光稍显枯燥，但是幸运的是身旁有无数经典书籍，学累了随手拿起一本书就能享受半天美好时光。

道不可坐论，德不能空谈。开学典礼上，我了解到了许多优秀学长学姐的事迹，当时我的心就像被狠狠地撞击了一下，心想，怎样才能成为像他们一样优秀的人呢？脚踏实地，潜心问道，这是我给自己的答案。大学第一年我将学业摆在首位，在学业之余我还参加学院组织的各种技术培训，极大地提高了我的综合能力，这也为我后来参加学科竞赛打下了良好的基础。就这样，一年下来，我的努力终于获得了回报，学习成绩有了起色，我也更加坚定了自己所选择的道路。

非常幸运，在学习过程中，我也遇到了同样热爱学习、积极向上的她。我们一起相约图书馆，一起在月光下回到宿舍，一起解决困难，一起享受丰收的硕果，为我枯燥的生活也添加了无数色彩。

以赛促学，以赛促练

在经过大一的积淀之后，我就开始着手参加各种学科竞赛。参加学科竞赛之前，最重要的任务就是寻找到合适的指导老师，所幸我在大一时加入了学院的创客空间，所以不用担心找指导老师的问题。

我参加的第一个学科竞赛是嵌入式芯片与系统设计竞赛。在参赛之前，我没有任何学科竞赛的经验，我最初仅仅是打算用它来积累经验，找了志同道合的朋友一起组建了一个小队，然后在指导老师的建议下选择了赛题。

我们的作品为"梯卫士——电动车禁入电梯管控系统"。随着电动车使用率的提高，居民将电动车推入电梯并停放在楼道充电的情形越来越多，这种情况极有可能引发火灾，危害整栋楼房居民的人身和财产安全。公安部下发通知严禁违规充电，物业也采取多种人工劝阻的方式，但效果不佳。我们的项目采用计算机视觉和深度学习技术，基于国产处理器龙芯教育派对电梯内采集的画面进行识别，并结合神经网络开发了电动车禁入电梯管控系统，可以有效消除电动车上楼入户充电所带来的消防隐患。

从暑假开始一直到 10 月，从系统的设计到文档的撰写与演示视频的拍摄，再到最后作品的提交，我们小队遇到了无数技术难题，甚至最初的环境配置我们都花了整整一周的时间，试验了无数方法，才终于成功。最后的结果却是大大出乎我们意料，我们一路披荆斩棘，通过了初审、复赛，进入了全国总决赛，最后获得了全国总决赛二等奖。这给了我极大的信心，也让我有勇气继续参加学科竞赛。

踏入低谷，折戟沉沙

有了第一次参加竞赛的经验之后，我对自己也有了更多的信心，于是开始尽可能参加各种学科竞赛。其中一个比赛是数学竞赛，校赛是在大一期末考试结束之后举行的，趁着当时时间充裕，我报名参赛了。没想到的是，我竟然获得了校级三等奖，也获得了参加省赛的资格，于是我就开始在每周末去参加学校组织的培训。

但是，当时正是学业最紧张的大二，所有的学科基础课几乎都在这一学年开设。在大一时，我尚能凭借着时间的投入比较轻松地完成学业，但是在时间更少的大二，我还要准备即将到来的期末考试和数学竞赛，可谓前有狼后有虎。一边是我十分看重的学业，另一边是得来不易的省赛资格，这两者之间的矛盾不可谓不深，因此我陷入了深深的矛盾之中。

在内心挣扎许久之后，我想：既然二者都不能舍弃，那就都把握好，大不了就是期末考试前比以往付出更多，现在辛苦了，后面就可以轻松一点。抱着这样的心态，我竟然在各种“豺狼虎豹”的虎视眈眈之下“悠闲”地准备着数学竞赛，在比赛之前连做了数套往年赛题。更加幸运的是，因为参赛人数较多，中南大学也成了考场，我不需要去陌生的环境参考，凭着主场优势，最后幸运地获得了省级二等奖。数学竞赛对我而言是非常困难的，所以获得这样的成绩我已经非常满意了。

第三次学科竞赛经历是参加蓝桥杯大赛的C/C++程序设计赛道。但是，由于听朋友误传这个比赛比较简单，而且学校也没有为这个比赛专门组织培训，加上之前参加数学竞赛时我准备得不是很充分也拿到了不错的成绩，以至于在报名参赛之后到比赛开始的数月时间内，我几乎都没有过多地准备这个比赛。

在比赛前一天，我才开始做往年的真题，但是一天时间难以掌握那么多知识点，于是我只能草草地将最重要最经典的题型熟悉了一下，但是我发现我除了会做经典题型之外，其他的题型几乎都做不出来。第二天就要参加考试了，我也只能硬着头皮参加。

结果果然不出所料，我准备的经典题型全都没有用上，题目基本都只能用最原始的方法解决。最后我只获得了省级三等奖——由于这个比赛没有校赛，所以省级三等奖是最低的等级。这个糟糕的比赛成绩，让我意识到做任何事情都不能掉以轻心。只有准备充足、全力以赴，才能斩获佳绩。

踔厉奋发，砥砺前行

第四次参加的比赛是美国大学生数学建模竞赛，我在很久之前就对这个比赛有了了解，学校也有专门负责这项比赛的老师。于是我便早早地找了两个志同道合的同学，我负责建模，一个同学负责编程，一个同学负责撰写论文。

这个比赛开始的时间是美国东部时间2022年2月17日下午5：00(北京时间2022年2月18日早晨6：00)，持续4天4夜，我们团队需要在比赛时间内选择一个赛题并完成相应题目，给出自己的解决方案并撰写一篇全英文论文来展现自己的观点与解决方案。

寒假一开始，我们团队就学习了相关的技术与知识，在经过一个多星期的积累之后，我们便开始进行历年真题的模拟。刚看到真题的时候，我们觉得这几乎是一个不可能完成的任务，但是我们每一个人都没有放弃，最后花费了 12 天的时间终于完成了第一篇美国数学建模竞赛论文。之后我们又对数道真题进行建模，由于时间原因并没有进行论文的撰写。

时间一晃就到了比赛开始的日子，我们团队严格按照比赛前指定的时间规划，虽然期间遇到了非常多问题，但都被我们一一解决了，在经历最后一晚的通宵之后，凌晨 4 点钟，我们提交了最终的论文，我们团队也获得了 H 奖，算是不留遗憾了。

苦心人，天不负，卧薪尝胆，三千越甲可吞吴。走向胜利的道路绝不会一帆风顺，要想实现理想，最重要的是要踏踏实实，一步一个脚印。在实践中成长，在成长中成才。践行理念，恪守信仰，方能实现理想。

人物简介

常琪凯，男，汉族，中南大学自动化学院智能科学与技术专业 2020 级本科生。本科期间，他作为项目负责人分别主持参与国家级和省级大学生创新创业训练计划项目各 1 项，在校期间获得国家奖学金（2 次）、中南大学特等奖学金、中南大学一等奖学金，被评为中南大学优秀学生（2 次）、中南大学优秀团员等。他积极参加各种学科竞赛，获得嵌入式芯片与系统设计竞赛全国总决赛二等奖、中国机器人大赛暨 RoboCup 机器人世界杯中国赛机器人先进视觉赛工业测量全国二等奖、中国机器人大赛暨 RoboCup 机器人世界杯中国赛机器人先进视觉赛工业 3D 识别全国二等奖、美国大学生数学建模竞赛 H 奖、湖南省大学生数学竞赛二等奖、第十三届蓝桥杯全国软件和信息技术专业人才大赛湖南赛区 C/C++ 程序设计大学 A 组省级三等奖、中南大学第十五届大学生程序设计竞赛二等奖等。

34 把握当下，不负韶华

探测制导与控制技术专业2020级本科生　陶远航

大学，是许多学子梦想中的知识殿堂。只有进入大学后，真正用心去感受大学，才能体会到大学生活的别具一格。大学仿佛一个漏斗的形状，窄的这边连接着我们过往的学习生涯，宽的那边连接着社会。在大学，我们能够更加清楚地认识世界，感悟世界的丰富多彩。我希望我在大学的学习、生活经历能够化为学弟学妹们成长的养分，让前行的道路更为平坦。

为山九仞，岂一日之功

相信很多同学都了解过或者参加过数学建模比赛。我在大二的时候，报名参加了"亚太杯"数学建模比赛。在数学建模比赛中，队友的选择是极为关键的，但是当时的我没有经验，便拉了认识和熟悉的同学草草组了队。我们三人都是新手，在比赛前并没有做好充足的准备。比赛为期 4 天，由于我们准备不足，面对如此复杂的数学建模题目(甚至还是全英文的)，根本找不到头绪，最后选了一道官方给的 4 道题目中最简单的一道着手。在这 4 天时间内，我们每天早上 7 点就出宿舍，直到晚上 10 点才回宿舍。我们每天除了吃饭就是在教室讨论和编程。尽管如此，我们最终还是未能获奖。回顾当时的情况，我认为我们没获奖，主要是以下几个原因造成的。

首先，我们的队伍结构不合理。我们三个人都是新手，没有经验，只会埋头苦干。数学建模比赛的队伍结构应该是在三个人都懂建模的同时，有人擅长编程，有人擅长建模，有人擅长写论文，这才是最好的队伍结构。由于我们的队伍结构不合理，我们的力没有使到一处，使得1+1+1仍等于1，最终导致失败。

其次，我们没有做好充足的准备。由于我们是第一次参加比赛，并没有学习过数学建模比赛的相关理论知识，而现在的建模和以往的建模不同，现在主要是引模，也就是引用别人已经建立好的模型，并对其进行优化来契合题意。然而，我们没有熟练地掌握各种建模理论与方法，临时的查阅致使我们不能很好地应用模型、优化模型，这也是我们不熟悉赛题、感到困难无从入手的根本原因。

最后，我们没有摆正好自身的心态，在解决问题的过程中，总是希望队友能够扛起一切，而不是想办法去贡献自己的力量。

总之，这次比赛是一次很好的经历，让我知道了数学建模比赛的关键点以及合理的队伍结构和充足的准备对于比赛的重要性。我认为，这次失败的经历让我学到了很多东西，也明白了要想在数学建模比赛中获奖并非靠比赛那几天的拼命学习能够做到的，而是需要知识的不断沉淀。

一次不太理想的大创经历

大一时，我和我的几个同学找到了当时的班导师胡海龙老师，请他带着我们开启了大创之旅。我们大创的题目为：基于航空构件原位健康自监测的柔性纤维状智能传感器基础。我们最初的目的是做出一个能够应用于健康监测，灵敏度高的智能传感器。我们四个人被分为两个组，我和一位同学负责建立模型，另外两位同学负责调研。我们先要对理论部分有一个比较深刻的理解。因此胡老师便发给我们几篇英文论文让我们阅读并翻译。这对从未进行过英文文献阅读的我们来说可谓是一个不小的挑战。首先，我们并不认识论文中的专有名词。其次，我们尚未掌握材料力学等基础性知识，需要不停查阅资料了解，这给我们的翻译工作带来了巨大的阻力。当时差不多花了近半个月时间才基本完成一篇论文的通读和理解。过程十分煎熬，印象特别深刻，但也正是这漫长的过程加深了我对我们大创项目的整体把握。

在完成前期工作之后，我们开始进一步研究。我的任务是利用有限元仿真软件来搭建模型。这可使我一筹莫展。大一的我从未接触过此类软件，要在短时间内完成模型的设想和构建属实是有些天方夜谭了。但是计算机仿真模拟却是我们大创项目绕不开的一个重要步骤，因此我也只能另寻出路。首先是询问导师是否有学习途径和方法。于是导师便向我介绍了他的研究生——一位外国师兄约瑟夫。导师和外国师兄全程用英文交流，我在对导师英语能力更加敬佩的同时也不禁产生忧虑：我和这位外国师兄的交流会顺利吗？为了不至于完全不熟悉软件，我事先通过哔哩哔哩网站进行了预习——也就是在上面查找教学视频。令人遗憾的是，我没有找到适合初学者的学习视频。不过通过摸索和依葫芦画瓢，我对建模的流程有了一个基本认识。过了几天我便和约瑟夫师兄相约于二食堂，希望他能够在软件上对我进行些指导。但不出所料的是我们的交流出现了较大问题，约瑟夫师兄的中文并不流畅，不能用中文准确表达出他的意思，同时他对我们大创项目的部分细节还尚未了解，于是这次交流便只能草草结束，我也仍在旋涡之中苦苦挣扎。幸好天无绝人之路，我们联系到了胡老师的上一届本科生，现在在中国科学技术大学就读研究生的陈雷学长。我们以为已经毕业的学长对我们的事不会太上心，没想到学长竟十分热心，有问必答。我们感到十分激动——项目不至于停滞不前了。有很多次我们与陈雷学长进行了长达多个小时的线上教学讨论，学长十分耐心地讲解软件操作，并通过屏幕共享进行演示。在一次又一次的模拟训练中，我们渐渐对软件操作得心应手。最终我们基本建立了一个符合我们大创要求的空间模型。

然而在模型建好之后，我们发现模拟出的力学性能符合我们之前理论推演的结果，但是电学性能却与我们预想的大相径庭。当时距离结题所剩时间也不多了，我们却还未找到模拟失败的原因，但我们只能先开始实验了。于是，导师帮我们联系了实验室的师兄马亚伦学长，让我们跟着他做实验。接下来的几天我们便主战实验室，终于做出了一份成果——PDMS 与 CNF 的复合材料。然而我们却发现，在对材料施加 36 伏的人体安全电压时，材料的电学性能仍然未能达到预期水平。这大大地打击了我们小组的信心。最后，我们也没能找到实验失败的原因，但也只能草草地结题了。

这次大创项目不像小说或电视剧中的那般出现了打破黑暗的曙光，结果便是我们失败了。正如足球解说员贺炜所说："人生当中成功只是一时的，失败却是主旋律。但是如何面对失败，却把人分成了不同的样子。"这次经历，让我们收获了很多，也了解到了科研的残酷。但只要坚持自己的道路，就无所谓天气是晴是雨。我相信下次我们将会以更充足的准备来应对即将来临的困难与挫折。

从光杆司令到顺利结题

在大创项目结束之后，我有些心灰意冷，正准备将精力投入其他的学习工作中时，一位同学找到了我，说希望我能够和他一起做大创项目，同时希望我能够当负责人。我百般推辞，但在这位同学的极力劝说下，还是加入了。这次由我当负责人，我去联系了我们院的一位老师，然后确定下来我们的课题。两个人肯定是不够的，于是我又联系了我们专业的一名同学。大创队伍人数的上限是5名，本来想人多力量大，但老师说人多了会“三个和尚没水喝”，项目由3个人做肯定是够了的，因此我便停止了人员的招募。大创项目申报的第一步是填写申报书，在这期间，我们三人齐心协力，到处搜寻资料，降低查重率，最终顺利完成了申报书的编写。最后，我们项目有幸被评为省级项目。

本以为事情会这么顺利地进展下去，不料天有不测风云，我们团队的一位队员因身体原因办理休学，另一位队员因学业问题退出团队。于是，最不想再参加一次大创的我竟然留到了最后，成了妥妥的光杆司令。在那一个月里，我陷入了巨大的压力中，不知道该如何进行之后的工作。大创成员可以退出，但负责人是不能退出的，压力使我苦不堪言。

在有意摆烂了一阵子后，我意识到不能再这样下去了，不然我的大创经历又会像上次一样，以遗憾告终。我开始行动起来，首先要解决的便是成员招募的问题。我通过各种渠道招募了3个比较踏实、能做事的成员。我们遇到的第一个难题是即将到来的中期答辩，这也是对我新组成的队伍的一次检验。我为他们讲解我们的大创项目，我们需要做些什么，最终要达到什么效果，然后将任务分配给他们。在短短两周内，我们顺利完成了中期答辩，这使我对项目的成功结题信心倍增。最终，也的确顺利结题了。

成长的路上我们会遇到很多挫折，但是请记住，办法总比困难多。希望我们永远能够保持一颗年轻的心，把握当下，不负韶华，为自己的青春涂上浓墨重彩的一笔。

人物简介

陶远航，男，汉族，中南大学自动化学院探测制导与控制技术专业2020级本科生。他参与省级大学生创新创业训练计划项目（2次），荣获大学生数学竞赛省级三等奖，获得中南大学一等奖学金（2次）、蔡田碹珠奖励基金、钻石奖学金，被评为中南大学优秀学生等。

我们的青春 第2辑

君子以自强不息

——体育榜样

35 那些打不倒我的，终将使我更强大

控制科学与工程专业2020级硕士研究生　许泽中

其实，我也不知道到底是我选择了足球，还是足球选择了我。只是当我站在那片绿茵场上奔跑、呐喊、挥汗如雨、欢欣鼓舞的时候，我知道我的努力没有白费，我知道我的选择是正确的，我知道，这一切，都值得。

初入此门

回想起来，上大学前我几乎没有好好练习过足球，只是在高二的时候，偶尔和同学一起踢一踢，打下了一点基础。在真正了解它之前，我一直以为这种“一群人围着一个球跑”的项目会很无聊。从懵懵懂懂接触足球，到在不断的自我提升中彻底爱上足球，或许我们之间的缘分，是一场最好的安排。

大一时，因为我在院内的足球比赛中表现得还算不错，一位学长觉得我会愿意花时间在这项运动上，就推荐我去参加了哈尔滨工程大学校足球队的选拔，但是因为基本功太差，我还是被淘汰了。抱着对足球的兴趣和不肯服输的精神，我下定决心提升自己的能力。为充分准备下一次的选拔，我给自己制定了一套训练计划来弥补短板：短传、颠球、停球……每天不到六点我就起床做基本训练，锤炼基本功。足球是一项团体运动，但在团队合作之前，个人的训练亦是不可或缺的。在一个个天将破晓的清晨，陪伴我的只有校园里的一面矮墙。冬寒夏暑，春去秋来，我再度来到了选拔现场，这一次，我成功进入了校队。

进入校队后的那段时间，我才真正感受到足球的魅力。每一次训练带来的进步、搭档之间巧妙的传球、队友之间无言的默契、团队之间绝妙的配合……原来这才是足球，这才是无数人为足球痴迷的原因。

意料之外

虽然我大一时期在足球方面有所提升，但与那些具有足球天赋或经过多年训练的人相比，我这一年的突击训练实在算不得什么。我既然加入了校队，那就绝不能给校队丢人。因此，每次训练时我都会给自己“加量”，提前一个小时到达球场进行训练。因为每个学期都有比赛，所以，我们基本上每天都要训练，特别是比赛之前的那段时间。虽然我们处于素有“冰城”之称的哈尔滨，但夏天还是很炎热的。进行队内模拟比赛、体能拉练等训练时，我有时甚至感觉到恶心。冬天，操场被白雪覆盖，无法进行室外训练，在室内做体能训练也绝不是一件轻松的事，特别是折返跑，每次完成后我早已体力透支。

尽管我的能力仍有欠缺，但我的付出和提升大家都看在眼里。大家从曾经的担忧和质疑，到后来的接纳和信任，这既离不开我的努力，也反映出我对待足球的认真态度。

校队大约有 40 名队员，教练只会选择 21 人参与全国青少年校园足球联赛。在我看来，资历尚短、实力也算不上数一数二的我似乎根本没有资格拿到参与这场比赛的名额，但名单公布的时候，上面却赫然写着我的名字。那一刻，我无法克制内心的喜悦，过去咬牙坚持下来的所有痛苦，就在我被选中参与全国青少年校园足球联赛的一刹那，结出了甘甜的果实。

教练的肯定，让我明白了一件事情——不要刻意为某一个目标功利性地努力，做好你自己应该做的事情，精神和态度会决定你在未来能走多远。你付出的那些努力大家都能看到，并在未来某一天帮助你获得你不承想过的机会。

浅尝涩果

全国青少年校园足球联赛，是我第一次参加的大型足球比赛，也是让我最痛恨自己的一次足球比赛。

凭着赛前积累的丰富经验和对选手的全盘掌握，当逆风局出现的时候，我内心就隐约预知，自己可能会被换上场去追分，但我没有感觉到兴奋。花了那么长时间训练，吃了那么多苦，流了那么多汗，我理应为这样梦寐以求的机会而雀跃，可是我没有——取而代之的是畏惧。我内心极度害怕，好像整个世界按下了静音键，我似乎感受不到其他人，也感受不到自己。“我害怕”这三个字狠狠地敲在我心上，我怕失误，怕丢球，怕因为自己输了比赛，怕队友和教练失望，怕被放弃、被责怪……为此，我宁愿不上场。

教练果真将我替换上场了，几分钟后，我就因为之前的拉伤问题不得不下场。赛后回想那段难熬的经历，我感到十分羞愧，对于竞技体育参赛选手来说，我有那样的想法是可耻的，我恨这样的想法。可越是恨，就越是感觉它在赤裸裸地嘲讽我的懦弱。但我不愿屈服，在一遍遍的回忆中，我逐渐明白，无论能做到什么程度，我都不应该在实践之前就感到胆怯，而应该抓住机会并努力做到最好。

尽管我在之后的比赛中仍然会感到紧张，但我再也不会害怕和退缩了。与此同时，我更加坚定了自己的信念——不论前方的道路如何艰难，我都会勇敢地前行并尽力做到最好。

不忘初心

大四那年，黑龙江省大运会男子足球赛如期举办，那段时间，也是我准备保研复试的关键节点。

如果想要顺利保研到理想的高校，我就要转移重心，适当减少训练量，在学业方面多下功夫。但这次比赛也非常重要，如果因为缺少训练导致状态下滑，那么对队友和我来说都是不负责任的……是面包还是诗歌？是未来还是此刻？两者都是我无法抛弃的，我犹豫了。

那段时间，我一直在为此纠结。一次比赛结束后，我坐在足球场上和队长聊天时谈到了这件事情。他和我说："做选择其实一点都不难，你只要沉下心来问自己，到底什么对你来说更重要，就知道应该怎么选了。"虽然这是一个很简单的道理，但却给了我很大的启发，直到今天，这句话仍然深深地影响着我，在我做决定的时候，帮助我摆脱那些犹豫不决。

最终，我选择了足球，选择继续留在球队，进行训练，准备比赛，和队友一起为学校争得荣誉。其实这些每天只占用了我一小部分的时间，对我的学习也不会造成特别大的影响。后来，我们在黑龙江省大运会上取得了男子足球亚军的好成绩，我也如愿保研至中南大学控制科学与工程专业继续深造。

仔细想想，那时候的我可能是把简单的问题复杂化了。有时候只要我们更努力一点，更相信自己一点，二选一的单选题也可以变成两全其美的多选题。面对人生的抉择，尝试挑战自己，没准有意料之外的惊喜。

来日方长

读研的日子虽然又忙又累，但我仍然没放下足球，没忘记运动的快乐。

我加入了中南大学自动化学院足球队，代表学院参加中南大学足协杯比赛。那次比赛的细节，至今还历历在目。在淘汰赛上，我们遇上了实力强劲的交通运输学院足球队，好在最后时刻我们踢进制胜一球，成功出线。在决赛上，我们始终落后土木工程学院足球队一球，在最后的补时阶段才勉强扳平比分，但我们最后在点球大战中一举获胜，为自动化学院赢得了第一座足协杯冠军奖杯。这场比赛无疑是艰难的，但也正是如此，我们克服万难夺得的奖杯才更显得熠熠生辉。那些热血沸腾，也是我青春年少时与足球最珍贵的记忆，无论过去多久，都不会被时间湮灭。

研一期间，我加入了自动化学院研究生会担任文体部干事，组织新生篮球赛、趣味运动会等活动。研二时，我升任自动化学院研究生会文体部部长，组织2021级研究生新生开展了新生篮球赛。在举办活动的过程中，我从另一个角度感受到了体育的魅力。其中的小插曲，让我汲取了很多经验教训，并发现了自己有待成长的地方。现在，我仍然会在空闲时间去运动。足球，已经成为我难以割舍的爱好。

这一路走来，我不断遭遇坎坷、挫折，但我都努力爬了起来，并反思自己，从那些失败中获得成长。我很喜欢这样一句话：“当你觉得一切都不重要的时候，整个世界都是你的。”偶尔放下对目标的欲望和担忧，不要考虑太多，只是享受向着目标前行时所做的每一件事，体会过程中的快乐，或许会得到更好的结果。

我们似乎总是在按同一个规划走，在特定的年龄去做特定的事，但人就这么一生，多去尝试吧，如果有自己想要尝试的东西，不要轻易放过机会，勇敢去做，就算有风险，也不要留下遗憾，就算会失败，也要永远坚信，那些打不倒我的，终将使我变得更加强大！

人物简介

许泽中，男，汉族，中南大学自动化学院控制科学与工程专业2020级硕士研究生。他本科就读于哈尔滨工程大学，保送至中南大学攻读硕士学位，现任自动化研究生会文体部部长。他热爱足球，所在球队曾获全国青少年校园足球联赛东北区第九名、黑龙江省校园足球联赛亚军、全国青少年校园足球联赛东北区16强、黑龙江省大运会男子足球亚军、黑龙江省校园足球联赛第四名，来到中南大学加入自动化学院足球队后，和队友一起为自动化学院赢得了学院的第一座足协杯冠军奖杯。

36 因为热爱，所以坚持

电子信息专业2022级硕士研究生　汤一辉

在年幼时，我格外热衷于与热爱足球的父亲一起看足球比赛，那些绿茵茵的草坪、那些在球场上挥洒青春的球员、那些经典的进球场面都深深地印刻在我的脑海中，耳濡目染间，我意识到足球这项充满激情和热血的运动将会是我的一生所爱。于是，我开始追逐那片属于足球的天空，一步一个脚印，永不停歇。

初入中南

2018年3月，我站在中南大学体育馆的高水平运动队测试场地上，感受到了与这所学校的缘分。颠球、绕杆、踢准，那些早已熟记于心的技术动作，从我的身体中自然而然地"流淌"出来。我顺利通过了所有考试环节，在众多考生中脱颖而出，最终获得了高考降分录取的名额，成为中南大学的一员。

加入校队后，我有幸遇见了足球队的主教练何伟黎教授。他对我们提出了五个要求：做好人、做好事、好好恋爱、搞好学习、踢好球。这些要求让我们每一个队员充分意识到修身立德永远是摆在第一位的，学习也应该是摆在足球前面的。何老师的教诲让我们形成了正确的三观，对我们的成长有着重要的影响。

在何老师的悉心指导下，我在中南大学的故事拉开了帷幕。在这片广阔的天地里，我不仅尽情挥洒着自己的青春和热血，更汲取着知识，用智慧去丰盈自己的内心。如今，回首往事，那些曾经的艰辛和坚持都变成了我珍贵的财富。

魔鬼主场

2019 年 1 月，阿迪达斯全国青少年校园足球联赛大学男子高

水平组超冠联赛 24 强赛在广西梧州拉开了战幕。我们中南大学足球队以小组第二名的成绩突出重围，顺利晋级 16 强。

在 1/8 决赛中，我们以 5∶1 的比分成功淘汰宁波大学。4 月 27 日，我们的主场比赛对手是同济大学。当时，一共有 6000 名观众前来观看比赛，其中还包括我的父母。在比赛进行到 70 分钟时，我踢进了一个球，帮助球队锁定胜局，观众席响起了欢呼声，那一刻我真的非常感动。在主场比赛肯定存在着很大的压力，但是我会把这种压力转化为动力，用进球和胜利去回报大家的支持。

之后，我们中南大学足球队以 6∶2 的总比分淘汰同济大学，以 3∶3 的总比分凭借客场进球多的优势淘汰上届冠军的北京航空航天大学，顺利进入决赛。虽然在决赛中我们不敌北京理工大学，最终收获亚军，但在这个赛季，中南大学足球队给全国观众带来了最大的惊喜。这种惊喜不仅仅在于我们创造的黑马奇迹，更在于中南大学的校友球迷们近乎疯狂的热爱。四个主场比赛，我们的现场观众人数从 1/8 决赛的 5100 人，一路攀升到 1/4 决赛的 6000 人，再到半决赛的 8800 人，最终实现了校园足球历史上的首个万人主场。在这样火爆的氛围中比赛，是让人终生难忘的经历。而深深植根于我们脑海中的，不仅仅是观赛人数的增长，还有那些上万人加油助威的画面、那些校领导与校友球迷们共同庆祝的感人场景、那些功勋老将毕业退役的温馨镜头。

跌入谷底

2019 年无疑是中南大学足球队的辉煌时期。然而，在 2020 年 1 月，我们却遭遇了当头一棒。由于人员伤病和研究生入学考试，相比半年前的全国亚军阵容，我们在新赛季的比赛中缺失了一半的主力球员。经历了惨痛的三连败后，我们惨遭淘汰，从全国亚军黯然降级，这让我们心如刀割。尽管存在各种客观因素，但竞技体育是唯结果论的。面对事实，我们只能接受。即使内心有再多的不甘，我们也只能磨砺自己，埋头苦练，等待下一次比赛，重新证明自己。

2020 年 11 月，在湖南省校园足球大学联赛赛场上，我们一路过关斩将，却在决赛中被湖南工业大学“绝杀”。与“赢得湖南省内九连冠”的理想失之交臂，让我很不甘心。我哭了很久，感觉自己还有很长一段路要走。然而，这一年不圆满的经历并没有让我向现实低头。我变得更加刻苦了，放低了姿态，用理性的眼光丈量自己与对手在实力上的差距，脚踏实地、埋头苦练。

人生中，成功只是一时的，失败却是主旋律。但是，如何面对失败，却把人分成了不同的类型。有的人会被失败击垮，有的人则能够不断地爬起来继续向前。我认为，真正的成熟并不应该是追求完美，而是直面自己的缺憾，这才是生活的本质。罗曼·罗兰说过："这个世界上只有一种真正的英雄主义，那就是认清生活的真相之后，仍然热爱它。"中南大学足球队从头再来吧！难道向上攀爬的那条路不比站在顶峰更让人热血澎湃吗？

为院争光

在校队的日子虽然又忙又累，但我仍没放下院队的队友，没忘记和他们一起踢球的快乐。

因为大一时我代表校队在外参赛，大二时因疫情未返校，直到大三我才第一次代表自动化学院参加学校足协杯比赛。我们自动化学院足球队在小组赛中四战全胜，强势出线，在淘汰赛中先后战胜化学化工学院、交通运输工程学院和数学与统计学院挺进决赛。2021 年 6 月 6 日，在南校区体育场，我们自动化学院与土木工程学院角逐中南大学足球的最高荣誉。经过 90 分钟的激战，我们在上半场先丢一球的情况下绝地反击，在下半场补时阶段顽强扳平比分，并在随后的点球大战中以 4∶1 的成绩击败土木工程学院，为自动化学院赢得了第一座足协杯冠军奖杯。这场比赛无疑是艰难的，裁判哨响后，替补席成员与观众冲入场内与场上队员拥抱庆祝，大家都为这场来之不易的胜利流下了激动的泪水。赛后的颁奖典礼上，我以 10 粒进球的成绩荣膺本届足协杯最佳射手。

浴火重生

2021 年 8 月，全国青少年校园足球联赛(大学组)高水平组男子甲级联赛在海口观澜湖国际足球训练基地举行。在抽签时，我们被分在了公认的"死亡之组"，即与武汉体育学院和清华大学同组。得知抽签结果后，每位队员都感受到了压力的巨大。我们首轮轮空，第二轮面对武汉体育学院足球队，虽然我们在比赛中占尽优势，但狂攻无果，浪费多次得分机会，最终输掉了直接出线权。出师不利，我们陷入了绝境，只有战胜清华大学足球队才能赢得小组出线的机会。

在赛前准备时，教练为我们布置了进攻阵型和战术，同时也希望我们能够忘记上一场的失利，调整好心态，带着必胜的信念上场比赛。当时，我只有一个想法：就算对手是清华大学足球队，也不能阻止我和我的队友一起拿下这场比赛的胜利！持续的高温并没有打垮我们，开局的不利让我们一直处于落后一球的绝境。但是，我们都有着钢铁一般的意志，不到最后一刻永不放弃。我在整场比赛中不断地组织进攻和带球突破，像一只永不疲惫的猎犬，不断撕扯对手的后防线。终于，奇迹出现了，在比赛的最后 4 分钟，我主罚的两个角球精准传到队友所在的位置，助攻他们完成头球破门，我们连进 2 球，艰难逆转，绝杀清华大学足球队，奇迹出线。破釜沉舟般的进攻，从扳平到绝杀只用了短短 4 分钟！之后的比赛，中南大学足球队犹如打通了任督二脉一般，一路高歌猛进，势不可挡，连胜 4 场，强势夺冠。荣耀再一次续写，中南足球的精神得以彰显。

克服千难万险，与我的队友一起在众多强手中脱颖而出夺得冠军的经历，不仅让我深深感受到足球所蕴含的坚持不懈的精神，而且让我明白，只要心存信念，努力付出，就能收获成果。

苦尽甘来

父亲曾叮嘱我，踢球切勿影响学业。因此，当校队的训练与上课时间冲突时，我都会优先上课。空闲时，我更是以学业为重，通过网络视频与教材自学漏掉的课程，时刻提醒自己进行时间管理，获得最佳的学习与踢足球的平衡点。

2021 年 9 月，中南大学高水平运动员保研政策出来后，我的学术成绩和竞技表现获得认可，被成功保送本校研究生。回顾四载求学，我感慨良多，能在专注求学的同时追寻所热爱之事，颇为幸运，唯愿青春多一些可能性。

研一上学期，我加入了自动化学院研究生会文体部，负责组织新生篮球赛并参与其中，全力指导班级拿下新生赛亚军。在策划和参与篮球赛的过程中，我深刻领略到了体育的魅力，各类体育运动都能为人们带来欢乐，陶冶情操。

18 载的足球征程，热爱是我的原动力。它激励我不断进取，不断提高自己的技术，即使面对重重挑战也永不言败。足球对我来说不仅仅是一项运动，更是一种信仰。海阔凭鱼跃，天高任鸟飞。我的逐梦之路还在延伸，并且将会越来越辽阔！

人物简介

汤一辉，男，汉族，中南大学自动化学院电子信息专业 2022 级研究生，现为自动化学院研究生会文体部干事。他是国家一级足球运动员，中南大学足球队中场核心，热爱足球，曾代表校队参赛并获 2019 年阿迪达斯全国青少年校园足球联赛大学男子高水平组超冠联赛全国亚军、2021 年全国校园足球联赛大学男子高水平组甲级联赛冠军、湖南省校园足球联赛冠军。2021 年，他带领自动化学院足球队赢得队史第一座中南大学足协杯冠军奖杯，同时荣膺赛事最佳射手。

37

舞出我人生，舞出我精彩

探测制导与控制技术专业 2019 级本科生　黄世磊

当极具节奏感的音乐在你耳边响起时，你是否会感到一种冲动？那种不由自主地想要随着音乐舞动的冲动。每当我沉浸在动感的音乐中时，我便情不自禁地跟着节拍摇曳。或许这就是我与拉丁舞结缘的原因。

少年学舞

说起来，也许有一些人和我一样，从小就被父母安排上各种兴趣班，比如钢琴、舞蹈和书法等。那时的我，每个周末都在小镇上奔波，去上一个接一个的兴趣班。但是不知道为什么，我最终放弃了其他选项，唯独选择了拉丁舞。其实我与舞蹈的缘分要追溯到更早的幼儿园时期。那时候，我参加过一个舞蹈演出，只可惜当时还没有意识到它会对我的人生产生如此大的影响。

刚开始学习拉丁舞时，我身边有很多同龄的小伙伴，男女比例接近 1∶1。但到了四年级，许多男生觉得害羞或者是出于其他原因没有继续学下去，整个班级只剩下了 3 个男生，而我则是其中之一。我们 3 个男生也勉强可以和女生组成 3 对进行表演，但会感觉舞台非常空旷。到了五年级，又走了一个男生，只剩下我和“大哥”了。那时，我很崇拜他，他跳得比我好，会的舞比我多，他也会教我很多动作的细节。但是当我六年级再次走进舞蹈教室时，我愣住了——除了我再没有其他男生了。

让我印象最深的一次表演是在六年级那一年。我穿着连体银白色、贴满亮片的衣服，头戴牛仔帽，手拿手杖，带着两列女生走上舞台。当母亲看到我带着女生们跳起舞时，她笑得好开心。表演结束后，她跟我说我看起来就像一个银色的球领着一堆女生跳舞，但动作还是很帅的。进入中学后，繁重的学习压力让我没有多余的时间再去跳舞，直到我考入中南大学。

伯乐识马

军训结束后，我们开始选课，而体育课是必修课。在选课时，我偶然发现一个许久没有出现在我生活里的运动：体育舞蹈。非常幸运，我抢到了陈锡辉老师的体育舞蹈课。但当我见到我的体育课老师时，我的心又跌到了谷底。那位老师看起来已经五十岁了，而且有着大大的啤酒肚。第一节课上，我也没什么兴致，跳起舞来就像没吃饭一样。不过，陈老师并不是看上去的那个样子。下课后，他叫我单独留了下来，并问我是否有兴趣参加体育舞蹈比赛。虽然我小时候表演过，但从未参加过比赛，于是我很不安。但陈老师安慰我说："没关系，你有小时候的舞蹈基础，学起来会很快的。"刚进入大学一个月的我就开始准备参加湖南省大学生体育舞蹈比赛了。接下来两个月的每个周末晚上，我都在舞蹈室度过。每一个舞步，每一次旋转，都会有汗水滴落在地板上。

终于，比赛的日子到了，陈老师带领我们前往位于湘潭市的湖南科技大学参加比赛。那天天气很冷，我和舞伴穿着比赛服并裹上了棉袄御寒。虽然有失误，也受到场地问题的影响，但最终结果并没有让我们失望，我们拿到了第一名！我非常感激陈老师，在他陪着我们领奖时，我突然发现了我父母的身影。原来他们从九江赶到湘潭来看我的比赛。我戴着金牌走向父母，母亲递给我一束花，我和父亲紧紧相拥，鼻子不自觉地发酸。

这次比赛结束后，我深知自己还有不足之处，便去专业的舞蹈机构继续学习。

渐入佳境

在舞蹈机构学习的那一年对我而言很是艰难。每周末下午两点准时上课，力量训练半小时后，我只想躺下来休息，但训练远没有结束。压脚背、开肩、下叉，舞蹈室里充斥着痛苦的声音。由于男生普遍比女生身体硬，我在做下叉动作时，老师甚至坐在了我的腰上，疼得我想大叫。每次练习手位和脚位的动作，我都需要在手腕和脚腕上戴上沙袋增加重量，而我的肌肉每次都在"抗议"。

然而，我不畏惧挑战，先后学会了伦巴、牛仔、桑巴、斗牛等舞种，记住了每一个舞步、节奏和细节。在社团里，我当选团支书，和会长一起带领其他团员训练。能够与志同道合的朋友们一起跳舞，我感到非常开心。

2021 年 3 月，陈老师通知我们参加湖南省大学生体育舞蹈比赛，并告诉我们，这次比赛规则变了，少于三组参加的项目将被取消，因此每个项目都将有激烈的竞争。会长和我搭档，准备参加斗牛和三步踩这两个项目。但是会长之前从未学过这两个舞种，所以比赛对我们来说是一个不小的挑战。自报名之日起，我们就每天出现在留学生公寓下面的地下车库中，直到老师申请到舞蹈教室的使用权，我们才得以在镜子前练习。在刚练习斗牛舞时，我和舞伴总是配合不好旋转动作。我们反复观看视频、练习动作后，终于成功地旋转两圈并站稳了。

这次省赛在学校旁边的湖南师范大学体育学院举行，我们占据地理位置上的优势。但比赛时间与我的期末考试冲突，我只能申请缓考以参加比赛。在单项斗牛舞比赛中，发生了一个小插曲。因为我的裤子做工太差，在做一个大的动作时，“呲啦”一声，就直接裂开了。我吓得直冒汗，但仍然坚持跳完了整支舞蹈。比赛结束后，我和舞伴紧张地在场内等待成绩，最终，我们两个的名字出现在了第一排。在斗牛舞比赛之前，另外四个舞种的比赛已经结束，另外两组参加比赛的队友各自获得两枚金牌，我们获得一枚金牌，可以说我们为中南大学带来了一次拉丁舞比赛的全胜！

唯一遗憾

省赛结束后，陈老师和我们商量要不要参加全国大学生体育舞蹈比赛南赛区的比赛。刚刚获得了金牌的我们信心满满（我还获得了三步踩的金牌，但三步踩并不属于拉丁舞），当然要继续报名国赛。暑假里，我们留在学校训练。由于国赛竞争更加激烈，项目也更加紧凑，我们需要连续跳三四支，甚至五支舞蹈。这对我们的专业能力和体力都是一个巨大的挑战。

由于天气炎热，而舞蹈教室又没有空调，我们只能从下午五点开始练舞，一直练到晚上十点。我每次去练舞前都会带一大桶水，结束时都只剩下一点点。艰苦的训练一直持续到 7 月 31 日。我们已经买好了 8 月 1 日的机票，准备飞往海口去海南大学参加比赛。但是 7 月 31 日晚上，陈老师收到了大赛委员会发出的通知，本次比赛延期，具体比赛日期待定。这个消息打击了我们所有人，我们仍在努力训练，却突然面临无法确定的未来。舞蹈教室里的我们变得沉默了。

再战一次

那次之后，很多大大小小的比赛我都没有再参加。一个原因是我已经拿到了总计七枚金牌和三枚银牌，算得上圆满。另一个原因则是我已经开始备战考研了，而且陈老师也退休了。

陈老师退休后，高思垚老师和唐嘉岭老师成了我们的新的指导老师。我选择了唐老师的课程，并与他建立了良好的关系。2022 年 5 月，唐老师问我们是否愿意代表中南大学的体育舞蹈队参加湖南省大运会。在此之前，我们只参加过体育舞蹈比赛，但这次是湖南省的大学生运动会，我们 16 个人都忍不住为之心动，立刻答应了下来，并再次回到那个没有空调的舞蹈教室，一起努力训练。

这次大运会将专业组和业余组合到一起，我们原属于业余组的，承受的压力可想而知。结果虽然不尽如人意(团体舞第四名，我和舞伴在单项比赛中获得第五名)，但我们依旧开心无比。在一起努力的日子里，我们相互传授技艺的认真模样，结束训练后欢聚一堂共进晚餐的快乐时光，永远刻在了我们的记忆中!

来日方长

考研的日子又忙又累，每周跳舞的时间也只有社团例训的那一个小时。但是教学弟学妹跳舞的感觉真的很棒，随着他们一点点成长起来，我们的社团越来越壮大，舞蹈也已经成为我人生中无法分割的一部分。

这一路上，我有儿时的迷茫，差点因为害羞就放弃了舞蹈；也有年轻的冲劲，为了增加自己的舞蹈技能，每周末都从南校区到五一广场学习跳舞；更有和朋友们一起练舞的热烈，我们一起流汗、一起哭、一起笑、一起跳舞。我有收获金牌的喜悦，也有无缘奖牌的不甘。但是当我们真心热爱舞蹈，全身心地享受舞蹈时，其他的一切都不是那么重要了。

人生也是如此，旅途中有喜悦、有不甘、有成功、有失败。唯有我们对生活的热爱，才能让我们在阳光下起舞！朋友们，let's dance!

人物简介

黄世磊，男，汉族，中南大学自动化学院探测制导与控制技术专业 2019 级本科生，2020 学年担任中南大学体育舞蹈协会团支书。他曾获得 2019 年湖南省大学生体育舞蹈比赛大学组桑巴第一名，2020 年湖南省大学生体育舞蹈比赛大学组伦巴、斗牛第一名，2021 年湖南省大学生体育舞蹈比赛大学组单项斗牛、三步踩第一名，2022 年湖南省大运会体育舞蹈健身交谊舞第五名。

38 以青春之体魄，成就青春之我

智能科学与技术专业 2019 级本科生　马俊龙

生活就像在操场上跑圈，不要指望有人带你。坚持需要靠自己，这是我在一次次跑步中领悟出来的真理。每次奔跑，仿佛身体和思维都被释放出来，纷扰的杂念也被抛在脑后，只剩下呼吸与脚步交织成的节奏。这种感受，无论何时何地都能给我力量和启示。学习十分重要，但体育同样是我一生的追求。只有通过不断的锻炼才能塑造健康有活力的身体，迎接人生各个阶段的挑战。从跑道到生活，我们都需要坚定自己的信念，勇往直前。

启蒙

初中时，我遇到了我的体育启蒙老师。

我来自新疆乌鲁木齐，一个遥远的西北城市，秋冬季节总是非常寒冷。下大雪的冬天，我们的体育课仍然如常开展。但是，几乎所有人都喜欢在教室里享受暖气的温暖，而不愿在户外上体育课。体育老师总是执意让我们出去，让我们在寒风中奔跑。那时，体育课的内容也很简单，先热身跑两圈，做一些拉伸运动，然后进行跑圈训练，有高抬腿、蛙跳、倒退跑和冲刺等多项动作，每一圈换一个动作。体育老师也会和我们一起跑，几圈后，全身就热了起来。我享受在奔跑中释放压力、缓解情绪的感觉。正是这位体育老师带我们做的训练，为我的身体素质打下了坚实的基础。

初中时期，市里的几个学校联合举办了一次运动会，每个学校需要挑选一些同学参加，我也积极报名，浅浅感受了体育生的生活。每天下午上完课后要进行训练，我报名的是短跑项目，需要进行一系列的爆发力训练，如爬楼梯、拖轮胎冲刺跑、腰上捆绑橡胶带冲刺跑等。参加了几个月的训练后，我的收获很大，身体变得更健康，体育素质也得到提升，同时也见识到了体育生艰辛的一面。

后来，老师告知了让我们一圈圈跑步的原因。现在的学生体育素质越来越差，很多学生甚至没有意识到体育运动的重要性。而跑步是一个简易却最有效的锻炼方法，老师希望通过这种方式让我们养成健康的生活习惯。虽然老师已经四十多岁了，但他每天还是坚持跑步，身体也一直很健康。这让我深刻地意识到坚持运动对我们的身体有多么重要。

不断丰富的体育爱好

我是一个喜欢尝试新鲜事物的人。小学时我学习过打乒乓球，这是一项极容易上手的球类运动，没有什么门槛。我从小学一路打到了初中，每天放学最喜欢的事情就是和同学打乒乓球。随着手臂的挥舞，乒乓球在桌上一来一回，我既锻炼了身体，又放松了眼睛。有研究表明，眼睛盯着乒乓球运动时，会不断调节晶状体，能够有效缓解疲劳，防止近视。其间，我也和小区里的朋友陆续玩过羽毛球和足球等，一切都源于兴趣。

到了初三，由于体育中考改革，需要在篮球、足球、排球中选一个参加考试，于是我打起了篮球。这是一项极其考验身体素质的运动。拍球、运球、上篮，我一有时间便在学校里练习。虽然最开始是为了体育中考，但后来慢慢发现我非常热爱这项运动，于是它成了一项我一直坚持的运动。即使在学习压力十分大的高中阶段，我每周也会打两到三次篮球来放松自己。直到现在，我仍然坚持着打篮球这个习惯，并且越来越关注篮球，开始喜欢看 NBA，有自己喜欢的球星和球队，经常看比赛视频来深入学习篮球，分析一些战术配合、过人技巧、运球方式等。篮球逐渐融入了我的日常生活。在我看来，它不仅能提高我的身体素质，更能让我在篮球运动中结识更多的朋友。

喜欢尝试新鲜事物的我在大学期间还学习过网球、台球，参加过徒步走和骑行。我选修了一个学期的网球课，并担任了体育班长。虽然我打得并不是很好，但勇于去尝试本身就是一件值得被鼓励的事情。

健身日记

很多人健身是为了拥有腹肌，我最开始也一样。初中时，我会练习核心力量，没事就做引体向上，高中时，我买了哑铃在家里练，住宿时就带到学校宿舍里和同学一起练。暑假，我在健身房办了两个月的卡，基本上每天都会去练。刚开始，我也是一个什么都不会的“小白”，后来在健身时遇到一个热心的“大哥”指导，跟着他每天练，逐渐掌握了健身的规律和方法。我也意识到健身是全方位的，而不是单独练某个部位，并学会了五分化训练技巧，也逐渐找到了每个动作的发力窍门。一个多月之后，我的进步很大，体脂率下降了很多，肌肉也多了不少。

其间，我和这位“大哥”交谈得知，他已经四十多岁了，但满身肌肉，看着非常年轻有活力，我想这就是健身的意义吧，健康的身体才是一个人真正的本钱。开始健身之后，我会注意到自己一些不健康的生活习惯，并慢慢远离那些不健康的生活习惯。

上了大学后，我也办了健身卡，并根据以前的经验，在长沙坚持健身。在不忙碌时，我一周会去四五次健身房，采用五分化训练技巧。即便忙时，我也会抽空进行三分化训练。我晚上也会去操场跑步，有时和朋友们一起打篮球。大学时间非常充足，自由度也非常高，虽然有学业任务、学科竞赛、学生工作等，但只要合理规划和安排，进行体育运动的时间还是非常充足的。有了健康的身体，才有继续奋斗的本钱。

希望每一个人都能找到一项终身热爱的体育项目，并且从中收获健康的身体、坚韧的精神和幸福的人生！

人物简介

马俊龙，男，汉族，中南大学自动化学院智能科学与技术专业2019级本科生，已保研至中山大学计算机学院。他曾担任智能科学与技术专业1903班团支书，热爱各类体育运动(篮球、健身、骑行、长跑等)，曾获得程序设计大赛、生物医学工程、机器人大赛、服务外包创新创业大赛等多项国家级竞赛奖项，多次参与大学生创新创业项目并担任负责人。

39 满怀希望，所向披靡

自动化卓越人才培养专业 2020 级本科生　田一涵

如果把体育拟人化，那么自从我和它相识的那一天起，我们就有着千丝万缕的缘分。出生于“奥运冠军之城——鞍山”的我，从小就沐浴在这座城市浓厚的体育氛围中，深刻认识到“体育强国”的重要性。与体育为伴已经 20 多年了，让我感受最深刻的是，体育能够造就体格强健的勇士，并且将健全的精神寄托于强健的体魄之上。这使得我注定要与体育结伴一生。

初见乍惊欢，久处亦怦然

2002 年，我出生在东北的一个城市——辽宁鞍山。同一年，中国女子乒乓球队的李晓霞获得了波兰、荷兰、瑞典和埃及公开赛的女双亚军，并于次年获得了亚锦赛女团冠军以及世青赛女双、混双、女团冠军。但那时的我还不知道自己与体育会有怎样一段奇妙的缘分……直到 2012 年伦敦奥运会，全世界的目光都聚焦在那里，在那个炎热的夏天，10 岁的我经常听到身边的人说：“我们鞍山出了个奥运冠军，李晓霞，她在伦敦奥运会上获得了乒乓球女单、女团冠军！”自此，我开始对“体育”“乒乓球”“奥运冠军”这些名词产生了浓厚的兴趣。我坐在房间里，吹着风扇打开电视，看着 CCTV5 播出的比赛，每场女乒、男乒比赛我都不会错过。当时的我只觉得体育运动很快乐，为国家争光非常酷！就这样，我和体育的缘分开始了。

释迦牟尼曾说过：“只有很深很深的缘分，才能在同一条路上走了又走，同一个地方去了又去，同一个人见了又见。”我和体育之间的缘分也是如此。原来，李晓霞的父亲和我的妈妈是同事，妈妈发现我喜欢看乒乓球比赛，所以在我生日那天给了我一个惊喜——李晓霞签名的球拍！当我收到球拍的那一刻，我内心深处的那个名叫体育的小精灵再也按捺不住，跳了出来。我对妈妈说：“妈妈，我也要学乒乓球，我也想成为像姐姐一样酷的人！”从那时起，乒乓球室里就多了我练习的身影。乒乒乓乓的声音，滴滴答答的汗水，成百上千次的挥拍练习，都是我对那段时光的回忆。

经过一个暑假的训练，我迎来了人生中第一场乒乓球比赛。虽然只是一场小型比赛，但还是有很多乒乓球爱好者前来参赛。由于我训练刻苦、技术尚可，所以前半部分的比赛进行得十分顺利。但当我遇到一位技术十分高超的对手时，我就开始失去了信心。教练看到我的异样之后，走过来跟我说：“参与比胜负重要，过程比结果重要，超越比得失重要。”我恍然大悟，体育运动的目的不是赢取什么，而是在于收获什么。只要我满怀希望，敢于参与、挑战和拼搏，我就会收获很多，这些收获可能不是成绩，但它们独一无二，能让我所向披靡。

自从接触了乒乓球后，我的体育热情如同雪崩一般迸发而出。从小学到大学，我不断地尝试各种体育活动，羽毛球、游泳、篮球、网球等。在学习和训练的过程中，我也遇到过很多困难。“当你感觉整个世界都在与你作对的时候，要记得飞机也是逆风起飞，而不是顺风飞起。”我怀揣希望，克服万难，终将到达目的地。

熊熊火炬，热血青春

我每次回到家，抬头望向阳台，总会看到一架火炬屹立在那里。虽然火炬早已经熄灭了，但是那段回忆却永远铭刻在我的心中，成了一道光。

2013 年 8 月 10 日，第十二届全运会火炬传递点火起跑仪式在辽宁沈阳举行。此届全运会火炬传递从 8 月 10 日开始，至 8 月 28 日结束。8 月 17 日，全运会的圣火来到了火炬传递第六站——鞍山市。149 名火炬手在鞍山高新技术产业开发区进行传递活动。我的父亲作为先进人物受邀成为其中一名光荣的火炬手。由于活动中不容许出现任何一点小差错，所以需要对火炬手提前一个月进行培训。从如何正确托举火炬，到如何正确传递火苗；从以什么样的速度跑步，到如何与助跑手配合调整距离，每一个环节都需要反复练习。听着父亲详尽的描述，我感受到国家及政府对体育的重视，也让我这个小“体育迷”肃然起敬，想和父亲一同参与这个庄重的活动。当我知道可以带着家属一同参加时，我按捺不住自己的情绪，开始为火炬传递做准备。

火炬正式传递那天，我们一家三口穿着以红、金、白三色为主色调的全运会定制服装，凌晨四点就开车到达了指定位点。清风拂面，太阳初露，微光洒向大道，跑道边的围栏如同守卫者，维护着活动的秩序。看着各位火炬手们的笑容，我的紧张情绪也渐渐消失了。在进行了一次预演之后，全运会的圣火到达了我们这里。看着火苗在火炬手之间传递，我深刻理解了火炬传递的意义，它传递的是一种精神、一种力量、一种自信。火炬所到之处，激发运动热情，播撒健康活力。当火苗传到父亲手中时，我打开了相机，微笑着拍下这珍贵的一刻。镜头中，父亲的笑脸和熊熊燃烧的火炬都化作了一股力量，这股力量让我充满希望与活力，并爱上体育，崇尚体育精神。

追求胜利，是生命的火种与光源，更是人类前进的动力。当面对如山如海的挑战时，我们需要俯瞰那仿佛不可逾越的坎坷，全力以赴去追求胜利，并将其扎根于我们坚如磐石的信念中。人无精神则不立，国无精神则不强。精神是一个民族长久生存的灵魂，唯有达到一定高度的精神水平，这个民族才能在历史的洪流中屹立不倒，勇往直前。这就是那熊熊燃烧的火炬带给我的关于体育与人生的思考和感悟。

要繁华盛开，要人声鼎沸

奥林匹克格言中有这样一句话：“人人皆可参与体育运动，不管你是男性还是女性，年龄大或小，身体健康或残疾，穷或富，体育运动是每个人的一项权利。只有当每一个团体、社会乃至国家都崇尚体育时，体育精神才能实现其终极目标——成为人类社会理想的境界。”我深知，体育运动并非某个人的事情。只有当整个团队、社会及国家都在崇尚体育时，体育精神才能得到最好的体现。因此，在自动化学院团学会招新时，当我看到体育部这个部门时，感到眼前一亮，并决定试一试。最终，我在大二时如愿成了自动化学院体育部的部长。

在团学会工作中，策划和组织是最重要的工作。当我看到大一的学弟学妹们积极报名加入院队时，我知道我的愿望将得以实现。他们可能是出于对运动的真挚热爱，也可能是在学长学姐们的引导下接触到了院队，但无论如何，他们都将打开体育世界的大门。我深知体育对一个人的影响之大，因此，我希望将这种体育精神能传递下去。

每年 10 月和 11 月，院队新生赛拉开帷幕，设有足球、篮球和排球等多项比赛，有多支队伍参赛。每天，运动场上都有他们刻苦训练的身影。作为体育部部长，我经常监督院队的日常训练，并关心队员的健康状况。比赛时，现场呐喊声不断，学院党委副书记黄亚老师也亲临现场为队员们加油鼓劲。2021 年 11 月 21 日，我们与学院团委书记刘乐老师共同组织策划了中南大学自动化学院羽毛球师生交流赛暨“和谐杯”院内选拔赛，这场比赛激发了大家对体育运动的热情，也为大家锻炼身体和增强身体素质提供了渠道。看着大家的笑脸，感受到大家享受体育的热闹氛围，我的内心充满了喜悦。

我知道一朵花的香气不够明显，因此我希望繁花盛开，芬芳四溢。我知道一个人的呐喊可能过于微弱，因此我希望人声鼎沸，热闹非凡。让大家热爱体育是我的愿望！

球不落地，永不放弃

大三寒假期间，春节档上映了《中国乒乓之绝地反击》电影，主演团队来到我的家乡进行路演活动。作为一名乒乓球迷，我当然不能错过这个机会。电影中热血激荡的画面让我再次回忆起在体育道路上的跌跌撞撞，如果有再来一次的机会，我仍旧会义无反顾地选择这条道路。

在大学生活中，或多或少都会遇到烦恼和无奈，每当这个时候，我都会选择跑步。只要我开始跑步，就能感受到风的速度。我张开双臂，感受着风的轻拂，脑海中闪现出一些话语："相信决定一切，失败意味着重新开始""迈过失意的胜利更值得铭记""你所热爱的东西，有一天会返回来拥抱你"……只要球不落地，我就永不放弃。只要事情没有定论，我就坚定信心，逆风而行！体育带给我的是一种"且行且看且从容，且停且忘且随风"的洒脱与自由！

我与体育是一生的挚友。在独乐乐至众乐乐的过程中，它让我明白了一个人能独自精彩，也能与全世界相爱。在我偶然失落的时候，它提醒我："伸出手，去和风击掌！"我和体育之间的缘分仍在延续，很幸运能够认识它，因为它让我充满希望，勇往直前！

人物简介

田一涵，女，汉族，中南大学自动化学院自动化卓越人才培养专业2020级本科生，大二学年担任中南大学自动化学院团学会体育部部长。她荣获中南大学2021—2022年"中南大学优秀团员""中南大学优秀学生会干部""中南大学优秀学生"。自入学以来，她获得过一次中南大学一等奖学金、一次中南大学二等奖学金、一次"山河英才"企业奖学金。她获得了第二十四届中国机器人及人工智能大赛国家级一等奖、中国大学生计算机设计大赛省级三等奖、中南大学"互联网+"创新创业大赛校级特等奖。

40 拼搏向前，永不言弃

电气工程及其自动化专业2020级本科生　花　琪

恰同学少年，风华正茂

上大学之前，我对舞龙的印象仅停留在电视节目表演上。当时，我觉得这项活动很有意思，带有浓厚的传统色彩，充满着活力与生机。大一时，我在自动化学院的QQ官方群里了解到学校舞龙舞狮协会正在招募新成员。那一刻，我的内心充满了参与的渴望。在苏航学长的感染和影响下，我加入了学校的舞龙舞狮协会。

起初，我接触舞龙，只是抱着好玩和锻炼身体的态度，想要在舞动的汗水中释放自己，并体验传统文化的魅力。然而，经过一个学期的训练之后，我真正感受到舞龙不仅是一种体育或表演，更是中华民族传统体育文化的珍宝之一。在舞龙的过程中，龙体舞动的轨迹就像拥有其独特的书写系统，每一个扭转，每一次上扬，都代表着不同的含义。它拥有着独特的文化底蕴和鲜明的特色，是我国民族传统文化的结晶和积淀。通过舞龙，我能够聆听来自遥远过去的呢喃声，感受源远流长的千年文化。我开始思考，也许在某一刻，历史会在舞蹈中汇聚重现；在几百年前，也有这样一群风华正茂的年轻人，通过舞龙来诉说他们的故事。

不屈不挠，努力拼搏

我们龙狮协会秉承与发扬不屈不挠、努力拼搏的“老黄牛精神”。我们练就的不仅是精湛的舞龙舞狮技术，更是一种努力拼搏、永不服输的生活态度。

众所周知，舞龙需要大量体力来支撑日常的训练和表演，对女生来说，要求更加苛刻。为了达到舞龙所需的体能标准，我们需要循序渐进地完成高强度的体能训练，打好基本功。让我印象最深刻的是，在初次练习高架桥时，我不太熟练，体能也难以跟上，而我要作为底盘支撑队友，总是难以坚持到动作结束。经过反复的尝试后，我的手腕被擦伤，腿部肿疼，我一度觉得时间如此难熬。所幸，在队友不断的鼓励与支持下，我咬牙坚持，内心深处一直有一个声音："我们能行。"数十日的磨合后，我们终于能游刃有余地完成整套动作。适应期过后，我们逐渐习惯了训练强度，并开始慢慢觉得这种辛苦不算什么。经过一次次的训练，我们的体能和耐力都得到了很大的提高。在训练场上挥洒汗水给我们带来了极大的满足感与成就感。每周例训时，我和团队成员都一步一个脚印地巩固学习、打好配合，龙体的舞动也渐渐展现出缥缈灵动的感觉与磅礴的生命力。不久，我们团队决定参加中南大学第十届舞龙舞狮锦标赛。

团结互助，共创佳绩

赛前，大家按照惯例进行训练。然而，在琐碎的日常训练之下，紧张的气氛悄然涌动。虽然平时我们的训练效果已经不错，但是我们还不能完美无缺地完成所有动作。再加上这是第一次参加比赛，缺乏经验的我们无法预知在舞台上自己究竟能够表现出多少实力，因此我们的内心非常焦虑。

面对这巨大的压力，我们没有退缩，反而像弹簧一样，压力越大，动力越足。那段时间里，我更深刻地感受到了舞龙的魅力，每次训练中的小小进步、搭档之间真诚的鼓励、队友之间默契的配合、团队之间恰到好处的协作都让我如痴如醉。比赛当天，在众人的呐喊和加油声中，我们顶着烈日第一次完美地完成了整套规定动作，兴奋地相拥在一起。我们的团队在比赛中获得了第一名，这极大地增强了我们的信心，也让我们如愿以偿地站上国赛的舞台。

2021 年暑假，为了准备 7 月底的国赛，我们团队选择留校集训。每天我们会进行 5~6 小时的封闭训练，没有一个人缺席。我们在炎热的阳光下挥洒着豆大的汗水，衣服湿了又干，干了又湿。在训练量大的时候，例如体能拉练时，我们甚至会感到恶心。当然，在室内进行力量和体能训练也并不轻松，特别是折返跑。大家每次跑完后都累得只想躺在地上一动不动。但付出终将有所回报，我们每天都在进步，我们每天都比昨天的自己更好。我们不断地告诉自己："我们是最棒的，一定能大放异彩。"

好事多磨，比赛前半个月，我们面临了一场突发事故。一名队员的脚严重受伤，很有可能无法参加比赛。我们深知，每一个舞龙队员都是不可或缺的，是链条中的关键一环。但是，我们并不愿意轻易放弃比赛，只好临时找替补队员顶替。然而，由于队员彼此之间尚未培养出默契，在训练过程中经常出现低级错误。对于新加入的队员来说，重新熟悉队友和舞龙套路也有不小的压力。整个项目的进展因此受到了阻碍。比赛即将来临，我们感到无助，甚至想退赛。就在大家一筹莫展之际，冯巍教练和苏航学长把大家召集起来，语重心长地告诉我们："大家要相信，我们是一个团队。虽然我们现在面临很多问题，但这些都不会打倒我们。我们应该一起积极地去解决问题，无论是新队员还是受伤的队员，大家都是舞龙队的一分子。再大的困难，我们也可以一起克服。因为我们是舞龙舞狮鼓乐协会！"

接下来，冯巍教练延长了我们的训练时间，陪着我们训练每个动作，新队员也每天向我们请教。在教练和学长的鼓励与指导下，我们重拾信心，加倍训练，同时也希望受伤的队员早日康复，能够与我们一起站上国赛舞台。受伤的队员痊愈后，我们进入了更加紧锣密鼓的训练中，功夫不负有心人，最终，我们在国赛中获得了第三名的好成绩。

舞龙作为传统民俗文化，如今已经不仅限于节目表演，而成了富含美学的竞技比赛。原本静止的龙体在每个人的移动下变得生机勃勃、栩栩如生。这一路走来，我不断成长与进步，明白了何为团队合作、何为体育竞技、何为坚持与放弃、何为付出与回报。舞龙不仅仅是连接过去与现在、传统与现代的桥梁，能让人们在欣赏和参与中感受到中华文化的独特魅力，更能让舞者们培养彼此之间的默契，感受团队合作的力量。

我相信，无论身在何处，这段经历都会在我心中熠熠生辉，成为我人生中的一笔宝贵财富。感谢这段时光中每一个人的陪伴和帮助。在舞龙的征程中，我们笑过、泪过，一起感受着传统文化的魅力和力量。我将继续努力，不断追求卓越，在更多的舞台上，绽放属于自己的光芒。

人物简介

花琪，女，汉族，中南大学自动化学院电气工程及其自动化专业2020级本科生。她在大一与大二分别获得了第十三届中国大学生舞龙舞狮锦标赛女子规定套路第三名、中南大学第十届舞龙舞狮锦标赛女子规定套路第一名、中南大学第十一届舞龙舞狮锦标赛女子自选套路二等奖、舞龙舞狮"最佳服饰奖"；在大一学年获得中南大学一等奖学金和"优秀学生"称号，大二学年获得国家奖学金和"优秀学生社团干部"称号。

41 排球，是永远向上看的运动

电气工程及其自动化专业2020级本科生　曾景达

“排球，是永远向上看的运动！”这句话出自动漫——《排球少年》。这部动漫也是很多排球爱好者的入门动漫。在很多排球人的心中，排球不仅仅是一项体育运动，更是一种精神和生活态度，它告诉我们，生活要永远向前和向上！

从一张白纸到彩画需要多少时间

第一次接触排球是在高中的体育课上，虽然没有系统地学习，但是排球本身的魅力（平稳精准的防守、变幻莫测的传球、势大力沉的扣球）深深吸引了我。再加上 2019 年国庆前夕，中国女排在世界杯上摘得桂冠取得十一连胜，以及《排球少年》这部热血运动影片的激励，高中时我的内心深处就埋下了热爱排球的种子。

初入中南大学，我在新生群里了解到自动化学院也有自己的排球队，抱着试一试的心态，我参加了新生杯队员的选拔，因为当时去参加选拔的人比较少，所以我这种“菜鸟级”选手也入选了。俗话说得好“白纸最容易作画”，当时我的排球基本功几乎为零，但是我却把它当作优势，因为我相信我的可塑性是很强的。

还记得那时，晚间下课铃一响，我们几个排球队的新生就会从中南大学新校区 B 座五楼飞奔下来去抢那为数不多的共享单车，然后穿梭于人潮拥挤的校园里，准时到达南校区操场进行训练。当时长沙已入深秋，刺骨的寒风将排球场的梧桐叶吹得沙沙作响。因为初学排球，训练量也不小，每次训练完大家的手上都会青一块紫一块，小腿也会发酸，甚至有时候上楼梯都使不上劲。虽然很累，但是看着自己的一传逐渐到位、上步逐渐流畅、防守逐渐精准，就觉得这些辛苦都是值得的，每一天的辛苦付出都是在给自己空白的“排球”画添上浓墨重彩的一笔。在学长学姐的带领下，在和排球队小伙伴们的共同努力下，我们过五关斩六将，闯进了新生杯比赛八强。在八进四的比赛中，我们遇到了夺冠热门湘雅队，在半决赛遇到了实力强劲的兄弟学院计算机队，在决赛中，我们和黑马选手机电队比拼。每一场比赛都输赢未卜，充满悬念，但大家团结一致，输了比赛就围在一起找原因，赢了比赛也不骄傲，将日常训练坚持到底，直到我们举起冠军奖杯的那一天。

在进入中南大学的第一年，是我选择了排球，也是排球选择了我，它让我体会到这项运动带来的无价的快乐，也给我的大学生活添上了浓墨重彩的一笔！

为数不多的流泪时刻

回想我打排球的这三年，也偷偷为排球掉过几次眼泪。回首过去，那些曾经看似不可逾越的山峰，现在已然是“一览众山小”。

那是在大一下学期的时候，排球协会举办了“开拓者杯”比赛，也就是让一些刚入门的排球选手组队打比赛。也许是初生牛犊不怕虎，当时我怀揣满腔热血和自动化学院的学长学姐们组了一个“自院小分队”，并自告奋勇当起了队长。对于排球入门者而言，除了技术，轮次也是让人头大的问题。赛程安排表出来的那天下午，我马不停蹄地根据对手的站位设计了有针对性的轮次跑位。当时的长沙阴雨绵绵，南校区操场的橡胶场地总是湿漉漉的，所以我们一般会约在新校区排球场训练。虽然场地干燥，但是新校区排球场十几米高的大灯总是把大家晃得睁不开眼，粗糙的水泥地会把手搓出点点血迹，参差不齐的排球网也提升了训练的难度。可这对于我们这一群热爱排球的孩子来说，远远算不上什么，我们每个人没有落下任何一天的晚训。还记得比赛前一晚，我们训练完后坐在地上，尽情畅想着“明天太阳那么大，每天都被大灯晃的我们一定很适应”“我们每天都训练那么久，拿个第一名不过分吧”“明天一定可以打赢他们”。

但是现实却不尽如人意。比赛当天，由于对手实力强大，队员状态也不够好，我们最终输掉了比赛。打完比赛我就偷偷掉了几滴眼泪，总觉得最终的结果配不上我们夜以继日的努力，也羞愧于第一次当队长没有带领大家取得好成绩。或许遗憾就是人生的主旋律，现在想起那场“开拓者杯”比赛还是有点心酸，虽然现在的水平提升了很多，但是最想赢的那场比赛却已经永远赢不了了。

请继续向上吧

大一的时候，在学长学姐的带领以及自己的不断努力下，我们取得了2020年“新生杯”排球联赛冠军、2021年“阳光杯”排球联赛冠军的好成绩。但是随着自身水平的提高，我开始寻找更广阔的平台，把目标锁定在了中南大学排球校队上。入选校队的过程并不顺利。我第一次参加校队选拔是在大二上学期，选拔现场高手如云。只记得选拔的时候我很紧张，考核时全身都在发抖，扣球的时候身体不够舒展、发球也经常下网。果不其然，我没有通过那一次选拔。

那天从体育馆出来后，我眼神涣散，眼里对排球热爱的光荡然无存。因为进校队是我一直以来的梦想，感觉没有这个平台，我的实力进步可能就只是微乎其微。突然，耳边传来一阵鸟鸣，一群黑色的鸟儿从我身边的电线杆上腾跃而起，这个场景就像是《排球少年》里面的场景一样，它似乎冥冥之中告诉我：排球是一项永远向上看的运动！今年没选上没关系，大不了再来一年！

于是在接下来的一年里，我反思了过去一年的表现，把自己的定位从擅长进攻的接应换成专职防守的自由人。在大二的这一年，我担任了自动化学院排球队队长，在学习的闲暇之余和队友们一起训练基本功、看排球比赛、学习更多的排球知识和战术体系。最后，在我的努力下，我成功入选了校队，并且司职自由人这个位置。前进的目标不会停止，接下来我的目标是继续精进自己的技术，争取从替补自由人打到主力自由人，争取和自动化学院的小伙伴们以及校队的朋友们再创属于我们的辉煌！

这一路走来，虽然路上充满了许多阻碍，但是好在有朋友的陪伴、队友的鼓励，排球本身的魅力也支撑着我坚持下去。排球不仅给我带来了健康强壮的身体，而且让我认识了很多可爱的人，最重要的是，它给了我一种正向积极的生活态度：生活不仅要往前走，而且要仰着头、挺起胸、向上走！只有抬起头，我们才能领略沿途的风景、才能嗅到成功的芳香、才能望见胜利的曙光！

排球，是永远向上看的运动！

人物简介

曾景达，男，汉族，中南大学自动化学院电气工程及其自动化专业2020级本科生；现为电气2001班文体委员、自动化学院排球队队长。他酷爱排球，曾获2020年“新生杯”排球联赛冠军、2021年“阳光杯”排球联赛冠军、2021年“新生杯”排球联赛亚军、2022年“阳光杯”排球联赛季军等多个重大奖项。

42 一段羽球缘，一世不了情

电气工程及其自动化专业2020级本科生　赵子涵

羽毛球是我的挚友，陪我一路成长。空中飞舞的羽毛和汗水，在球场上交织成永恒的记忆。岁月如歌，而它却是岁月中永不褪色的传奇，伴随着我，迎接未来的每一个日出和日落。

相遇

回忆初遇羽毛球的情景，绿色的地胶、辽阔的场地、穿梭飞舞的羽毛球及场地对面父亲的身影仍历历在目。

刚开始，我并不明白羽毛球的乐趣何在，只是看着大人们在球场上奔跑，打球打得满头大汗，听到一声“好球”时又都欢欣鼓舞。直到我第一次拿起球拍，才发现羽毛球并没有我想象中那么简单，连将球打出去都颇具难度，这也让我感到有些挫败。加之小时候较为肥胖，我曾一度对羽毛球抱有厌恶和反感的心理。

但是，随着时间的推移，我逐渐掌握了控制力道大小及羽毛球远近高低的诀窍。我开始享受掌控羽毛球的感觉，并感受到了在球场上运筹帷幄的自由与愉悦。在与大人的对决中，我也能不落下风，甚至略胜一筹，这给了我无比的自信和勇气。为了支持我，我的父亲还给我买了一支我心仪已久的球拍，那是第一支属于我的球拍。之后，我也陆续拥有了第二、第三支球拍，但唯独那一支，我始终牢记它在我手中的模样。

相识

大一时，我加入了学校羽毛球协会，并参加了我的第一场比赛——新生赛。由于我小时候并没有接受过专业训练，尽管有跑得快的优势，但技术上的差距仍无法弥补，只能止步八强。那时我才意识到我和他人之间有多么大的差距。好在我也遇见了“伯乐”，就是球队教练张华老师。

在她的邀请下，我进入了阳光组试训。初期的训练并不轻松，由于以前未曾进行过专业的羽毛球学习，我很难跟上学长们的节奏。但幸好，我遇见了一群同样热爱羽毛球的队友和教练。他们并没有因为我的技术动作不到位而嘲笑我，相反，他们会耐心地纠正我的姿势。虽然张华教练有时被我气得语无伦次，但从未放弃过我。她不仅是我的老师，更是我的朋友。

智者常言：愚者先行，勤者补缺。我深知自己基础薄弱，但我并不因此气馁，反而更加振奋精神地埋头苦练，力求赶上学长们的步伐。每次训练我都倾尽全力，汗水如雨，身心俱疲。回寝后，我依然不忘搜索羽毛球教学视频，从中探寻提高之路。我明白，能有机会参与校队训练，实乃来之不易，因此我倍加珍视。在大学中，我真正领悟到羽毛球带给我的无穷欢愉。

相知

这种日复一日的训练并不曾令我产生枯燥之感，反而成了我生活的一部分，就如同几片树叶在平静的湖面上荡漾，为那些平淡的大学岁月增添了几分色彩。

酷热的夏日里，球馆中，满地的汗水，是我付出的证明；炽烈的阳光下，操场上，脚下赤红的跑道，是我青春的注脚；寒冬时节，球场上，遍地的羽毛球，是我奋斗的印记。在无数次训练中，我重新认识羽毛球，也因此收获了珍贵的友情。我们在欢声笑语中相互帮助，相互关爱。

当然，人生路途上总是难免坎坷。有一场比赛，我输掉了第一局，但我并没有沮丧，反而告诫自己：这是检验自己训练成果的机会，不要心急，发挥自己所学即可。这样的自我解压方式让我摆脱了束缚，成功拿下了第二局。但到了决胜局，我的心态又失衡了。我变得渴望胜利，想要追回已经失去的分数。这个想法让我陷入了自我纠结之中，阻碍了我在关键时刻做出正确的抉择。最终，我输掉了比赛。不过，队友和教练的安慰与鼓励让我头脑清醒，原来人生并不会一直处于胜利状态。即便失败，也不能停止前行，我需要从失败中吸取经验，变得更加优秀，超越今天，追寻更好的明天。

我开始明白，羽毛球不仅是一项运动，它还承载了我的青春、我的努力、我的泪水，以及那些值得珍藏的友情。

相爱

“宝剑锋从磨砺出，梅花香自苦寒来。”这句名言，在我进入阳光组训练时便始终存在于我脑海中。我从未想过有一天能代表中南大学参加比赛，直到穿上印着“中南大学 赵子涵”七个字的队服，我的心情久久不能平静，仿佛置身梦境。原来我已取得了长足进步，拥有了代表学校参加比赛的资格。我们团队最终荣膺湖南省大学生羽毛球比赛的团体冠军，而我也斩获男子单打第五名的好成绩。但这并不是使我骄傲的理由，相反，它激发起了我追求更高更好的目标的欲望，这也是竞技体育的魅力所在。

因为付出，所以得到。我用汗水和对羽毛球的钟爱，浸润成功的花。

相守

常有人问我：“抽出这么多时间打羽毛球，不会影响学业和生活吗?”我笑而不语，在我眼中，羽毛球已然超越简单的消遣，它是我的生命所需。

在打羽毛球的过程中，我结交了许多志同道合、热爱运动的朋友。我们聚在一起游戏、比赛、玩耍；我也认识了许多队友，与他们互相竞争、互相支持，也在训练、比赛之余建立了深厚的感情。此外，羽毛球也锻炼了我的能力，组织比赛、制订计划、管理秩序，都为我积累了宝贵的经验。如今，羽毛球已然融入我的生活，成了我的“挚友”，陪伴我度过岁月的洪流。

现在我已经成为阳光组的队长，虽然这个身份带给了我不小的压力，但是教练和队友们对我的信任也促使我更加拼搏。看着新队员加入球队，老队员渐渐不再出现在训练场上，我感到时光飞逝。虽然羽毛球并不是生命的全部，我们总会追寻各自不同的道路，但是，我坚信，热爱永不消逝。即便在五六十岁，我仍会被羽毛球的魅力吸引，即便老去，我仍会在球场上留下属于我的背影。因为热爱，我们会守住本心，会守住一直热爱着的羽毛球。

人物简介

赵子涵，男，汉族，中南大学自动化学院电气工程及其自动化专业2020级本科生；现任中南大学羽毛球协会组织部副部长、自动化学院羽毛球队负责人、中南大学羽毛球队阳光组队长，曾任中南大学羽毛球协会组织部部长。他热爱羽毛球，曾获湖南省大学生羽毛球锦标赛甲组男团冠军、男单第五名，李宁3v3团体冠军，中南大学羽毛球新生赛、和谐杯、冬至杯、校运会等比赛奖项。

43 同激情干杯、与汗水撞个满怀

自动化专业2020级本科生　蒋崇政

初识

体育运动种类很多，对我影响最大的必然是篮球。我与篮球的不解之缘始于小学毕业的暑假。在此之前，我一直觉得乒乓球应该就是我的归宿，直到曾为体育生的父亲跟我说："乒乓球是小球，男生更应该学会打篮球。"依稀记得当时的我还以"乒乓球是国球"来回应，父亲回了一句："信我的，男生打篮球没错！"就此，我推开了篮球世界的大门。

那时的我还是一个小胖子。每日的基础训练（跑、跳、拉伸、运球、投球）对我来说很不友好，气喘吁吁、满头大汗是我的常态，训练后的自由组队环节没有人愿意和我一队，"不幸"跟我一队的队友都自认倒霉。的确，我的技术拙劣，身体素质也不占优势。我甚至一度怀疑乒乓球会不会才是真正适合我的选择。

可我偏偏就是一个自尊心较强又不服输的人。没人愿意和我一队，那我就退出组队。我选择退出不是因为懦弱，而是为了下一次更好地加入。于是，自由组队的时候，我就在场边独自运球观察，看他们在场上激战。我发现虽然他们的运球与投篮技术比我熟练，但相比起真正厉害的人来说依旧稚嫩。我暗下决心要花费更多的时间和精力让自己变强。

相识

当人有了目标，一切都变得简单了。我开始不那么在意自己是否可以与他们同台竞技，而是时常期盼着可以在另一个层次和最好的自己相遇。体能训练的时候，我争取能再跑久一点；他们休息聊天的时候，我在角落练习运球和投篮姿势；回到家之后，我从网上看各种 NBA 的集锦，学习职业选手的动作要领和得分技巧。那一段时间里，我躺着的时候仍在研究着投篮，连做梦都和篮球相关。专注于某项事业并为此奋斗的人永远都是幸福的，就算只是爱好。我训练的目的很明确，就是在场上耐力更强、命中率更高。但当时的我想得十分简单，就是不想输，不想自己技不如人而被冷落。

我坚信每天刻苦钻研打法、训练体能的我应该比自由组队的他们拥有更强的实力，我也深信时间会给予我一个满意的答复，然而教练的一句话把我拉回了现实。

那天我依然一个人在场边运球，教练应该也观察了许久，他过来跟我说："你怎么不去和他们组队打比赛？篮球是一个团体运动，你这样自己练，到场上还是不会和队友配合的。"是啊，个人的力量无法撑起全场啊。篮球是一项群体的运动，虽然个人实力很重要，然而如果只是单打，这项运动也失去了它的意义。在这段时间里，我变得更强大了，也是时候回归赛场了。

经过长时间的训练，我的体能得到了大幅提升，我不再是那个跑两三步就气喘吁吁的小胖子了，运动对我来说不再是肉体和心理上的折磨，而变成了一种享受。队友发现了我的实力，让我多次出手，场上关于我球技的称赞也多了起来。场上的队友和对手成了场下的朋友。我们聊 NBA，互相指导对方，共同进步，这就是篮球的魅力吧！

那个夏天，空心球的"唰唰"声、篮球鞋与木板的摩擦声、赛场上的交流声成了我最美好的回忆。

相知

上大学之前，篮球是给予我力量最多的运动。与众多的球友一样，我也是 NBA 迷。乔丹之所以被封为"篮球之神"，缘由便是他始终保持绝对的自信；科比的刻苦努力和每球必争的精神影响着一代篮球人；詹姆斯的极度自律、姚明的厚积薄发……这些都是篮球爱好者莫大的精神支柱。高中时期，与篮球的故事可以说是告一段落，仅在体育课时能打打篮球，自己的身体也因为高强度的学习变得虚弱。

进入大学后，我发现了另一项同样吸引我的运动——长跑。相比于篮球，这项运动没有很强的团队协作要求，却对耐力和体能有极大的要求。初入此门，不堪的身体状况着实让我“摔个踉跄”。第一天，我只能撑着跑完两千米，而且上气不接下气，腿脚发软、头发昏，次日早上更是大腿酸痛得下不了床。但是第二天乳酸就会慢慢排解，坚持完前两天，后面就简单了。在跑步的过程中，我开始有意识地调整呼吸、步频和跑步动作，防止膝盖受伤。

我发现，每次跑步最难受的就是开始的第三、第四圈，尚未进入状态时身体需要时间缓冲。跑到中间时，呼吸就会逐渐均匀，步子也越迈越开了，大腿可能微微有些胀痛，但会越跑越舒服。从艰难跑完两千米到慢慢地可以跑完五千米，我仅用了十几天的时间。这不禁也让我思考，每天的生活怎样过都取决于自己，执行的主体永远是人。这十几天，我可以每天不来运动、不规律饮食和作息，但是缺失这十几天的运动我就达不到今天这个成绩。虽然事微小，但态度与性质早已决定了一切。

在这种自信与自律的双重支撑下，我与班上的同学报名参加了“百里毅行”公益活动，即两天一夜从长沙大王山酒店徒步至湘潭韶山毛泽东故居，全程共计 75 千米。最初的十多千米都比较顺畅，我还跟同学一路有说有笑，但是，长时间暴露在室外让身体水分快速流失；不仅如此，因为缺乏经验，我带的路餐特别多，并且大都是面包、巧克力、饼干等高油高糖的食物。这就导致了我胃特别空而且心慌，有接近呕吐的感觉。

因为这些原因，我渐渐和他们走散了。为了继续下去，我戴上耳机，试着看沿途的风景以转移注意力。在一个人默默向前走时，其实能思考的东西挺多的。我观察到许多同样穿着红衣服的志愿者和步行者，他们的勇气和毅力激励了我。路上每隔 4 千米会有一个路牌，每经过一个路牌后我都会稍做休息再启程，以下一个路牌为目标。偌大的挑战被细化成了比较容易实现的小任务。我深知，每一步都是在为成功做铺垫。如果我中途放弃，前面的坚持都将毫无意义。我很欣慰路上遇到的都是和我同龄、热爱运动、积极生活的人。我在心里时刻告诉自己：“在精神的道路上，我们始终不孤独，我们是彼此的定心石。”

就这样，从早上七点半出发，到晚上近七点到达第一天的终点，12 个小时左右，我完成了 42 千米的挑战。我没有想过最后的终点会以怎样的姿态迎接我，我只想着，唯有走一步再走一步，这样才能让我离终点更近，才能让我在这次活动中不留遗憾。我深知，完成挑战的过程就是战胜之前的自己的过程。比同行人幸运的是，那天我的脚没有磨出水泡，而且第二天醒来腿脚并没有特别酸痛，这应该是我经常锻炼的原因吧。第二天的任务也顺理成章地完成了，走到终点的时候，大家觉得这一路上挺不容易的，都在拍照、欢呼、与家人通视频电话等。的确，“百里之行”，始于足下。这么远的距离也是我一步步走出来的，两天微信步数共计十三万步，我战胜了自己！这种喜悦和释怀也只有有相似经历的人才能感同身受。

和解

有爱好是好的，认清现实也十分必要。在进入大学之后，我逐渐认识到自己在篮球和跑步等方面的平庸。我不能和高水平运动员相提并论，我的配速也不如很多人。但在我看来，体育运动通过出汗排毒与增强代谢让身体处于一种灵活应答的状态，使我们保持一种乐观积极的态度，这才是大众对运动应该持有的观念。

对我来说，篮球教会我很多道理。首先是篮球不会说谎，球进了就是进了，没进就是没进，没有任何含糊；其次是篮球需要沉淀，正如学习一样，需要很多默默无闻的场下时刻，才能在场上游刃有余；最后是篮球让我意识到我始终在一个团体内，可以有个人的私心，但要永远以集体为首位。

无论生活过得如何，篮球总是那个我给予力量它就有回应的挚友。篮球给我带来了很多志同道合的朋友，场上打同一个球，场下喝同一瓶水，球友的快乐就是如此质朴简单。同样的，长跑与徒步也是如此。说到底，逐梦的过程就像是一场长跑，途中可能出现意外，但也同样有惊喜和回报。人生的乐趣在于它的不确定性，它不是简单的循规蹈矩或是生搬硬套，你迈出了这一步，才知道下一步该往哪走。

纵使前路荆棘密布，我依然奋勇前行！

人物简介

蒋崇政，男，汉族，中南大学自动化学院自动化专业2020级本科生，曾任自动化学院团学会干事，现任自动化2005班文体委员，热爱体育运动（慢跑、跳绳、篮球、乒乓球、羽毛球等），曾参与2020年“百里毅行·公益活动”、2021年洋湖新年马拉松跑。

44 足球是我一生的挚爱

人工智能专业2021级本科生　桂志玮

足球的种子，是从我小学四年级开始慢慢在我心中埋下的，直到初二，它才开始悄悄发芽。对我而言，起初，足球只是一件新奇的事物；后来，逐渐发展成为我的兴趣爱好。如今，它已经融入了我的生命，成了不可或缺的一部分。

踢球

我和足球的第一次相遇是在小学四年级。因为我读的是住宿学校，周一到周五都住在学校里，所以周末与爸妈相处的时间就变得特别珍贵。我们一家都喜欢运动，每次我写完作业，爸妈就会陪我出去运动。有时候，我爸会带着我踢足球。我们居住的小区并没有足球场，但两棵树就可以充当球门的两根立柱，中间的空隙就是球门。那时候，我爸担任守门员，我来射门，这就是我对足球最初的印象了。

真正开始接触足球是我初二的时候。我们学校每年都会在不同年级组织不同体育项目的比赛。初一是篮球比赛，初二则是足球比赛。学校踢足球的氛围很好，这也是我逐渐将足球发展成自己爱好的原因之一。刚开始踢球的时候，我在场上的位置是后腰（防守型中场），主要任务是进行中场拦截，偶尔也需要参与进攻，比如在禁区外来一脚远射。那年，令我记忆深刻的足球比赛有两场，一场是我们在半决赛中淘汰了实力与我们非常接近、同样有夺冠实力的5班；另一场是决赛，我们大比分输给了3班。虽然我当时对足球这项运动还不甚了解，但是团队合作战胜势均力敌的对手的喜悦，以及输球后的失落与沮丧，让我第一次深刻感受到了足球这项运动的魅力。

到了高中阶段，我的足球技术得到了提升。高一那一年，我每天都利用课余时间踢球并参加比赛。我对足球的热爱也受到了我们学校的足球氛围的影响。我就读于武汉外国语学校，这所学校还有一个分校叫武外英中(国际学校)。当时武外英中还未搬出去，两所学校共用一个校园。尽管两所学校的招生规模并不大，三个年级加起来也只有一千多人，但我们仍然能凑出 12 支队伍参加联赛(类似于欧冠联赛)。整个联赛由学生自己独立组织，学校只是提供场地。对于一些运营较好的“大俱乐部”，每场比赛都会有数据统计、赛前宣传、赛后战报等。在关键的比赛场次，足球场会挤满观众。高中能够有如此好的踢足球氛围真的非常少见。在高中这三年里，我的足球技术得到了很大的提升，我也从原先的替补队员逐渐成长为不可或缺的球队队长。

进入大学后，我如愿入选了我们学院的新生队，并当选为新生队的队长。在队员们的共同努力下，我们最终取得了新生杯季军的佳绩，也十分感谢队友们对我的支持，我才拿到金靴奖这一殊荣。新生杯结束后，我便进入了院队。大一，在人才济济的院队里我没有获得太多的出场机会，但在有限的出场时间里，我总是拼尽全力。到了大二，我被选为球队的副队长，也逐渐在院队里立稳脚跟，成为队伍的主力之一。

不是因为有了希望才坚持，而是坚持了才有希望

人生中难免会遇到低谷，即使是在自己热爱的运动上也不例外。进入大学后，我在足球道路上的经历并非一帆风顺。虽然我在新生杯 5 场比赛中获得了金靴奖，并且早早地就入选院队，第一年就入选足协杯的大名单，但在这背后，我却对自己实力越来越怀疑，我在球场上的表现也与一开始院队学长们对我的极高期待产生巨大落差。因为在新生杯的赛事中，我们踢的是小场九人制足球赛，也就是把标准足球场的半场当成全场，但是在院队的赛事中，我们需要踢标准场十一人制足球赛，这让我极不适应。虽然看起来面积只大了一倍，但在球场上跑动的距离却多了远远不止一倍。体能一直以来都是我的短板，而在球场上，一旦体力开始下降，每一次对球的处理、停球、传球等及对场上形势的判断等都会受到极大影响。此外，由于之前从未踢过大场足球赛，我在球场上的位置感非常差。每场比赛之后，学长们都会纠正我在球场上错误的跑位。在新生杯中，拿到了金靴奖的一共有两名球员，一名是我，另一名是冶材大类新生队的球员，也就是最终的冠军队伍成员。这一年，我看到他在院队踢得越来越好，逐

渐成了院队核心。而我在院队却始终是一个“常规轮换”的角色，在足协杯的每场比赛中只有最后二三十分钟出场时间，这使我越来越不自信，甚至一度怀疑自己是否真的适合这项运动。

幸运的是，我没有轻易放弃。或许是出于对这项运动最纯粹的热爱，抑或是出于学长们对我的充分信任和细心指导，即使我没有出色的表现，我仍然在努力坚持。进入大二，由于两位研三学长毕业，院队中后卫这个位置出现了空缺。既然有这样的机会，为什么不去争取呢？对我来说，这是一个大胆的尝试，因为之前我从未踢过中后卫这个位置。同时，这也是一个非常好的机会，我必须勇敢地迈出这一步。功夫不负有心人，在转换到中后卫这个位置后，我如获新生。在经过了一年的漫长摸索后，我终于找到了自己在十一人制足球赛中最合适的位置。渐渐地，我成了球队中重要的一员，也慢慢地找回了自信，重拾踢球时那份最纯粹的快乐。

在遭遇低谷时，勇于面对困难和自我怀疑不是易事，但通过认真思考、追求进步，我们总能找到扭转局面的方法。在我的努力和学长们的帮助下，我逐渐走出了低谷和迷茫，同时也更加坚信，只要付出努力，总有一天会拥有值得自豪的成绩和收获。

重要的从来不是输赢，而是情谊

回想起来，踢球这么多年，留给我最美好的回忆从来都不是某场精彩的比赛或某个漂亮的进球，而是和队友共度的时光。我怀念初中下课铃响后，大家一窝蜂地从教室里冲出去，“不远万里”跑到操场去“黑白配”分队踢野球；我怀念高中每次和同学一起翘课踢球时，提心吊胆地一边踢球一边时刻注意班主任有没有从行政楼门口走出来；我也怀念大一院队聚餐的时候，研三的学长“大黄”跟我们讲院队的历史和故事，从2015年开始一年一年地讲。重要的从来不是输赢，而是大家在一起的这份情谊。足球不只是一项运动，更是一根纽带，把大家紧紧地联系在一起。尤其是在进入大学院队后，这种情感上的传承更加令我动容。刚进新生队的时候，带队的是2019级的陈队和杨队，也就是当时院队的两位队长，他们说过很多话，令我印象最深的一句话就是：“你们只管在场上踢球，场外的事由我们来解决。”事实也是如此，我们只需负责在场上拼尽全力，他们始终在处理和协调其他方面的工作。抛开足球，刚进入大学时，他们在学业、生活及为人处世等方面也都给予了我很大的帮助。后来，陈队告诉我，他们之所以说那句话，是因为在他们刚进校的时候，2017级的学长对他们说过同样的话，他们希望这份情谊可以在院队里一直传承下去。

足球与生活

进入大二以后，学业越来越繁重，平时能踢球的时间也越来越少，但我的热爱从未减退。我相信，处理好爱好与学业之间的关系是每个大学生都无法逃避的问题。毫无疑问，学业永远是第一位的。但除了学业之外，拥有一项让自己乐意主动付出时间和精力的兴趣爱好也是必不可少的。享受生活、热爱生活，并不只存在于“闲暇之余”，而是在生活的每分每秒中。我不会放弃踢球，正如我不会放弃生活，我热爱着足球，就像我热爱着生活，而足球也将成为我生命中最宝贵的财富之一。希望大家也能够找到自己所热爱的事物，尽情地享受生活。

人物简介

桂志玮，男，汉族，中南大学自动化学院人工智能专业2021级本科生，大一期间曾任自动化学院2021级足球新生队队长、自动化与电气类2116班团支书；曾获中南大学2021足球新生杯季军、中南大学2021足球新生杯金靴奖、中南大学2022五人制足球赛第四名、中南大学2022足协杯亚军、校级“优秀团干”；现任自动化学院足球队副队长、中南大学足球协会组织部部长。

我们的青春 第2辑

各美其美，美美与共

——美育榜样

45 I am my sunshine[1]

控制科学与工程专业2018级博士研究生　夏子晴

冬日里温暖的阳光、晒足太阳的被子、清晨的薄雾、海边的夕阳、夏日凉风吹过的庭院、旋转的黑胶唱片机、收拾干净的房间、暖黄色的木质台灯、吹干的头发、烘干的被单、睡在枕边的小猫、与挚友的夜谈、书中的银杏叶、香草味的冰激淋……当你真正决定爱上这个世界的时候，你才能完完全全地活在此时此刻，与这些美好的事物共鸣。就如同夏子晴一般，总能在平淡的生活中把每一分每一秒都过得有滋有味，永远对生活满怀热忱，永远对未来满怀期待，每时每刻都在充分地用肢体、用光影、用旋律去感知这个五彩斑斓的世界。我始终相信生活明朗，万物可爱，人间值得，未来可期，哪怕是遇到困难，也会想着："事情开始有趣起来了呢！"

若我决定灿烂，山无遮，海无拦

时值夏末，正是学生组织和社团吐故纳新的盛季。升华公寓的林荫道与二食堂前坪上满是招新的帐篷与熙熙攘攘的人群，社团成员红着脖子吆喝、食堂烟囱滚滚的烟火气、树上夏蝉的鸣叫、水泥地上蒸腾的热气，都随着肆意招摇的风飘散在盛夏里。新生们手里握着五花八门的传单，有特长者大多目标明确走向特定的社团，有同好者大多挽手并肩前往心仪的小摊，其余新生也大都在各个点位前流连忘返。夏子晴在进入大学前就已经考过了钢琴

① 本文由作者采用第三人称视角进行叙述。

与手风琴十级，寒暑假还时常前往国内外参加比赛，柜子里满满当当都是国际级、国家级与省级音乐比赛的奖杯，但是她并没有报名学校高水平艺术团，也没有选择加入音乐相关的社团，而是只身一人来到升华公寓内的士心道馆，不声不响地从零开始学习高中起便一心向往的跆拳道。她说："我很享受学习的过程，享受涉猎不同领域知识时的新鲜感，以及通过努力取得成功后的成就感，我想给我的未来创造更多的可能性。"

初次见面，道馆馆长看着眼前的小个子女生疑惑地问道："你确定要学跆拳道吗？"夏子晴答道："小个子女生也能够打得很好！"从此以后，只要是晚上和周末没课的时候，夏子晴就会穿好跆拳道服，扎好高马尾，来到道馆里练体能（高抬腿、俯卧撑、短距离冲刺等）和柔韧度（压腿、横竖叉）、学品势和拳法腿法（正拳、手刀、前踢、下压、侧踢、抡踢等）、拳腿组合打靶……每次练习结束后，豆大的汗珠顺着两鬓的秀发滑落，浸透衣物后沿着衣角在地上形成一片水洼。她说："我很享受挥汗如雨的感觉，能令我愉悦的不只有窝在懒人沙发里玩手机，更是充分调动全身心去做的有趣事情。"任由时光荏苒，她从未改变，只是从端坐在钢琴和手风琴前变成了全神贯注地在道馆里扎马步，跆拳道服的腰带也顺着白黄绿蓝红的次序飞速变化着，道馆的馆长也逐渐认可了她的实力，到了大三，夏子晴全心全力投入黑带考级之中。但生活总是充满着戏剧性转变，在一次腾空腿法特技训练中她不慎受伤，瘫倒在地上后几分钟都无法缓解疼痛坐起来，膝盖也无法伸直，她说当时满脑子想的都是："完了，完了，不会学不了跆拳道了吧。"受伤后的她，也未及时去医院，还在每天坚持为不久后的体测而训练。直到把所有体测项目考完后，她才意识到情况比想象中严重，送医检查后才发现是前交叉韧带断裂加上半月板损伤，哪怕是及时进行全麻手术，也需要支架辅助与三个月的康复治疗才能正常行走。道馆的师父在医院探望她时很遗憾地说："这种程度的伤怕是难以继续参加跆拳道训练与考级了，还是先安心治疗吧。"面对这突如其来的变故，面对3年里无数日夜的努力即将付之东流，夏子晴并没有就此沉寂下去，而是轻松地说道："跆拳道的黑带本就意味着练习者在技术动作与思想修为上不再受黑暗与恐惧的影响，哪怕在黑暗中也能发挥出自身的能力。我想，我已经通过了专属于我的黑带考试。从今往后，哪怕在隆冬，我身上也有个不可战胜的夏天。"

待到身体完全康复后，已进入研究生学习阶段的夏子晴又转入了舞蹈的学习之中，在晚霞满天的天空下、在慵懒的周末里、在清闲的寒暑假中，依旧能看到她优雅地扎着高马尾、穿着舞蹈服，一路小跑到舞蹈室中，在古典或现代的音乐中从容而舞，用肢体、音律、光影感受着生命的顽强。练好一支舞后，她总是喜欢将舞蹈视频发在微信视频号里，无论在哪，都有她起舞的痕迹。时至今日，已经有 40 余条视频记录着她跃动的身影和有趣的灵魂。这些视频只会越来越多，因为她对生活的爱如潮水，永不平息。

我爱生活，不限方式

夏子晴对生活的热爱永远不局限于在艺术领域曲高和寡、孤芳自赏，她心中更是充满着对周围的人和事的爱与关心。在练习跆拳道与琴艺之余，夏子晴也十分享受做一些力所能及的事情来为其他人提供便利。因此，从本科开始，夏子晴一直担任学生干部，团支书、班长、学院团委学生会副书记、年级长，她都做过，她曾说："2014 级辅导员陶卓敏老师对我的影响很大，我觉得陶子姐就像妈妈一样，总会及时出现在我们需要的地方，而且总能雷厉风行地满足我们的需求。这些无微不至的关怀与明晰利落的指导远远超出了辅导员本身的工作要求，她出于对学生纯粹的爱才愿意去付出这么多时间与精力。"被爱过的人也愿意将爱分给其他人，夏子晴也想和陶卓敏老师一样，为同学幸福而奋斗，为他人的幸福而奋斗，为人民的幸福而奋斗，她认为这本身就是一件幸福的事。

在担任学生干部为同学服务的过程中，夏子晴逐渐发现有效沟通、心理健康教育、心理危机处理是学生工作中非常重要的内容，为了更好地服务同学，她便把所剩不多的周末休息时间投入心理咨询相关内容的学习中，还考取了三级心理咨询师的证书。在陶卓敏老师的影响下，夏子晴从本科到读博期间，都一直将辅导员这个岗位作为有机会就想去实现的职业发展规划。她说："人是一切社会关系的总和，爱自我、爱生活与爱他人其实是一件事。"

对生活的热爱不局限于对人与事的关心，也包括对脚下这颗星球的喜爱。与大家相同的是，夏子晴同样期待能够背着相机飞往世界的各个角落，她为了方便以后出国交流早已默默准备了许久，在每天的清晨和夜晚，她都会留一小段时间给外语学习，每周周末也会去上外语补习班，如今她已经成功考过雅思，在日本语能力测试中达到了 N2 级别，韩语也达到了能够简单交流的程度。她说："不要去纠结学了这些是否用得到，所有认真学习了的东西，总会在某一时刻给予你回报。也许我不一定能走完所有说这些语言的国家，但是对我而言学习一门语言本身就是一次收获颇丰的旅行了。"

志向是做一名全面发展的、拥有马甲线的女博士生

夏子晴爱舞蹈、爱艺术、爱绘画、爱跆拳道……更爱自己所学的专业，她的志向是做一名全面发展的、拥有马甲线的女博士生。2018 年，夏子晴直博至中南大学自动化学院，主要的研究方向是直流微电网潮流解存在性及稳定性。读

研时的学习生活与本科时相比有着极大的不同，本科时只要正常上课、做实验与参加考试即可，读研后除了要努力钻研自身研究的方向以外，还需要严格落实实验室的考勤制度，并且还要承担一些科研任务。由于老师们对直博生的要求相较于一般的研究生要高，而她的理论与实践基础又没有普通的博士生牢固，再加上她所在的实验室当时只有她一个直博生，没有可以借鉴经验的学长学姐，因此科研压力较大，这让她有些不知所措。每当这个时候，夏子晴总会想起最爱她的外公，她的外公是一位抗美援朝的老兵，面对着艰苦卓绝的战争，他仍旧能一直保持着革命乐观主义精神。无论面对什么困境，他都斗志昂扬、信念坚定、敢于斗争。这让夏子晴也养成了乐观的生活态度和永不服输的精神，觉得即便是女生也能够做到很多事情。其次，夏子晴的外公一直秉持着“只要国家需要，我必全力以赴”的信念，也经常和她说要记得“不忘初心，不负人民”。因此，“为国科研”也成为夏子晴进行科研的主要动力之一。

在度过了适应期后，夏子晴终于找到适合自己的科研生活，该学习时高效学习、该运动时努力运动。她在保证科研顺利进行的前提下，用自己喜爱的方式为科研生活添加一些光亮和兴奋点。目前，她已经发表了 2 篇中国科学院一区顶刊论文(IEEE Transactions on Smart Grid)、发明了 1 项专利并且有 3 项学科竞赛获奖，以及 1 项国际会议最佳报告。她说：“论文、专利与竞赛获奖这些成果对个人而言固然重要，但我认为更重要的还是让科研成果有利于国家与人民。”

尾声

夏子晴把别人眼中如白开水一般平淡无味的生活活成了一杯无限续杯的“茶颜悦色”，每一天都是一样的充实与不一样的精彩。每天起床时，她总感到整个世界就像一个闪闪发光的礼物一样等待着她去打开，永远敢闯，永远热爱。

人物简介

夏子晴，女，汉族，中共党员，中南大学自动化学院控制科学与工程专业 2018 级博士研究生。她以专业前三名的优异成绩直博本校，在校期间获得本科生国家奖学金 2 次、博士生国家奖学金 1 次，多次获得企业奖学金、中南大学一等奖学金，并荣获湖南省优秀毕业生、中南大学优秀学生标兵、中南大学优秀学生、中南大学优秀学生干部、中南大学优秀团员及中南大学优秀团干等荣誉称号。博士期间，她以第一作者发表中国科学院一区论文 2 篇(影响因子 10.275)，国际会议论文 2 篇、国际会议最佳报告 1 次、国家发明专利 1 项，并荣获学科竞赛获奖 3 项。

46 这世界有多美，女性就有多美

控制科学与工程专业2020级硕士研究生　周冰星

勇敢表达，接纳自我

作为一名成长于中国传统家庭的女孩，我从小就被父母教导要懂事听话、细心贴心、温和矜持。我“假性”地具备许多美好品质，但我并不确定这些品质是在父母和师长的要求下“学”来的，还是自己真正“拥有”的。真实的我一直被隐藏在沉闷的衣柜里，穿着四季不变的长裤，永远是灰扑扑不显眼的颜色。第一次清晰地进行自我审视是在离开家乡、踏上开放的大学校园后发生的。

进入大学后，我鼓起勇气报名参加学院的演讲比赛，在朋友的鼓励下一遍又一遍地改稿、练习、听录音，调整语速和节奏。我的演讲稿背得熟练到形成了条件反射，无须思考就知道接下来该说什么。然而到了比赛当天，我站在台上却感到了前所未有的紧张，几乎忘记了呼吸，盯着最后一排的观众，语速变得飞快，甚至三番五次停顿，每次停顿的两三秒钟漫长又寂静，而我的心跳声就像擂鼓敲响一样震耳欲聋。这种紧张甚至恐惧的状态在之后的数次演讲比赛中反复出现，虽然充分准备后每次比赛我都取得了不错的结果，甚至获得了几个校级奖项，进入了校演讲队，可我却仍然害怕公众的目光。但是，在经历了演讲队的 2 次培训之后，我开始转变，变得更加坦然自信，更加独立自主。

演讲队每周进行一次队训，队长会布置主题，引发大家思考如何从不同角度展开演讲并进行讨论。我深受震撼，因为每个人都各具特色，有活泼幽默的人，也有像我一样内向瑟缩的人。然而没有一个人是沉默的，他们有自己的脾气和态度，即使面对一个普通的命题，他们也能迸发出引人注目的火花。每个人站在台前表达观点时都在闪闪发光。

在领悟这一点后，我开始培养自己思考的习惯，审视生活，也审视自己。我把敏感的触角向内收，认真地感受自己的想法，抽丝剥茧般将自己的真实感受从各种期望和要求中剥离出来。我发现自己并不是因为觉得方便而穿长裤，相反我更羡慕翩翩的裙摆和明媚的色彩；我也并不是木木讷讷只会跟风，我还有许多创造性的观点；我更不是安静矜持的人，相反我笑点很低、爱啰唆。在别人问我今天想吃什么、想去哪儿玩、觉得哪件衣服好看时，我不再脑袋空空地回答："随便，都可以。"当我开始尊重自己的想法，我才发觉与人交往是那么愉快。大声表达感受是被允许的，我的朋友们也各有各的可爱，即使我们因意见不合争执了、生气了，真挚的友情还是像一根绳，把我们牢牢地牵在一起。

我成长的过程中规矩更多、要求更严格。我们一方面要感谢父母精心的培养，另一方面也要学会在条条框框中找到自我，学会独立思考和勇敢表达，不仅是言语上的，更是精神上的。我们应学会接纳自己，不管是优点还是缺点，都允许它们被看到。一个女孩没有什么好遮遮掩掩的，因为自尊自信本来就很美丽。如同冰心所赞美的那样："世界上若没有女人，这世界至少要失去十分之五的'真'，十分之六的'善'，十分之七的'美'。"

保持热爱，奔赴山海

进入研究生阶段后，我有幸参与央视百集纪录片《红色档案》宣推高校采访的拍摄。再一次面对镜头，也许是年龄增长了我的勇气，我竟发觉自己坦然了许多。受到一同拍摄的学长的鼓励，我向陶卓敏老师自荐参加学院2021届毕业生晚会的主持。面对这一新的挑战，我从零开始，练气息、读绕口令、做口部操、健身塑形，摆脱了忐忑焦虑，向目标前进的过程是愉悦的。当做足了准备，站在台前面对数百人的目光，我不再胆怯，反而感到充满了力量，那是一种经过锤炼沉淀后胸有成竹的力量。

此后，我参与了自动化学院与岳麓山大学科技城管理委员会、共青团岳麓区委员会联合主办的"青春向党"麓南青年说暨《我们的青春》新书发布会的主持工作。我认真读了书中收录的67位榜样学子的故事，为优秀青年代表撰写介绍书。我也有幸主持了上海广播电视台《光荣与梦想》红色行走活动长沙站，并作为爱晚亭和肖劲光铜像纪念园的讲解员。主持中南大学"九一八"专题纪念活动的时候，在正式活动前一天彩排时，校团委书记提出我的音色过柔，并不适合肃穆悲壮的活动色彩。但由于时间紧来不及更换主持人，校团委书记再三强调主持人开场必须把观众带入沉重的情感氛围，否则之后的默哀和红色故事宣讲也难以引起共鸣。抱着不能因为我个人影响整体效果的决心，我在活动现场反复练习到深夜，不断听录音，调整音调、语气和节奏。直到说出第一句“现在是2021年9月18日9点18分”时，满腔山河破碎国土沦丧的悲愤冲破我的喉咙。我听到自己的声音通过话筒和音响放大、回荡，已不用顾虑音色如何，辱国之痛、爱国之情一经点燃，势将燎原。

无论是毕业晚会上露出八颗牙齿的笑容，还是“九一八”专题纪念活动时的呐喊，都是真实、生动的。我的主持技巧很弱，声音条件也并不好，可我相信饱满昂扬的主持状态会有感染观众的力量。我始终非常感激学院老师的信任，让我有幸以主持人的身份参与一些意义重大的活动，这给了我挑战自我、突破自我的机会。因为对我来说，演讲、主持都是一种勇敢的表达，使我能够坦然接受注视与审视，也正确对待好或坏、公正或偏颇的评价。我想每个人都要有这样的机会，去找到一个对自己来说感兴趣且愿意一直去挑战的事物，无论是运动、科研、文艺、烹饪还是其他事物，如同东野圭吾所说“闭上眼睛，好好回想之前的努力，自信会喷涌而出”，最终会绽放出独特耀眼的光芒，这世界有多美，女性就有多美。

董卿在《朗读者》节目中说过这样一段话：“女性的眼睛，既可以温柔地注视痛苦，也可以锐利地俯瞰繁华；女性的双手，既可以烹饪出美味，也可以指挥行进中的船只。女性，可以在艺术中浸润出一份修养，也可以在科学中历练出一种风度。既宜家宜室，也为国为民，无数女性自由辽阔的灵魂在伊人的精神版图上探索着美的边界。”女孩们，我们最缺少的是具有理性的勇气，是拥有见识后的坚毅与谦逊，是对自己内在特质的接纳认同，是清晰的逻辑与拿得起放得下的洒脱。你是否意识到，你到底有多优秀，到底有多美？

人物简介

周冰星，女，汉族，中南大学自动化学院控制科学与工程专业2020级硕士研究生。她本科就读于合肥工业大学，保送至中南大学攻读硕士研究生，曾担任自动化研究生会主席、学术部部长及中南大学校研究生常任代表。她对演讲和主持充满热情，本科期间参加过十余次演讲比赛，并6次获得校、院级荣誉，成功入选合肥工业大学演讲队。在攻读硕士研究生期间，她成功主持了中南大学自动化学院2021届毕业生晚会、上海广播电视台红色行走活动长沙站及中南大学“九一八”专题纪念活动等重要活动。

47 因为坚持，所以热爱[1]

电气工程及其自动化专业2018级本科生　杨子腾

一日一钱，十日十钱。绳锯木断，水滴石穿。杨子腾用行动告诉我们，不是因为热爱而坚持，而是因为坚持而热爱。他说："以前以为坚持就是从不动摇，后来才知道其实坚持之中自有动摇，但是在反复动摇中会对心之所向更为清晰，直到真正明白自己所爱。"

因为坚持，他与二胡结下了不解之缘。初次相遇时，五岁半的他还没有二胡的琴杆高，更拿不稳二胡，需要母亲站着为他扶着琴杆才能跟着老师学。枯燥的练习融入了杨子腾的生活，他每天七点钟起来，七点半就开始练习二胡，每周上一次课。起初他并不想学二胡，不知道因为赖床和母亲争吵过多少次，不知道因为练习不佳被要求重练过多少次，更不知道因为疲惫一个人哭泣过多少次。初二时，他考过了二胡专业十级，手也因为长期练习磨出了与年龄不符的老茧。"这个时候我还不喜欢二胡"，他直言道。

后来，杨子腾意外得到一次去韩国参加比赛的机会。对他而言，那其实相当于一次半旅游性质的比赛。他小时候因为贪玩，并没有把那次比赛放在心上，反而被国外各种新奇的事物所吸引，所以没有取得令自己满意的成绩。在参加完韩国比赛后不久，他又奔赴桂林参赛。吸取了上一次比赛的教训，他这一次尽可能让

① 本文由作者采用第三人称视角进行叙述。

自己专注于比赛之中，但所获奖项也没有达到他的期望。他认为自己不够努力，应该沉下心来继续积累基本功。高三时，他选择成为一名二胡艺术生，并跟着当地一名二胡演奏家学习。最后他如愿考上了中南大学，成为第 18 届高水平艺术团中唯一的一名二胡手。他在学习二胡的时候未曾想过二胡能给他带来什么，可没想到坚持到最后，二胡竟然给他带来了如此意想不到的机遇。从一开始被家里逼着学二胡，到把练二胡当成了每天的习惯，再到用二胡助力自己的读书梦，最后到真正享受二胡的整个心路历程中，杨子腾感受到了坚持的力量。

因为坚持，他找到了真正热爱的东西。他热爱二胡的声音。每一个乐器都有它的灵魂，就像一壶茶，入口虽苦但回味无穷，让人欲罢不能。当你经历过枯燥的手法练习，才能走进那音符之门感受奇妙音乐世界的魅力。漫长、高亢、执着，这就是二胡声音的魅力。二胡一根琴杆顶天立地，两根琴弦连接东西；内弦如男人，沉稳雄厚；外弦如女人，高亢明亮；在阴阳的融合中演绎着天地的绝唱。将情感融入二胡的演奏之中，闭眼想象的音乐世界便有了不一样的色彩和氛围。拉二胡就好像画家绘画、读者读诗一般，虽是一处景，但落笔之处却不同，虽是一句诗，但心中所想却有异，每一次演奏都是与音乐的一种交谈，当音乐停时，那被激活的意象还和着芬芳绵绵不绝相印于心。二胡深情而执着的音色伴他一路从童年走来，因为二胡，他变得更加沉稳坚毅了。

他很感激教授他二胡的启蒙老师。杨子腾五岁半时，他的启蒙老师就已年过花甲，陪他一路走来，老师的身体已经远不如从前了。为了预防老年痴呆，老师到现在还在带学生。现今，杨子腾每次回家都会去探望老师，并在寒暑假期间抽时间去老师家当助手。他看到那些手法生涩的小孩就仿佛看到了小时候的自己。坐在一旁的老师用很欣慰的眼神看着他们，仿佛看到了自己教杨子腾的影子。杨子腾说道，“在我一岁的时候我爷爷就走了，老师就像我爷爷一样，一直以来就是一名很温暖的长辈，非常随和、慈祥，即使我再调皮他也不会怪我。”因为二胡，他收获了一份亲情。

他热爱中南大学的民乐团。杨子腾因为自己的二胡演奏能力和爱交朋友的性格被推举为二胡声部部长及民乐团副团长。总有人会问他选择担任副团长的理由，他的回答也总是：“一部分是因为喜欢音乐，另一部分是因为有很多非常要好的朋友，一起排节目，准备演出，会十分有动力。”因为二胡，他结交了许多朋友，也找到了一份归属感。

因为热爱，他收获了属于自己的荣耀。“不经一番彻骨寒，怎得梅花扑鼻香。”杨子腾拿着他的二胡从皑皑白雪中走来，他的身后已留下阵阵花香，一路生花　路歌，他的笑颜逐渐绽开。

他拿着二胡在中南大学自动化学院第一届“艺往无前”风采大赛中荣获第五名。记得那一次他演奏的曲目是《无羁》，山高水远，又闻琴响。让听者感受到《陈情令》中的主人公们历经种种苦难艰险，却依旧保持初心，维护天下安定的心境。“煮一壶生死悲欢祭少年郎，明月依旧何来惆怅，不如潇潇洒洒历遍风和浪，天涯一曲共悠扬”，流淌如水的弦声配上他的身姿和神态，在柔情之外更显优雅，也让听众和评委老师纷纷感受到了《无羁》传出来的那一份侠义精神。

上大学以来，最令他感到光荣的是他和其他民乐团的伙伴们一起在湖南省第六届大学生艺术展演活动中获得一等奖，而且是特别提名奖。他回忆道：“最有成就感的时刻，大概就是音乐会落幕之时。我们将整个学期的努力极力在一个半小时内呈现出来。哪怕我只是一个乐团里面微不足道的一员，但是如果没有一个个成员的参与，没有一点点声音的汇集，也不会有如此令人震撼的演出效果。为了自己喜欢的事情去奋斗，最后获得了演出时的座无虚席与阵阵掌声，这就让我很自豪。”

他发现原来每一分努力都有用处，每一滴汗水都会开花，每一分坚持都会结果，而那果实之中最珍贵的东西叫作热爱。当有身边的朋友问道：“你毕业之后还会从事二胡相关的工作吗?”杨子腾总是摆摆手说道：“不会了。但我无论去哪一定会带着它，因为我知道，我已经离不开它了。”因为坚持，所以热爱，而热爱可抵岁月漫长。杨子腾用实际行动传递着青春的正能量，愿我们每一个人都能有属于自己的坚持与热爱，陪我们度过漫长岁月！

人物简介

杨子腾，男，汉族，中共党员，山东济宁人，中南大学自动化学院电气工程及其自动化专业2018级本科生。本科期间，他积极阳光，乐于交友，努力把每天都活得丰富多彩而有意义。他曾获中南大学三等奖学金，大二至大四期间担任班长。他在兼顾学业的同时作为一名出色的二胡手活跃于中南大学高水平艺术团之中，大一任中南大学民乐团二胡声部部长，大二任民乐团副团长，多次参与重大演出活动。

48 蓦然回首，那人却在灯火阑珊处

智能科学与技术专业2019级本科生　陈启源

王国维先生在《人间词话》中描述人生的三重境界时说道："昨夜西风凋碧树，独上高楼，望尽天涯路"此为第一境；"衣带渐宽终不悔，为伊消得人憔悴"此为第二境；"众里寻他千百度，蓦然回首，那人却在灯火阑珊处"此为第三境。资历尚浅的我不敢自称已经对这三重境界大彻大悟，但在与音乐相处的二十余载时光里，也可以说是窥见了一些皮毛，有了一些感悟。

初入此门，经历前两重境界

不知是受社会大流给孩子报名兴趣班的影响，还是出于想给儿子多培养些兴趣爱好的初衷，父母把还在上幼儿园的我送到了兴趣班学习演奏电子琴。那时还不懂事的我不懂得如何欣赏音乐，更不知晓如何靠音乐传递情感，只知道指尖在黑白琴键之间跳动后，眼前的这台机器会发出不算难听的、有节奏的声响。在老师的不断引导下，我也算是望到了演奏乐器的道路。随着对电子琴认识的加深，我已能将独立的音符组合成连贯的旋律，但是长时间枯燥无味的练习使我对眼前的电子琴心生怨恨。孩子终究拗不过父母，我只能在父母的要求下硬着头皮练琴，二级、四级、六级、八级……一本本证书被领回家里，看着电视里的音乐家们精彩绝伦的演出，我也只能麻痹自己，想着或许有一天我也能登上舞台，享受观众的崇拜与敬意。回想起当年为追寻这小小的梦想，也颇有些"衣带渐宽终不悔，为伊消得人憔悴"的味道。但是随着年纪的增大，学业越来越繁重，我只能慢慢放弃这一项作为兴趣培养的乐器演奏，将重心转移到学业上去。

步入大学，重拾儿时爱好

随着高考的结束，我也如愿以满意的成绩考入中南大学。以成年人的身份踏入大学的校园，独立的生活与陌生环境所带来的新鲜感让我对一切都充满了兴趣，课余时间的增加也让我开始关注一些课外活动。

在一年一度的社团招新“百团大战”中，我在新校区排球场的众多帐篷内瞥见了 Erase 音乐协会。这个包容不同音乐种类的社团让我想起了我在日常生活中对轻音乐、交响乐、嘻哈乐等音乐种类的喜爱，也让我想起了曾经的我为演奏乐器付出了很多时间与汗水。我毫不犹豫地填好了报名表，期待加入这个用爱发电的大家庭。

在这里，我认识了很多同样热爱音乐的同学，在我们的共同努力下，我们举办了很多校园音乐活动。在晴朗星空下的南校区操场，我们用手中的吉他和指下的琴键弹奏出悦耳的旋律，唱着同学们耳熟能详的歌曲，给路过的行人扫去工作或学业带来的疲惫，带来片刻欢愉；在我们参与或策划的校外大学生音乐活动中，我们自己组成的乐队演奏着原创作品，向社会传递着中南大学的音乐之声；在各个学院的活动舞台上，我们或穿插热场，或送别毕业的校友。在这段时间里，我慢慢学会了吉他的基础演奏，也在朋友们的帮助下学会了许多演唱的技巧，我的音乐素养在时间的沉淀下逐渐提高，同时还了解了组织好一场音乐活动所需要的要素与事项。终于，在成员们的投票选举下，我从一名普通的成员成了协会副会长。

当上协会的主要负责人之一意味着要担起更大的责任，也要更好地协调部门成员间的配合关系。在校团委的帮助下，我们开始了校园音乐节——Erase 专场晚会的策划。作为一个完全由自己策划，在南校区礼堂举办的大型音乐活动，我们用半年时间来详细勾画了一场视听盛宴的蓝图，联系设备租借、组织节目排练、设计宣传海报……每一项任务都是全新的挑战，但是在和成员们的配合之下，这些困难一一解决。最终在 2021 年 5 月 22 日的夜晚，南校区大礼堂如约举行了独具中南特色的音乐会。看着台下挥舞的荧光棒与此起彼伏的掌声，我明白了曾经刻苦准备的意义。演出的过程难免会有失误，但是用心准备的节目背后蕴含了同学们的热爱，也散发着他们舞台梦想的光辉。最后，会歌《夜空中最亮的星》响起时，看着全场的灯光，我感受到了追寻热爱的快乐，感受到了“众里寻他千百度，蓦然回首，那人却在灯火阑珊处”的美感。

专场演出结束后，演出的成功让我在五四评优中获评“优秀社团干部”的荣誉称号，在 Erase 的工作也算是告一段落，然而，我对音乐的热爱依然不减，也将保持这份热爱继续走下去。

寻光计划，用音乐传递爱

“寻光计划——音乐助力视障儿童”（以下简称“寻光计划”）公益活动，令我对音乐有了更深层次的了解。这是针对长沙市特殊教育学校里视力障碍儿童所发起的一项公益活动，志愿者们通过吉他教学的方式走近这一特殊儿童群体，让音乐陪伴他们，也让他们从内向慢慢变得愿意在陌生人面前演出。上帝或许关上了他们的一扇窗，但他们也因此对音乐更加敏感。

记得第一次走进“寻光计划”教室时，我和小朋友们一样有些紧张。我负责的是一个内向的小朋友，刚开始和他交流时他总是一言不发，我也只能在尴尬中开始了吉他的教学，当我演奏结束时，他表现出了前所未有的热情，不断询问我和弦的排序与指法，他一次又一次地练习并乐此不疲，音乐上的交流拉近了我与他的距离。随着一次又一次教学活动的开展，我和他从最初的相视无言，变成了无话不谈。他给我分享了许多他的日常生活和爱好，我也给他述说了我的见闻与收获。是音乐拉近了两颗陌生的心，也是音乐让他变得不再自卑，获得了更多来自这个世界的信息，体会到了这个世界的美好。

我感受到了音乐所能释放出的巨大力量，音乐为这些视力障碍儿童开启了一扇窗户，让他们有更丰富的途径去欣赏这个世界。音乐给他们带来了快乐，也带来了自信，音乐帮助他们改变了性格，让他们愿意表现自己、展现自己，而不是封闭自己陷入自卑。同时，原本以弹吉他作为爱好的我，也从未想过除表演以外，音乐还可以给他人以力量，丰富他人的生活。当看到视力障碍儿童在我们面前开心地歌唱，我明白自己曾经的努力不只是在提高自己的能力，也是在不知不觉中向身边的人散发出能量，或多或少地激励着他人向着更好的生活前进。“寻光计划”是一个充满诗意的名字，黑暗里一定要有光芒照耀，如果我背上吉他，能用旋律领着黑夜里的小朋友走向快乐与光芒，那音乐就不是寂寞的烟火。纵使有一天，我将离开这项公益活动，但我知道会有更多的志愿者到来，直到汇聚成一团焰火，足够在长夜里点亮很多颗星星。

在追寻自己热爱的音乐的道路上，我慢慢领悟了王国维所言的人生三重境界的意义。最初，我们踩在无数前辈的肩膀上，隐隐约约看见路的尽头是自己所期望成为的光芒万丈的巨人。我们义无反顾地踏上了这条路，虽筚路蓝缕，但仍风雨兼程。终于有一天，当我们气喘吁吁地停下脚步，回首望去，发现路的起点也有人在踮起脚尖眺望着你，而你已成为他眼中那个光芒万丈的巨人。

人物简介

陈启源，男，汉族，中南大学自动化学院智能科学与技术专业2019级本科生。他在校期间担任Erase音乐协会副会长，是“寻光计划——音乐助力视障儿童”公益活动的长期志愿者，获评2021年中南大学“优秀社团干部”，多次参与Erase音乐协会主办的活动并担任策划与宣传工作。

49 宁可一思进，莫在一思停

自动化专业2019级本科生　茅艇峰

初遇

与钢琴的邂逅，是我人生中最幸运的事情。它的出现，使得我的日常生活不再有无所事事的空虚感，也使得我能在迷茫混沌时找到抚慰的良药。在古典音乐的熏陶下，在挥汗如雨的练习中，我的个性和气质也潜移默化地受到了影响。

六岁的我，还是个对吃喝玩乐充满好奇的孩童。在钢琴之路上，我的父亲是我的引路人，他带着我来到少年宫时，多彩的兴趣班让我一时有些不知所措。就在此时，从钢琴班传来了清脆悠扬的琴声，我立即兴高采烈地跑过去想要一探究竟。看到我这样热情，父亲下定决心让我学习钢琴。然而，钢琴老师却看着我和我的父亲笑道："你孩子太小了，这么早就来学琴吗？孩子的手看上去也比较小，学琴会比较吃力，不一定适合弹钢琴。而且学钢琴费用也较高，你还是认真考虑一下吧。"我躲在父亲身后怔怔地望着他。我虽然已经不记得父亲和老师争取了多长时间，但是记得回家后父亲语重心长地对我说："我们千万不要顾忌自己先天的一些劣势，想做一件事，就要专注去做，做到最好，绝不能放弃。有了这份决心，什么事情都难不倒你！"

艰辛

在父亲的陪伴下，我每周都来到少年宫与三十多位同学一同上课。我们一起学习弹琴的指法、手形、乐理知识。对于六岁的我而言，这些东西显然不是易于掌握的。然而，父亲却一直鼓励我，回家后坐在钢琴旁边监督我练习，并为我讲解难点，甚至上网查找视频教学材料……整个过程，对于当时的我而言，确实是一种煎熬。枯燥的乐理知识与频繁的弹奏失误，逐渐使我失去了耐心，我经常发脾气，不想继续练习。而此时，父亲扮演着严父的角色，责骂声、哭声及断断续续的琴声几乎每天都会从我家传出。时间一长，我也逐渐习惯了每天坐在钢琴前练习的日子，不再需要父亲的催促才开始练习。弹琴的过程变成了享受而非任务。每当我克服了一个技巧上的难点，或者成功完成一首曲子的练习，心中就充满了满足感和幸福感。最终，我成了班里唯一一个坚持到最后并顺利考过十级的学生，也迈入了学习钢琴的新阶段。

绽放

在将近六年的学琴过程中，我的恩师杨老师渐渐发现了我的潜力，便开始为我介绍各种演出和比赛的机会。那时市里每年会举办顶级的钢琴比赛，全市的琴童都会参加。初出茅庐的我为了抓住这次机会，选择了极具挑战性的高难度钢琴曲——《钟》。

对于钢琴曲而言，技术上的难度仅仅是第一个层面的障碍。如果想要在众多竞争者中脱颖而出，还需要弹出自己的特色。那段时间，我翻阅了各种音乐资料，向各位音乐老师寻求指导，最终形成了自己的体会。

为了演奏好它，我充分发挥自己的想象力。在舞台上，我仿佛在欣赏一部电影，我的每一个音符都仿佛在吟唱："活在自己的世界里，我一点都不明白，一切都可能实现，只要你勇于冒险；我从不相信，不是亲眼所见之事，我从不敞开心门，迎接任何可能性。"我花了好几年的时间去体会与完善《钟》这首曲子，我会带着破除万难的气势去演奏其中的激昂之处，因为我想要钟为我而鸣。人是需要挑战的，需要不断去开拓自己的领域，很多时候不是自己不行，而是缺乏这份自信。

最终，我的演出获得了全场评委老师的赞叹。我也因此在家乡获得了许多关注，参加了更多的演出与比赛。

前行

经过那几年对钢琴曲音乐性表达的探索，我不仅提高了自己的钢琴演奏水平，更坚定了自己的人生观与价值观。我将"宁可一思进，莫在一思停"作为座右铭，意为永远保持勇气，坚定走自己的路，绝不停滞。我带着这份信念来到中南大学后，做任何事都以此要求自己。

我毫不犹豫报名了自动化学院第一届“风采大赛”，再现了自己喜欢的《钟》，并且拿到了三等奖。除此以外，为了获得更多的锻炼机会，我加入了中南大学升华合唱团，第一次尝试合唱团钢琴伴奏的角色。在合唱团的日子里，我不仅提高了自己的音乐鉴赏水平，更发现了自己在钢琴演奏方面还有许多问题需要克服。在大一学期末，我有幸参加了梅溪湖大剧院新年音乐会和长沙市音乐厅新年音乐会的演出，得以一览一些知名音乐家的风采。

很多人问我，学好钢琴是否真的需要天赋。在我看来，天赋只是决定一个人是否能够进入更高水平艺术殿堂的条件，而对于我来说，我没有很好的天赋，有的只是一份热爱与追求。所谓热爱，我不敢说我弹琴时的每一分每一秒都是快乐的，但是至少有80%的时间是。这就是我能一直弹下去的原因。在无数次聚光灯的照耀下，在无数次台下经久不息的掌声中，在15年的弹琴生涯中，我体会到了弹琴带来的满满的幸福感和成就感。正如作曲家海顿曾说过：“艺术的真正意义在于使人幸福，使人得到鼓舞和力量。”

学习任何乐器，都要明白不进则退的道理。一个人没有持之以恒的毅力，没有想要完成自己作品的决心，哪怕每天重复着练琴的日常，水平还是会倒退。我希望自己能够永葆这份热爱与追求的心态。弹钢琴已经是我生命中不可或缺的一部分，我不会放弃。不管将来从事什么行业，面临多大的困难，只要我能找到一架钢琴，我的心就会静下来，我就能感受到自己的力量，并永远走下去。“宁可一思进，莫在一思停”，这是学习钢琴带给我的人生智慧。

人物简介

茅艇峰，男，汉族，中共党员，中南大学自动化学院自动化专业2019级本科生。他多次获得国家奖学金、企业奖学金、中南大学特等奖学金、中南大学一等奖学金，并荣获中南大学优秀学生、中南大学优秀团员等荣誉称号。他在兼顾学业的同时，主动参加多个学生组织的学生工作，担任了自动化学院本科生一支部副书记、自动化学院朋辈心理互助会副会长等职务。

50 背上提琴去远方[①]

自动化专业2019级本科生　宋珩衍

她因为热爱指尖在指板上跳跃、琴弓在琴弦上飞舞的感觉，自幼与小提琴结下了不解之缘。经过数千天如一日的训练，她终于能够在抬手间勾勒出韵律之美，那如溪水般平静、清甜、持久的快乐也萦绕在心间。宋珩衍是一位恨不得小提琴不离身的女生，她用自身经历告诉我们：因为有爱，辛苦也是快乐的。

五岁时，她偶然瞥见少年宫窗外的小提琴，被其发出的美妙声音所吸引。于是，在她的坚持下，父母给她买了一把小提琴，并担任起“家庭音乐总监”的角色。从此，她开始了拜师学琴的道路。然而，这条路并不容易，她的手指因为按弦而长出茧子，她的手臂和脖子因为长时间的练习而酸痛。初学者的琴声毫无美感可言，在不断被父母指出错误并要求重练时，她常常一边哭一边练习。曾经，她眼泪顺着下巴流到琴板上再滴到地上。虽然劳累，虽然自己拉出来的琴音不好听，但她仍然坚持了下来。因为，努力终会有回报。每当她成功地掌握了一项新技巧，或者将一首曲子的难点攻克，幸福感总会弥漫在她的心田。渐渐地，她一路披荆斩棘，不断提升自己的技艺，也越发热爱小提琴。六年级时，她通过了小提琴十级的考试。

在学琴的道路上，父母和老师是宋珩衍的领路人。面对日复一日的练习，她也曾有过放弃的念头。然而，父母和老师帮助她

① 本文由作者采用第三人称视角进行叙述。

重拾信心，渡过难关。刚开始学琴时，她由于爱玩，很难专注于练琴，每次都被父母变着法哄回来。长大后，随着训练的技巧变得越来越复杂，她经常感到挫败，即使很努力地练习也不能掌握技巧。幸好，她的老师会在课堂上悉心指导她，用易于理解的语言解释、用循序渐进的方法教学，并鼓励她不要气馁，要坚持练习。现在回想起来，她仍对恩师充满感激，逢年过节时总会和父母一起去看望恩师。

在学琴的道路上，小提琴为她打开了一扇文化和艺术的大门，除了技巧，更是眼界和胸怀。从巴洛克时期的巴赫、亨德尔到20世纪的勋伯格，几百年的艺术历史画卷在她面前展开。从欧洲的歌剧到中国的《梁祝》，世界各个角落的风土人情一一展现在她的眼前。通过聆听和演奏小提琴曲，从每一处细节、每一段旋律中，她都能有别样的收获。当身边的朋友问她是否以小提琴为专业时，她总是摇头。她将小提琴视为一项爱好，深知一旦爱好变成职业，它就会与生计、金钱挂起钩来，那么快乐和幸福也就不那么纯粹了。如今，她仍怀揣这份单纯的热爱，乐此不疲。

她很享受和朋友们一起演奏的感受。她说："重奏和独奏是不一样的。在独奏时，你可以随心所欲地表达自己对音乐的理解。而在重奏中，你需要和搭档合作。每一个气口、每一处强弱的处理、每一处速度的快慢都要做好配合。我很享受这个沟通和磨合的过程。与朋友沟通时，我们总会交流各自对音乐的理解。这种思想的碰撞总是能让我受益匪浅。"与同伴的交流合作，不仅加深了她对音乐的理解，更让她结识了一群志同道合的好友。

进入中南大学之后，她了解到校团委交响乐团这个组织并申请加入。经过团队考核，她成为第一小提琴声部的成员。初来乍到的她还不太适应新身份的转变，以往都是一个人独奏或少数几个人演奏，如今却要加入一个几十人的团队作为一颗螺丝钉来演奏。作为乐团的一员，为了达到整齐划一的效果，她需要严格遵守谱面的要求，并遵照指挥的手势来演奏。一开始她还不习惯，总是在合奏中"冒头"，也就是脱离大部队的节奏。因此，在排练时，她经常被指挥点名批评，导致她心理压力很大，甚至在排练的时候只敢轻声地拉琴，以免破坏乐团的合奏。

后来，她下定决心要提升自己作为乐团小提琴手的业务水平，不再拖乐团的后腿。在部长的指导下，她每次都会提前练习，学习交响乐团的各种规矩。在排练时，她积极地向身边的老队员请教，将自己的谱子标注得密密麻麻。经过不懈努力，她终于逐渐融入了团队。在这里，她与交响乐团的成员一起排练了很多古今中外的乐曲。最令她心潮澎湃的一首乐曲是丁善德谱曲的《长征交响曲》。这首交响曲描述了1934年10月中央红军主力从福建长汀、宁化和江西瑞金出发，于1935年10月胜利到达陕北根据地吴起镇的中国革命史上的艰苦岁月和光辉历程。宋珩衍说："红军一路长征，局势的不同，风土环境的不同，各个乐章的音乐风格也有所不同。每次演奏这首交响曲，我的眼前仿佛出现了红军长征的画面，仿佛自己也跟随红军一起走过了漫漫长征路，拨开云雾，见到胜利的光明。"

在交响乐团期间，最令她感到光荣的是她和交响乐团的伙伴们一起参加了第六届大学生艺术展演活动并获得了一等奖。比赛前三个月，乐团全力投入备赛中，每次排练他们都只练习《长征交响曲第五乐章》，反复打磨每一个音符。虽然备赛的过程枯燥而辛苦，但是不论是指挥老师还是演奏者，都铆足了劲想要为中南大学争得荣誉。她回忆道："最有成就感的时刻，大概就是在成都城市音乐厅比赛的舞台上，完美地结束最后一个音符之时。整个学期的努力都在这几分钟之内呈现出来，不论是舟车劳顿的疲惫，还是备赛的紧张，都一扫而空。虽然我只是乐团中的一个小人物，但是如果没有一个个成员的倾心参与，没有一点点声音的汇集，也不会有这样的演出效果。"最后，中南大学交响乐团得到了一等奖。在得知获奖消息的时刻，宋珩衍十分平静，因为在她看来，这份荣誉对于乐团来说实至名归。对她而言，这次比赛的经历，更是她人生中一抹别样的色彩。

如今，她在繁忙的学业间隙仍然钟情于拉小提琴。无论将来去往何方，她都会带上自己的小提琴。小提琴陪伴着她度过了童年和青年，也将继续跟随她走向人生更远的地方。

人物简介

宋珩衍，女，江苏人，中南大学自动化学院自动化专业2019级本科生。她曾获得中南大学一等奖学金、中南大学优秀学生；曾随中南大学交响乐团参与第六届全国大学生艺术展演并获得一等奖。

51 音乐是我的天使[①]

自动化专业 2019 级本科生　贺坤泽

在音乐的道路上，勿忘心安

贺坤泽将音乐视为生命中不可或缺的一部分。他说："我在音乐上的每一次尝试，都是为了尽可能表达它所能够带来的内涵。在这条路上，我是一个寻觅者。"

他初次与音乐相遇，是在电视上看到诸多优秀歌手的演出及听到一些耳熟能详的钢琴曲。在感受过音乐的美妙后，他便在心里种下了一颗音乐的种子。音乐融入了贺坤泽每一天的生活，他几乎每天起床就要放上音乐，从古典到流行，从爵士到摇滚。他妈妈非常喜欢唱歌，他爸爸经常弹吉他给妈妈听，在这种氛围下，他也非常喜欢音乐。当然，只是听音乐已经慢慢不能满足他了。他开始学着唱歌，由于拥有比较好的乐感，学起音乐来也非常轻松。从小学开始他就有了许多表演机会，每次学校重大文艺会演都能看到他的身影。当然，那个时候的他还很稚嫩。

贺坤泽说："每次听见悠扬的声音从乐器中涓涓细流般涌出，我都会被优美的旋律所触动。如果我也能演奏出这般美妙的声音那必然是极其有成就感的事情。"上了初中以后，他开始有意接触乐器。但是由于学业繁忙，他根本无法抽出时间去学习喜欢的乐器，所以也只能通过唱歌抒发感情。同时，初中时期经历变声期，很多从前容易唱的歌变得无力驾驭，这让他非常苦恼。他认为是

① 本文由作者采用第三人称视角进行叙述。

自己的努力还不够。山外有山，人外有人，自己应该沉下心来继续练习基本功。

高中时，贺坤泽选择了学习声乐及钢琴。后来，他如愿考上了中南大学，并成为高水平艺术团的办公室主任。在艺术团，他认识了很多专业的老师和有才艺的同学，并且进行了许多次音乐上的交流。同时，他也获得了许多机会去听各个分团的专场音乐会演出，从合唱到交响乐，从管乐到民乐，从舞蹈到曲艺，一切与音乐有关的艺术他几乎都体验到了。每次做艺术团的工作时，他都可以得到艺术的熏陶。

在音乐的道路上，热爱支撑前行

贺坤泽热爱每一种乐器的声音，因为每一种乐器都有它独特的灵魂，就像一壶茶，入口虽苦但回味无穷，让人欲罢不能。当你熬过枯燥的手法练习时，才能走进那音符之门，感受奇妙音乐世界的魅力；并且，还能将情感融入乐器的演奏之中，让听者闭目沉思，想象出不同色彩和氛围的音乐世界。

大学刚入学不久，贺坤泽便加入了中南大学最大的两个音乐协会——Erase音乐协会和吉他协会。在中南大学，他遇到了他的音乐伙伴，也可以说是他的知己。尽管来自不同学院，但对于音乐，他们怀有同样深沉而炽热的爱。所以，他们没有多想，一拍即合决定共同组建人生中的第一支乐队——SEEK乐队。乐队成立得比较仓促，没有经过长时间排练，他们便开启了乐队的首演——“自动化风采大赛”。因此，他们对自己的表现都不太满意。

从第一次表演开始，贺坤泽便担任了乐队主唱和队长的角色。每周，他都在固定时间带领团队进行排练，空余时间则学习吉他。从一开始不熟悉电子乐器，到自主调节电吉他、电贝斯、控制台，他乐此不疲。他说道：“很多新奇的东西不断冲击着我，我才发觉自己真的很渺小，曾经学到的音乐知识也完全不够用。”他一如既往地认为音乐是他赖以生存的氧气。终于，在第二年的“自动化风采大赛”上，SEEK乐队拿到了亚军的好成绩。

贺坤泽热爱自己的乐队和音乐。在学习完声乐、钢琴及吉他之后，他又对贝斯产生了兴趣。在无数次请教乐队的贝斯手，加上自己辛苦的练习后，他可以弹出简单的伴奏了。假期里，他不再只是简单地学习一些吉他和弦，而开始接触乐理知识，学习吉他中较难的一种演奏——指弹吉他。当他能够完整地弹好一首他喜欢的歌曲时，他觉得一切都是值得的。

其实，学习的过程并不轻松，他的手指都起了厚厚的茧。由于没有系统地学习“爬格子”，他的手指灵活度并不高。但是他忍着痛苦，一次又一次尝试，一次又一次挑战。他用了接近二十天的时间才完全学会第一首指弹，之后的学习便如鱼得水，非常顺利地学习了第二首、第三首……对音乐充满热情的他还开始接触和声知识，了解歌曲构成原理，自学口琴。至此，声乐、吹管乐器、弹拨乐器、打击乐器、拉弦乐器他都有所涉猎，这为他后来写出自己的第一首歌奠定了扎实的基础。

在音乐的道路上，坚持是唯一真理

“不经一番彻骨寒，怎得梅花扑鼻香。”在学习了许多乐队的作品后，贺坤泽终于不再满足现状，而是考虑去做自己的音乐。同年，他将乐队的名字修改为MOVIETONE，意为有声电影，因为他觉得音乐更重要的是表达，是为别人演绎一场有声电影。他与乐队成员一起尝试作词、编曲，经历了无数次辗转反侧、难以入眠的夜晚，终于推出了《可谁说》这首处女作。

贺坤泽的创作灵感一发不可收拾，很快就与乐队成员合作创作了第二首歌《灼灼其华》、第三首歌《能超越爱的只有梦想吧》……他没有止步于已有的成就，而是不断推陈出新，创造自己的音乐。同年，应资源与安全工程学院学长的邀请，他与搭档在资源与安全工程学院毕业晚会上表演了双人合唱《想自由》。大二时，贺坤泽辞去了艺术团的职务，担任起了班级文体委员一职，因为他觉得需要换一个环境激发灵感。虽然学业非常忙碌，但他仍会找时间听音乐。假期时，他也会在网上自学耶鲁大学的公开课《音乐欣赏》，这让他更加深入地了解了古典音乐。

他发现，每一分坚持都会结果，而那果实之中最珍贵的东西叫作热爱。当身边的朋友问道：“你毕业之后还会坚持音乐吗？”他说：“音乐不是用来坚持的，是用来享受的。音乐是一辈子的东西，音乐是我的专属天使。现实生活中的所有彷徨与困惑都能在音乐中找到答案与慰藉。我享受音乐的能力、演奏音乐的天赋、谱写乐曲的灵感就是上天给我的最好的礼物。我从不曾抛弃音乐，音乐也不曾抛弃我。”他期待着，期待着不断探索更能描摹出心灵的音乐，期待着自己的原创音乐能够开出繁茂的花和结出甘甜的果，期待着寻觅到音乐的真谛！世界不会辜负努力的人，更不会辜负满怀热爱的人！

人物简介

贺坤泽，男，汉族，中南大学自动化学院自动化专业2019级本科生。他曾获中南大学三等奖学金，大一至大二期间担任校艺术团办公室干事、主任，大三至大四期间担任班级文体委员。他在兼顾学业的同时组建了自己的乐队，并担任乐队主唱及队长，多次参与重大演出活动。

52 面包与水仙花

自动化专业2020级本科生　牛宇涵

自记事起，艺术就一直存在于我的生活中。小学时期，民族舞和速写素描伴随着我度过了懵懂岁月；而钢琴则见证了我从初中到高中的蜕变；大学时期，爵士舞又加入了我的探索之旅。

那时，每个周末，我都会哭着拒绝舞蹈课程的安排，但妈妈总是对我说："你一定会喜欢上它的。"柔韧性训练对于那个年纪的我来说非常痛苦，开肩压腿时我总忍不住哭喊出声，优美的动作背后都是汗水和泪水。直到小学三年级，我终于可以离开民族舞课堂。那时的我觉得自己终于获得了自由，可以专心学习画画和弹钢琴，不用再受柔韧度训练的折磨了。

直到五年级，一次偶然的机会，班主任老师推荐我加入校舞蹈队，我也出乎意料地成为舞蹈队的一员。在第一次舞蹈练习课上，我看着镜子里舞动扇子的自己，一股兴奋和惊喜突然涌上心头。我第一次品尝到舞蹈带给我的巨大满足感和自信心。

高一时，我在脱离表演舞台许久后，因社团活动得到了第一次线下近距离接触观众的机会，也是第一次有了爵士舞的表演机会。排练过程中，学姐们不断鼓励我："你的动作学得很快，今天的表现很好。"这些话激励着我坚持下去。即使和学姐们练习过无数遍，当正式站在观众面前，鼓点声响起的时候，我的心跳还是不可遏制地加速。所有舞蹈动作突然变成了肌肉记忆，应该表现的表情和动作都被巨大的紧张情绪笼罩着。在跳舞的过程中，我甚至想如果能够快速结束就好了。但当表演结束，所有人都为我鼓掌时，我终于放下了心里的负担。从那时起，我逐渐开始享受爵士舞的表演。高二那年，我成了乐舞社社长，第一次作为队伍中心站在了大礼堂的聚光灯下表演。当灯光照向我时，所有目光集中在我身上，为我的表演欢呼。我每次走向摄像机前方的时候，都尽可能地展示自己准备过的动作和表情，那一刻我感受到艺术带给我的无限力量和快乐。从校园起步，我和社团的朋友们一起努力争取到了公益晚会的演出机会，在展现自己的同时，也为公益项目出一份力。

大学阶段，学习毋庸置疑是最重要的，但也不能缺少欣赏艺术的心。庆幸的是，中南大学有许多平台为热爱舞蹈的人提供展示的机会。大一时，我成为自动化学院团学会文艺部的一名干事，同时成功进入学院舞蹈队。

进入舞蹈队的过程曲折又充满意外。起初，出于对学业的顾虑，我虽然加入了舞蹈队的招新群，但却没有勇气去参加面试。然而，当时的舞蹈队队长亲自发消息了解我的顾虑，并向我详细说明了舞蹈队的日常训练时间。同时，队长还贴心地给那些错过第一次面试的新生安排了第二次机会。

此外，文艺部的部长们并未因工作忙碌而阻拦干事们进行才艺展示，反而鼓励部门内有才艺的干事登上舞台。他们总是说："既然你有才艺，就应该展示出来。只要保证工作质量，我们支持大家去参与演出。"在自动化学院第二届"艺往无前"风采大赛的准备过程中，我一边完成文艺部干事的工作，比如撰写推文、收集信息和对接选手等，一边积极进行舞蹈队的开场舞及女团舞的准备。10 月的日子在所有活动的推进中飞速流逝，我的每一天都十分充实。

令我印象深刻的是，风采大赛初试前的晚上，我与一起跳女团舞的伙伴们聚集在宿舍楼梯口的狭小平台上，对着视频纠正动作细节、调整队形和走位。虽然没有镜子可以参照，但这丝毫没有影响我们的排练热情。由于空间太小，我们常常碰到或踩到对方。在第一段舞蹈的走位变换时，我总是会踩到后方的伙伴，她会在每遍练习结束后调侃我道："为了达到更好的舞台效果，我就勉强忍受一下你吧！"没有镜子，我们就相互指出不足之处，"这个地方你可以再用力一点""下一个队形大家走得再快一点""手的方向要和前一个人平行"……大家从来没有因为一句指正而心存芥蒂，相反，我们感激互相督促的伙伴。通过初试后，我们在南校区图书馆旁的空地上一遍又一遍练习并录视频，核对视频中动作的细节。那天黄昏光影下的合照使我们第一次有了团队的归属感。

一遍遍的练习让我们的彩排过程非常顺利，能够很好地完成了每一个定点和走位。在风采大赛的正式舞台上，主持人报幕时，我们在帷幕后相互打气，并相互拥抱着说："大家加油，我们一定可以！"当帷幕拉开，灯光倾泻到我们身上，耳边是震动的乐曲和台下观众的欢呼，我能真切地感受到队友们在舞台上的快乐和幸福。一曲结束，帷幕落下。表演后的我们迟迟平息不了激动的心情。

进入大二，我开始学习尤克里里。我仍记得在创业咖啡屋值班的晚上，环绕着咖啡豆的芳香，和身边的好朋友们一起弹着尤克里里哼着歌的日子，时间也在那时变慢，所有的压力都得以释放。那年夏天，舞蹈队的“LaLaLand”成了我回忆里的珍宝。从3月开始，我们就聚集在校园各个角落里练习。第一次练习是在南校操场的空地上，队长和熟悉动作的学姐一点点教大家，一个八拍、一个八拍推进。队长总会说：“大家有问题一定要提出来，我们一起讨论觉得可以改进的地方。”在自由热情的氛围下，从前不熟悉的队员们也快速进入了状态。此后，我们获得了到商学院舞蹈教室练习的许可。因为机会有限，我们格外珍惜对镜练习的那几个小时。从梳理走位，到调整动作角度，再到磨合配合部分，我们逐渐从不成形的舞蹈过渡到整齐的表演。表演前夕的最后一次排练，我们集合在新校区体育馆的落地窗前，穿着大家日常很少尝试的颜色鲜艳的表演服。大家看到彼此的造型后都变得更加兴奋了。

最终，在学院毕业晚会的舞台上，我们展现了全部的热情，谢幕时彼此紧牵的手传递着我们的喜悦和满足。结束后的聚餐活动中，每个人都在说：“今天表演得非常尽兴。”我们一起回放舞台的录像，想要记住每个人在灯光下真心的笑容。偶然间，有队员看到校园集市中出现的一条评论：“‘LaLaLand’真的太棒了！”这句评论突然点燃了我们。表演者的信心来自观众，观众们的评论给了我们巨大的鼓励。毕业晚会结束的夜里，我辗转反侧，脑海中反复出现舞台上表演的场景。突然，手机屏幕亮了起来，舞蹈队的队员们也在回忆舞台，大家都在朋友圈与QQ空间里分享自己的快乐和兴奋。大二学年就这样在无限繁忙的功课和挥洒汗水的练习室里匆匆结束了，留给我的是幸福的回忆和有着共同爱好的朋友们。

艺术，特别是舞蹈，不仅带给我自信和快乐，而且让我结交了志同道合的朋友。纵然艺术不能与生活相提并论，但没有了艺术，生活将变得单调枯燥。舞蹈、绘画和钢琴不仅丰富了我的生活，更给我带来了许多精神支持，教会了我生活不能只有面包，更需要一颗追求美好的心。

人物简介

牛宇涵，女，汉族，中南大学自动化学院自动化专业2020级本科生。本科期间，她曾获中南大学学年二等奖学金，担任自动化学院团学会文艺部干事，参与组织策划学院的文艺晚会、三院联合会演及毕业晚会。

53 热爱可抵岁月漫长

电气工程及其自动化专业2020级本科生　隋斯祺

不知道从什么时候开始，我已经成了一个将音乐和文艺作为生活必需品的女孩了。我总会不自觉地沉醉在艺术作品中，被音乐中的柔软所感染。结束繁重的学习后，我会用一首轻松自在的音乐来犒劳自己；想要与人分享晴朗的日子，我会把阳光塞进相机里；得不到安慰的时候，我就把情绪藏进画中。每一次接触艺术作品，都像是在窥探一道神秘的门，它让我发现了生活的另一面，也启迪了我的内心。在美好的艺术世界里，我觉得自己有着无限可能，仿佛一切都可以用音符、色彩和文字来表达。

以音乐为伴

高中时，我带着对音乐的执着加入了学校的音乐社团，参加了学校组织的社团表演和迎新晚会。站在舞台上，音乐于我而言多了一层意义，它不再只是静静聆听我小小心事的树洞，而是可以给我光芒让我更加耀眼的存在。我越来越热爱音乐，便开始参加音乐节，去现场观看演出。一次偶然的机会，我被一位抱着木吉他的歌手吸引，他唱的歌曲中的意境感和氛围感瞬间包围了我。看着那把木吉他，听着它的声音，我顿时有了学吉他的想法。于是我找到琴行买了人生中第一把吉他，开始学习吉他。

刚开始时，学习音符和乐理知识让我感到枯燥。练习基本功时，按住和弦的手指总是很痛，每天的练琴时间也是按照自己的心情安排的，因此常常有所懈怠。但当我看到那次线下演出照片中那把木吉他时，心中还没完全熄灭的梦想又重燃起来。于是，我制订了每天的练琴计划，忍着疼痛坚持了下来。经过几周的练习，我终于学会了流畅地演奏一首民谣歌曲。那首歌不长，也不算复杂，但在我心里，歌词里那个安河桥北的故事有了我的踪迹。从那一刻起，我的吉他之路就开始了。

那时的我相信，在未来的岁月中，我会在吉他的世界里绽放更耀眼的光芒。

意料之外

刚步入大学，我便申请加入了自动化学院的团学会文艺部。在晚会的筹划过程中，我慢慢了解到了文艺部的工作不应该止于热爱这一层面，还需要有过硬的工作能力。在学院毕业晚会节目海选的过程中，我看到了很多在各自的小世界里闪闪发光的同学。小世界之外，他们可能是羞涩、不善言辞的人；但在小世界之内，他们都满眼是光，并把自己的温度带给了每个人。我经常被他们感染，因为我在他们身上看到了自己的影子。

进入文艺部一段时间后，院里组织了风采大赛，我和朋友便报名参加了。经过几轮考核，我获得了在大赛中表演吉他弹唱的机会。虽然我之前也有上台表演的经历，但这种大赛还是第一次参加。从选歌开始，身边的朋友就帮我参谋。每天的空余时间我都抱着吉他，淡淡的木质香让我很上头，很想把自己揉进吉他里。桌面上的镜子仿佛模拟着舞台上将要面对的一幅幅面孔。室友们不厌其烦地听我一遍又一遍地弹着那段旋律。很多个夜晚，我们四个人聚在一起，一起挑选哪种唱法最好听。为了提前适应那种比赛时的紧张，我去学校附近的后湖国际艺术区唱歌给台阶上的陌生人听。我忐忑地唱完了一首歌后，意外地收到了认识的同学发的鼓励的消息，他给的表演建议让我对风采大赛更有信心。

正式演出时，我不停地调整呼吸，与朋友互相加油打气。然而脑海中却杂乱无章，一个接一个的想法如潮水般涌来。没过多久，舞台的灯光暗了下来，我们该上场了。真正开始表演时，我们才发现在舞台上表演与平时练习是完全不同的两种感觉，尽管我做了许多准备，但最后表演时仍在从未预料到的地方出了问题，窘迫不安的我们草草结束了表演，狼狈下场。各组选手表演结束后是学生代表送花环节，站在舞台角落的我以为不会有人为这样糟糕的表演投票，但依然有几位同学走到我面前，将花环送给了我们队，并轻声说："没关系，效果挺好的。"我脸涨得通红，连连道谢，但他们给的那种感觉真的很治愈，他们的善良让我重新拾起了一些勇气，让我有勇气抬起头面对台下的观众。虽然最终的比赛结果不尽如人意，但从这次失败的经历中，我也领悟到了不少道理。无论之前做了多少准备，多么注重细节，如果源头出了问题，注定会有意料之外的失败。

找到出口

因为风采大赛的失利，很长一段时间里我都无法从遗憾中走出来。在交流音乐时，我已不再是以前那个活跃的发言者，甚至有些不愿回忆当时的表演。录像从未被打开，原本的爱好变成了一个内向的小孩，害羞地躲藏了起来。尽管我仍然在文艺部工作，但当看到才华横溢的同学时，心中多了几分羡慕。每当有人问及我的兴趣爱好时，我都会淡淡地说："唱歌不是我的强项，弹吉他也不尽如人意。"文艺部的其他成员也都默契地不再提我的那次失败经历。

每年的毕业晚会是文艺部最重要的活动。在筹备节目时，有位干事邀请我参加表演，可是令人不安的回忆涌上我的心头，我本能地想拒绝，并告诉他我没有把握。他却鼓舞我，说"上次只是缺乏经验，这一次肯定没问题"。回到寝室，我看到放在桌子旁的吉他，想起了为了大学第一次登台表演而努力准备的美好经历。我在心里问自己是否有勇气战胜恐惧，安慰自己说这是一次难得的机会。

第二天，我来到排练现场，与其他同学一起进行彩排。效果比我想象的要好很多，我们的部长也将我们的节目选入了毕业晚会。最终，我又一次获得了上台表演的机会。这次，台上的我，虽然没站在中心位置，但却感觉到自己在闪闪发光。曾经满怀音乐梦想的我重回舞台，昂首阔步，向前迈进。

和喜欢的一切在一起

在闲暇的时间里，我逐渐发现了绘画的乐趣。假期，我的桌面上放着一些绘画工具，用一台 iPad 播放着各种绘画教学视频。我常常一画就忘记了时间，每当父母进房间时，我便会向他们展示我那尚未成熟的作品。每完成一幅画，我都会打开专用灯光，从各个角度拍摄作品。对我而言，生活中最令人感动的事情多数都与自然息息相关。因此，我常常停下脚步，拍下身边的美景。

我选择了理性的工科专业，但内心却常驻在感性的美学世界，这种理性与感性的碰撞让我每天都充满期待。

人物简介

隋斯祺，女，汉族，中南大学自动化学院电气工程及其自动化专业 2020 级本科生。她参加了 2020 年风采大赛并取得了第十名的成绩，在 2021 届毕业晚会中参与了唱歌表演，利用课余时间学习了吉他、键盘演奏、跳舞、摄影和油画等。

54 不负热爱，舞动青春

电气工程及其自动化专业2020级本科生　王颖杰

热爱源于一份不畏艰难的执着与坚持，最终将引领我走向将艺术融入生活的人生之路。学习舞蹈让我领略了更多的风土人情和传统文化，在汗水和泪水中看到了截然不同的风景。如果说，起初是我勇往直前地奔向舞蹈，那么现在，它已经向我敞开热情的怀抱。若青春是一首舞曲，那就让我翩翩起舞，定要以自信和绚烂的姿态舞动青春。

梦 · 缘起

与拉丁舞的热烈奔放和芭蕾舞的高贵优雅相比，让六岁的我更为着迷的是独具含蓄优雅和仙气十足的中国舞。自此，我便开始了漫长的中国舞生涯。幼小的我因学习电子琴而拥有比同龄人更好的乐感和节奏感，同时又因具有较好的柔韧度，我成了老师们眼中的天赋型学生，并且屡次跳级。但跳级意味着要面对更陌生的环境和断层式上升的难度，意味着曾经优秀的我将变得平凡，那些曾属于我的夸奖和赞扬也会在更高的标准和更严苛的要求下不复存在，也意味着我需要比别人付出更多的努力。同学们已熟练掌握的许多技巧和动作我却还没学过，同学们已经形成队形的很多剧目我还未曾排练过。在全班同学和家长的注视下，我一次次受到毫不留情的批评和指责，自尊心和傲气在前所未有的压力下化为了委屈的泪水。

我曾经怀疑过自己，是否有能力应对如此困难的挑战，是否应该坚守原来的工作岗位而不是冒险面对巨大的困难。但是，每当我想起老师满怀期望的目光，我便决定不辜负她的信任，勇往直前。因此，每个夜晚，除了完成基本功课外，我还会加练，反复观看舞蹈视频并进行练习。每周上课，我总是第一个到达教室，并提前半个小时进行压腿和扭腰等训练。我仍然记得，在冬天的周六清晨，寒风刺骨、星光稀疏，我焦急地等待着第一班公交车。现在回想起来，那可能是我追逐梦想时最美好的时光了吧。后来，我逐渐跟上了老师的进度，日常练习也越来越得心应手。

悟·迷雾

何其有幸，我被推荐加入校艺术团。在这里，每个人都是佼佼者，每个人都身材颀长纤细、容貌姣好、亭亭玉立，而且在专业技能方面也都非常突出，有的柔韧度超好，各种高难度技巧动作信手拈来；有的表现力极佳，无论节奏紧凑还是缓慢，都能精准传达情感；还有的控制力惊人，仿佛舞鞋生了根一般，动作干净利落。在这个群体中，我的舞蹈水平远远落后于其他同学，只能依靠持续练习来填补差距。校艺术团的训练节奏紧张，剧目编排速度快到让人无法想象。比赛接踵而至，日常考核也极其严格，所有这些都如一道阴影笼罩着我。我甚至觉得自己不再热爱这门艺术了。尽管我努力练习，但最终还是只能默默站在角落，被队伍带着前行。在单调重复的"一二三四"节拍声中，我开始失去自我，开始犹豫是否应该继续坚持下去。

然而，在一个普普通通的周六，当我像往常一样在教室里学习舞蹈时，一组简单的地面动作（含、展、横移）对我产生了深刻的影响。音乐开头是一段悦耳的鸟鸣，伴着背景音效我仿佛看到了清晨的阳光穿过层层叠叠的树影，投下细碎的阳光。在这种氛围下，我仿佛置身其中，仿佛教室单调的地板和镜子都消失了，老师喊出的节拍声也变得模糊起来，整个身心都沉浸在美妙的旋律中。我从未如此享受，突然发现每个舞蹈动作的编排都如此精妙，不仅有难度和技巧，还有美感和乐感，神色表情也不再是瞪大双眼、机械地露出八颗牙齿的标准微笑，而是自然流露出的表情语言，传达出的也是真实的情感。那天，我被请到全班同学面前演示，我仍记得老师对全班说："她的眼睛里有光芒。"

这束光犹如冬日暖阳穿透我心底的迷雾，开启了崭新世界的大门。就像海伦·凯勒第一次触摸水一样，我一下子获得了灵魂，不再是一个只会机械地按顺序完成规定动作的牵线木偶。我突然明白了感染力和自信的来源，在舞蹈中，真正的精髓不在于标准连贯地完成整套动作，而是全身心地融入音乐。这样展现出来的舞姿往往更具有传情达义、打动人心的力量。从此，那个原本只能在角落旋转的女孩开始走向舞台中央，更加自信坚定地舞动青春。

舞 · 繁花

追寻梦想的过程，注定是艰辛而孤独的。由于各种压力，我身旁坚持跳舞的伙伴渐渐减少。起初，我没有坚定的决心继续前行，但随着时间的推移，我逐渐爱上了这门艺术。从某种意义上来说，它已经成了我生命中的一份陪伴和慰藉。我拿到了北京舞蹈学院十级考级证书后暂停了舞蹈培训，但我仍然喜欢在闲暇时间自己练习基本功或是自学一段新的舞蹈。与一开始的被动努力和咬牙坚持不同，现在的我更善于享受学舞的过程，因为它能够让我从焦虑疲惫的现实世界中暂时解脱出来，重新拥有前进的勇气。

进入中南大学之后，我凭借自己的舞蹈作品《繁花》成功进入了中南大学高水平艺术团舞蹈团。起初，我只是抱着试一试的心态填写了简历，毕竟人才济济，尤其是许多艺术生更具天赋和优势。但是既然做出了选择，就要全力以赴地准备，不留下任何遗憾。正如歌曲所唱："数着年月只为花开那一面，就算来来回回错过又擦肩……"在悠扬的旋律和学长学姐们的掌声中，我成功完成了表演，最终如愿以偿地加入了舞蹈团的大家庭。

在这里，我结识了不同学院的同学，接触了各种风格的舞蹈，领略了与众不同的校园生活。这里有旋转起来后仿佛停不下来的新疆学姐，有以蒙古舞技惊四座的天才学长，还有在舞台剧目和现实中都默契十足的神仙情侣。我们一起在空调失灵的舞蹈教室品尝着绿豆冰沙，一起在没有信号的地下车库自行练习，一起为学校帮扶事业学习瑶族长鼓舞，一起向舞台剧目排练地点狂奔……还记得建党百年暨校庆演出中彩排旗舞时，整栋楼的灯突然熄灭，但整个舞蹈团依然毫不慌乱地随着军乐团演奏的《爱我中华》鼓点，在领队学姐手机灯光的照射下有条不紊地完成了整个表演，甚至没有一个人发出任何唏嘘声。那时，我的内心是十分感动的，因为在我看来，一群保持热爱、勇于追求梦想的年轻人正踩着青春的鼓点，坚定地向前。

在周末、假期或是相对轻松的夜晚，我都会翻出音乐软件收藏夹中的音乐练习基本功或者约上几个伙伴一起学习新的舞蹈。即便是平日里，我也会注重自己的体态仪表，让自己更加自信挺拔。我知道，舞蹈已经悄无声息地融入了我的生活，成了一种自觉追求美的生活态度，舞蹈将会陪伴我更加坚定地前行。

一路走来，从迟疑到坚定，从迷茫到热爱，从咬牙坚持到自觉，舞蹈慢慢地融入了我的生命，改变着我。每一次练习、每一次演出、每一张证书、每一次掌声……对我而言都是极其珍贵的，它们是舞蹈赋予我的秘密宝藏。我家里摆放着不同颜色、不同大小的十余套练功服和十余双舞鞋，有了它们的见证，我将不会辜负心中的热爱，继续用舞蹈续写青春篇章。

人物简介

王颖杰，女，汉族，中南大学自动化学院电气工程及其自动化专业2020级本科学生，担任班级学习委员、知新馆学生管理团队学情督导部部长，曾获自动化学院优秀学生、中南大学优秀团员、社会实践活动优秀个人等奖项。她有十几年舞蹈经历，在兼顾学业之余加入了中南大学高水平艺术团舞蹈团，参与过多次校级大型活动，如校庆演出、瑶家屋民族晚会。

55 因一次偶然而热爱

电气工程及其自动化专业2020级本科生　梁天伟

我是从大一开始接触剪辑设计的，已经持续学习了两年。在这两年里，我曾迷茫过、也动摇过，也遭遇了无数次挫折。但是在这两年里，我总有不同的领悟。回想起来，仍然让我感慨万分。我真的很幸运，能够在最美好的时光里坚持自己的爱好，并且结交了一群志同道合的朋友。

一次偶然的机会，我发现了新的世界

“梁天伟同学，非常感谢您对我们外联部的支持。但是，非常遗憾，在本次面试中，您未能……”我看完手机信息后，失魂落魄地坐在教室的椅子上。讲台上老师的声音在我的耳中变得越来越小，直至最后从我耳中消失。短短两个月的时间，我参加了四个不同的学生组织的面试，但都被拒绝了。我无奈地自嘲道：“明明才刚上大学，我就已经有失业的感觉了，也许我真的不适合进入学生组织。”

自那节课后，我暂时放下了所有与学生组织相关的面试，也不再了解相关的信息。直到11月，我的好朋友盛海峰邀请我一起参加一个短视频大赛。那天是我们第一次开会，会上进行了分工，但发现大家都不太熟悉视频剪辑工作，一时间也没了主意。不知是因为不想让海峰失望还是一时冲动，我竟然主动接了这项工作。

就这样，我们的拍摄录制工作开始了。我第一次下载了剪辑软件Pr，我打开这个占了几个G内存的软件后就犯了难：一个巨大的操作界面，里面竟然有四五个不同的窗口，且每个窗口功能不同、用法不同，一堆从来没见过的专业术语充斥在界面里。我从百度上学了基础教程后，从电脑里随便找了一个短视频并将其慢慢地拖进了 Pr 里，开始有模有样地对视频进行裁剪和拼接。我开始尝试各种不同的处理：给视频加上效果，给片段添加背景音乐等。

一个星期后，我们完成了拍摄工作，海峰将简单拼接过的原片交给我后，我开始为其添加字幕、音乐、效果等。当然，这个过程中，海峰和其他队友都在帮助我。我遇到了各种困难：如因为没有版权而无法使用背景音乐，剪辑时发现剧情存在逻辑问题而被迫重新加拍片段。我印象最深的是，有天晚上已经配了大半个片子的字幕了，但后来发现字号大小不合适，只得重新配字幕，直到半夜两点左右才结束工作。那几天，我每天下课回到宿舍后，就会打开软件剪辑视频。在进行剪辑设计处理的时候，我完全沉浸在自己的世界里。在这个世界里，没有互联网的喧嚣，也没有生活的枯燥，只有我和我自己的对话。我思考每一道音轨、每一帧画面该怎样安排才合适；我思考如何通过设计转场和配色来吸引观众的注意。这种思考不同于课程学习，它是开放的、自由的、无拘无束的。我不用在意条条框框，可以尽情创作。

虽然最后我们的作品仅获得了院级三等奖，但大家心里还是充满了喜悦。

在不断磨砺的过程中，我的能力也在不断提升

“梁天伟同学，非常感谢您对我们部门的支持。恭喜您通过了我们的面试，成为我们的一员……”在 SIYB 课程实践管理部的第一次部员大会上，我有预感，这里会是我大学生涯中一个重要的转折点。

进入部门后，部长开始对我们进行培训。同时，我也开始了工作——设计发布公众号推送，工作涉及背景墙板报、联系外界人员等。有些工作对我来说是完全陌生的，于是我不得不重新进行探索和学习，开始上手学习设计、宣传、联络等各项工作内容，也开始接触秀米、Photoshop、Canva 可画等编辑软件。在这里，我可以尽情地沉浸在自己的世界中。我结识到了很多有趣的朋友，也从他们身上学到了很多。在这一年里，虽然我所设计的作品不算多，但我却收获到了在课堂与书本里所得不到的充实。

在后来的部长选举与工作总结中，我得到了部长的肯定，并接替了其职务。

担起重任，明确初心

刚刚担任部长的时候，任务全都压在了我手里。正逢新生入学，我们部门

的工作也逐渐增多，需要设计宣传海报、招新宣传单和易拉宝等。那段时间，我的工作能力被迫得到提升。因为之前没有自行完整设计过海报和宣传单，在设计过程中，我总会拿着我的设计一遍又一遍地询问学长及同事，一遍又一遍修改海报的配色、要素等，画面设计好了还要想宣传文案。哪怕在如此繁忙的时刻我依旧想要保证工作的质量，即使是宣传单的背景颜色，我反反复复修改了四五次才满意。但当我们把宣传单都设计好之后，基地里的朱老师看到了我们的宣传单，发现文案里有用词不当之处，当场就严厉地批评了我们，并要求我们重新印制。宣传工作必须严谨，那一次过后我们每次的设计都得经过三番五次的审核才会安排印制。

当部长的那一年有时候真的很累，但每每回想起一些过往还是能使我回味无穷。在招新面试那天，我们见到了形形色色、充满朝气的新生。我们部门也增添了许多新面孔。我的任务又加重了，我们部门这届留下来的"老干部"只剩下三位，我们要负责给新成员进行工作培训，包括各种软件及编辑技巧的教学。新成员上手都挺快，于是我便给他们安排了第一项任务——设计新的工作牌。这一次，我一改往日由部长拍板的做法，将大家设计好的作品都展示在 SIYB 课程实践管理部大群里，让大家进行匿名投票，选出最喜欢的设计。我们几位部长及负责人还进行了一些前所未有的改革：如重新设计新人绩效考核方案、重新拟定奖励评判标准、制定值班工作管理制度等，大家的积极性都得到了调动。许多成员主动提出要承担相关工作。

我最初是为了自己的兴趣进入的 SIYB 课程实践管理部，但经过一次又一次的设计，我的想法也在悄然发生变化。圣诞节临近，负责人李学长找到了我，希望在平安夜那天给全部门每个人发一份小小的礼物，包括每人一张圣诞贺卡。考虑到大家在准备考试，我便只找了武同学一起来进行设计。她设计了大致的框架和图形，我负责最后的细节和文案。设计快结束的那天，李学长又找到我分享了他的想法。终于，一张独一无二的贺卡兼聘书在圣诞夜到来前设计好了。平安夜那天，我看到朋友圈里很多人都在晒部门里发的苹果和贺卡，还有那一句"谢谢我的 SIYB"。我感受到了一种不一样的愉悦。"这贺卡设计得真不错！"李学长当时对我说道。再后来，除了日常设计工作外，部门里每次进行学期总结时，我们总会设计一些独特的奖状颁发给工作出色的成员。看到大家在朋友圈发的奖状照片，我从心底感到喜悦，这种喜悦又不同于沉浸设计的喜悦。

记得刚当上部长那会，我感觉所有事情都挤到了一起。每天从部门或教室回来，就得再次打开电脑工作。我当时的舍友开玩笑似的问过我："当部长这么累，你有想过撂挑子吗？"说实话，在那一周的某个瞬间，我动摇过，但还是咬牙坚持了下来。现在想想，只要想到我所创作的一幅幅作品，想到曾经的好友同事，想到大家满足的笑容，我会坚定地说："不会!"

人物简介

梁天伟，男，壮族，中南大学自动化学院电气工程及其自动化专业 2020 级本科生，本科期间，曾获中南大学学年二等奖学金。

56 被音乐拯救的灵魂[①]

电气工程及其自动化专业2020级本科生　张　煜

音乐，有人说它只是童年特长班里的痛苦回忆；有人则视其为茶余饭后可有可无的消遣；还有人觉得它不过是平淡生活中无足轻重的调味剂。可对于张煜而言，音乐是孤独童年中极度幸运才抓住的一双温暖之手；是宛如漫漫长夜的人生中好不容易等来的唯一光辉；更是颠沛流离的灵魂在茫茫大海中误打误撞，终于找到的一片港湾。

庐州的月光洒在心上，再多的伤也可诉衷肠

因为自幼父母离异，张煜便与奶奶相伴。这样的生活造就了他的极度感性。自上小学起，在学校或日常生活中，他总是显得内向、不自信。每当老师提到需要家长参与的活动或作业时，他的脸上便流露出失落和无奈。成年人常说："小孩子什么都不懂。"可他偏偏敏感得不符合他的年龄。

直到有一天，他在哥哥的电脑上听到了这样几句歌词："儿时凿壁偷了谁家的光，宿昔不梳一苦十年寒窗，如今灯下闲读红袖添香，半生浮名只是虚妄……"他并未听懂歌词，但觉得歌真好听。于是，他的生活仿佛多了些说不清道不明的东西，变得好像没有那么糟糕了。

也许是因为哥哥爱唱歌，耳濡目染下张煜歌唱得也不赖。短

---

① 本文由作者采用第三人称视角进行叙述。

短的《庐州月》让他一唱再唱，“三月一路烟霞莺飞草长”“月也摇晃，人也彷徨”“家乡月光深深烙在我心上”。《庐州月》陪伴他在怯懦的年纪里与月亮交心，向繁星倾诉心事，跟清风述说痛苦。从此，他开始喜爱许嵩的音乐，欢喜于《素颜》的快乐，感伤于《清明雨上》的哀愁，悲愤于《伴虎》中的君臣之道……正是因为有了音乐，不断内耗的他找到了拨开云雾的光，忧伤的他找到了倾诉的对象。

夜空中最亮的星，请照亮我前行

如果你问张煜，听过那么多歌，有哪一首歌给了他莫大的勇气和力量，他会毫不犹豫地告诉你——《夜空中最亮的星》。

时至今日，他依然清晰地记得六年级放学后的一天。与平常不同，他没有独自走回家，而是叔叔骑车来接他回家的。路上，叔叔说：“这下看谁来照顾你了。”话语未尽，自幼敏感的他已经听懂了叔叔的意思——奶奶不在了。到家门口时，他就听到了其他人痛苦的哭泣声。虽然他当时还年幼，心里并没有过多的悲伤，只觉得好像失去了什么重要的东西，但到了晚上，每个人都忙着为奶奶筹办后事，唯独他坐在台阶上，仰望夜空之中闪烁的星辰，开始轻声吟唱：“我祈祷拥有一颗透明的心灵，和会流泪的眼睛……”此刻，这几句歌词似乎点醒了他内心深处的某种感悟，使他突然体会到了一种前所未有的难过，泪水开始无声地滑落。他能明显感受到，这样的悲伤不再是因为别人的施舍或物质的缺失，而是因为有些人、有些事、有段温暖的往昔再也回不来了。于是，他继续用歌声为自己寻找答案：“每当我找不到存在的意义，每当我迷失在黑夜里，夜空中最亮的星，请指引我靠近你……”

他清楚地告诉自己，他失去了奶奶，失去了那个曾为他徒步几千米买书的亲人，失去了那个每天都做好饭等他回家的亲人，失去了自己还没机会照顾的亲人。那几天，他拿着哥哥的手机，循环播放这首歌，仿佛借此能够从天上的星辰中见到奶奶的眼睛，仿佛只有这样，奶奶才不会离去，因为她是夜空中最亮的星，一直照亮他前行的路。

尽管再多复杂变化，世界不会轻易崩塌

张煜度过了重要而又苦难的高中时期，怀揣着对新生活的憧憬和热爱，踏进了大学的校门。当时，他心里总是有一种说不出的激动，因为曾经寻觅不到的朋友，或许此刻已经在等待着他；未能实现的心愿，或许在这里终将得以圆满。他从小喜爱音乐，十分羡慕那些登台表演的人。深深地热爱着音乐的他想在大学里实现自己组乐队登台表演的梦想。

初入大学，他参加了中南大学 ERASE 音乐协会的路演活动。夕阳西下，他手持着新买的手鼓，内心的一股冲动让他觉得不能错过这次机会，于是他毫不犹豫地加入了其中，并顺利结识了一个弹吉他的同级男生，这个男生后来成了他组建乐队之路上的启蒙者。该男生有着多年的乐队经历，且很快便发现了张煜的音乐才华。在这位男生的引领下，张煜开始探寻音乐的更深层次。

后来，另一位同院的吉他手加入了他们的行列。奇妙的缘分促使他们三人相遇，他们相互倾诉着彼此的音乐梦想。于是，三人组建了特别的小团体“幸运者”。据他所说，他们三个人的姓氏的拼音首字母连起来就是“XYZ”，拿输入法一打，就有了这样的名字。而后又加入了一位贝斯手与一位架子鼓手。五位志同道合的男生，在机缘巧合下，组建了他们大学时期的第一支乐队——炎日凉节。这是张煜人生中的第一支乐队，也是他们共同谱写的青春华章。

接下来，他们一起参加了物理与电子学院的迎新晚会，在结束了两首歌的表演之后，他们被很多同学所熟知，收获了颇多掌声和欢呼。但是，事情的发展从来不是一帆风顺的。同一学期，他们又参加了学院举办的 2020 年“艺往无前”风采大赛，与之竞争的还有 SEEK 乐队。巧合的是，两支乐队的选曲竟是朴树同曲不同词的“Forever Young”和“New Boy”，这也激发了两支乐队的好胜心。历经两个月的编排和竞争，两支乐队终于在决赛中碰面，而自信满满的五个人被安排在开场。上台前，其中一位成员姗姗来迟。11 月的寒气让他的手难以动弹，短暂地捂了一会后他便抱起吉他登台表演。他们都以为那天会取得好成绩，可最后只是十组参赛者中的第八名，而 SEEK 乐队则获得了第二名。这对他们来说是巨大的打击。在他们眼中，第八名和倒数第一名没有什么区别。在领完证书下台的那一刻，有一位成员在候场室靠着墙哭了起来。从那时起，张煜开始意识到，原来自己引以为荣的能力，在别人的面前显得如此普通。

后来，乐队的排练也时常出现问题，他也变得不再敢张口唱歌。一个自小被音乐拯救的灵魂，选择了不再唱歌，这种失落感让他备感沉重。直到大一快要结束的一天，晚课结束，他走在回宿舍的路上，手机音乐软件推荐给了他一首他从没听过的歌。虽然没有太在意主歌部分男生唱了什么，但当副歌响起的时候，他突然加大了音量，大到整个世界好像只有他一个人在行走，耳机里的女生唱着：“尽管再多复杂变化，世界不会轻易崩塌。”是啊，这个世界会不会变好他不知道，可是他自己不能继续放任自己颓废，不是吗？“再坏能多坏，不要把手放开，再多一些时间，总会改变，这糟糕的现在。”那一刻，他深深地感受到音乐的魔力，心里的阴霾再一次被击退。追逐热爱的这条路虽然颇为艰辛，但是只要再多一些时间，说不定会收获不同的结果呢，不是吗？

自此以后，他不断提升自己，认真学习乐理、练琴、打鼓、唱歌，重新点亮了内心那支渴求音乐的火炬。从那时起，他逐渐接受了自己技不如人的事实，并慢慢开始提升自己。他和曾经弹贝斯的队友相互鼓励，一直坚持着对音乐的热爱，一同谱写着动人心魄的旋律，一同寻找着志同道合的伙伴。在大二下学期，他们付出了极大的努力，为自己争取到了许多宝贵的演出机会。他们找回了曾经离开的吉他手，也结识了新的朋友，并共同创建了一支全新的乐队。

在张煜看来，音乐不仅仅拯救了他残缺的灵魂，更是抚慰了他颠沛流离的生命。因为热爱，人们才有勇气和力量去坚持，并化作坚如磐石的信念。或许经历了波折和挫折，但正是由于热爱，人们才会拥有自己的太阳。当他们手握乐器登上舞台的那一刻，便是最耀眼的时刻。那一刻，光芒闪耀、音符飞扬，音乐仿佛打破了空气的束缚，直达人心深处。

人物简介

张煜，男，汉族，中南大学自动化学院电气工程及其自动化专业 2020 级本科生。他大一担任副班长，大二担任组织委员。他曾与 2021 届毕业学长同台完成其原创作品《答案》；2022 年夏天乐队受邀参加国防科大毕业季音乐节；2022 年获得“‘粤动心声’港澳台粤语歌大赛”三等奖；2022 年乐队作品获得“CSU 网络文化节校园歌曲大赛”优秀奖。

57 自己选择的路，坎坷也要走下去

人工智能专业2021级本科生　乔泓森

直到现在，我仍不确定自己的选择是否正确。但既然是我自己选择的路，即便坎坷也要走下去。18岁时，我离开家去寻找新的方向，四处碰壁无果后，机缘巧合下我开启了音乐之旅。

最初，音乐只为生活

讨生活的过程并不顺利，我最初在一家互联网公司做着打杂的工作，日子过得太过清闲，仅工作了两个多月就放弃了。之后，凭借一点知识基础，我想做一份家教工作，但学历不够。在做音乐前的最后一份工作是销售，但我也不太适应，因为四处碰壁让我几乎丧失了与陌生人打交道的能力。当我心灰意冷、漫无目的地在街上游荡的时候，一家音乐工作室吸引了我。我怀着学习的心态，开始了这份工作，最开始只是简单地打杂，后来或许是因为感兴趣又肯吃苦，我逐步朝制作音乐的方向发展。这个过程中，我不断尝试一些酒吧演出或幕后工作。一次偶然的机会，我从幕后走到了台前，颤颤巍巍地做了一次婚庆司仪。效果意外地不错，自此以后，音乐成为我前进的方向，更是我谋生的手段。

很长一段时间里，我极度缺乏自信，又不愿意轻易放弃。我常常待在家中避免见人、说话，也不敢参与社交圈子之外的活动。随着音乐制作技术的娴熟，我逐渐恢复了些许自信。一次因为一时冲动我答应上台表演，这也成为我再次活跃起来的契机。虽然准备充分，但当活动开始，大家的目光全都聚焦到我身上时，那种

不适感让我想起了不美好的回忆。但由于机会难得，我还是硬着头皮一步步把活动进行了下去，好在一切都逐渐变得顺利起来。那真的是一次很重要的转折。自那以后，我不断走向台前进行音乐表演。但平心而论，我自知自己并不是那块料，没有足够的专业技能来满足观众对演出作品的期待。因此，我将自己的角色定义为活动调度，但时常会进行音乐制作。那段时间我常常需要从清晨忙到凌晨，但收获颇丰。

返校

为什么要重新回到学校呢？因为我每天煎熬反思自己做的事情是否正确。与同龄人做不同的事总是会遭受非议，我内心也仍渴望回到原来的学生生活之中。终于，到了年关前，我的师父由于生意和家庭的原因决定解散音乐工作室。当时有两条路摆在我面前：继续留下来发展或跟着师父去西安。这件事困扰了我大概半个月。留在这里固然很好，有了一定的基础和人脉，即使靠自己也能衣食无忧；去新的城市也很好，离开家或许能让我更快地忘记过去失意的日子。然而，我做了第三个选择，放弃了这边的工作回家过年，准备高考。让我做出这个决定的不仅仅是内心的不安，最关键的是一次师父对我说的话，他说："我觉得你还是不适合做这行，你应该有更好的选择，再回学校去试试吧，如果真的坚持不下来就来西安找我。"于是我收拾好行囊，踏上了回家备考的路。回家的过程并不顺利，大部分高中不愿意要我这种出去工作后又回校学习的学生。好在软磨硬泡后还是有学校收留了我。说实话，我也颇不习惯读书的日子，很难像从前那么投入，好在学校老师对我要求也不高。凭借一股子心气和旧时的基础，最终还是成功考入中南大学，为自己四处奔波的生活画上了一个句号。

让音乐重回兴趣

在大学的时光里，我尝试再次唤起我对制作音乐和举办活动的兴趣。第一个让我很满足的活动是 2022 年的六一儿童节活动，我们希望通过发放棒棒糖等方式让自动化学院的学生们都能在这一天重返童年，找回童心。尽管前期准备甚是波折，但我们依旧做出了一场高质量并且让大多数同学发自内心开心的活动。这就已经很让我知足了。

第二个让我很满意的活动是 2022 级学生军训期间的红歌比赛，我在其中负责自动化学院两个连队的表演策划与指导工作，包括排列队形、设计动作、组织排练等。众所周知，我们院是一所学术氛围浓厚的工科学院，在文体方面并不擅长，但我还是发自内心地想带领大家拿到一些文体方面的荣誉。排练的短短十几天内，我们遇到了很多困难：第一个困难是工作量大，我需要同时负责两个连队的红歌比赛整体策划和排练，排练又是同时进行的，难免有分身乏术之感；第二个困难是难以调动部分学生的积极性，因为白天都要军训，晚上很难有干劲全身心投入红歌比赛的排练中；第三个困难是预算不够充裕，有一些需要大量资金支持的演出效果难以实现。虽然困难重重，但既然答应要做好表演策划与指导工作，我还是坚定不移地把工作推进下去。让我格外感动的是，有许多同学积极踊跃地报名与我一同筹备此次比赛，在日常训练结束后表演方阵的同学还主动加班排练。

最终的比赛结果也没有辜负我们的努力与期待，当听到两个连队都获得了 9. 58 分的高分时，大家都十分激动。如果再有类似的文体活动组织策划机会，我想我还是会欣然而往。

生活就像森林深处一条蜿蜒曲折的小溪，我们坐在小小的木船上顺流而下，总会遇到无数的分岔口，我们难以一眼看清每条岔路的全貌，难以判断哪条路更加平稳广阔，但须选择一条走下去；但我相信，每条路都有风景，每条路也都将通向大海。

人物简介

乔泓森，男，汉族，中南大学自动化学院人工智能专业 2021 级本科生，人工智能专业 2101 班班长、自动化学院 2021 级年级长。他热爱音乐，上大学前曾做过婚礼策划、执行导演，带领学院 2022 级新生取得红歌比赛第四名的成绩。

我们的青春 第2辑

劳动最光荣——劳育榜样

58 求真务实，展翅翱翔[①]

电气工程专业2019级硕士研究生　孙　政

班级结构松散，无法统一管理，那就以实验室为单位，建立小组进行分批管理；同学住处分散，无法及时传达任务，那就打电话逐一通知；学业和工作冲突，无法两边兼顾，那便分轻重缓急，排序处理。这便是电气工程1901班班长孙政的处事态度——“兵来将挡，水来土掩”，办法总比困难多。踏实务实，认真实干，讲方法，求效率，这就是孙政。在其位谋其职，心怀赤子心，无畏世俗事，凭着一腔热血，在生活的风向中搏击长空、展翅翱翔，这也是孙政。

讲方法，求效率，扶摇直上九万里

研究生班级和本科生班级有着极大的不同，研究生的主要学习阵地是实验室，即使是同班级的同学，如果在不同的实验室，彼此之间可能也不太熟悉。这给班级内部管理和班风建设带来了很大的不便。统计数据、递交文件对于班干部来说是一次次挑战。但对于孙政来说，与其说这是一次次磨人的挑战，倒不如说这是一次次提升自己管理能力的契机。每一次完成挑战的过程，都是一次自身能力的升华，也是一次绝佳的锻炼机会。

“线上加线下”的叠加模式是孙政管理班级的不二法门。提前规划任务分配，充分利用线下主题班会的机会讲清楚需要同学们

① 本文由作者采用第三人称视角进行叙述。

协助配合的所有事务，省去后期逐一通知的麻烦。他熟练利用各种线上工具和班级群的各项功能，高效发布信息，提高班级内消息的反馈率。根据班级具体情况设计合适的管理方法，将总体分解成局部，再从局部反馈到总体，然后再根据反馈情况进行改进，构成班级管理的良性循环。

除了出色的班级管理能力外，孙政在学业上同样很优秀。发表业内高水平国际会议论文，获得华为优秀学生奖学金，拿下中国研究生电子设计竞赛全国二等奖(队长)，都展现出孙政在学业上的出色。孙政将自己的研究生生活分为学习研究、学生工作和娱乐休息三大块，给这三大块中的各项事务赋予权重，并进行排序分级，然后按照轻重缓急依次进行。除此之外，孙政在生活作息上也严格要求自己，自律克己，怀着满满的热情去对待每一天，将每一分每一秒都过得充实有价值。他用行动告诉我们鱼和熊掌亦可兼得，只要掌握好方法、权衡得当、提高效率，学习研究、学生工作与生活也是可以完美兼顾的。

讲实干，求务实，直挂云帆济沧海

“空谈误国，实干兴邦”自古以来，唯有实干才能真正服务民众，唯有实干才能助力民族复兴，唯有实干才能真正促进国家富强。在孙政身上最能体现的便是实干二字。他认为抛却形式主义，让服务不再流于纸面，让暖流流入大家的心田，才是一班之长该有的模样，才是一名共产党员该有的作风！

孙政毫无怨言、义无反顾地投入为班集体服务的队伍之中，坚定地担起作为班长的责任和义务。为了防止不公平现象影响选举结果，孙政在日常的班级选举中还采取了各种措施，制定了各种政策，让民主选举制度闪烁出其本该有的民主色彩，让公平公正烙在每一位同学的心中。

孙政不仅将实干刻入班级管理的理念中，还将务实写入科研学习的准则里。在比亚迪汽车车载充电机的项目中，面对完全不熟悉的技术模块，一周内交付样机的项目要求和网络上寥寥无几的参考资料，孙政并没有退却，而是和团队成员一起从最基础的原理入手，用最基本的理论进行衔接，从基础概念剖析当前存在的问题，用最简单的握手原理，在半个月的时间里一举攻克团队面临的难题。“做项目就是将学术落地，变成实际产能，这要求我们具有务实的能力，这也是工科研究生的学习目标。”这是孙政在这次项目后的总结。无论是在学生工作中，还是在学习研究中，务实认真都是我们要永远恪守的准则。

讲友善，乐服务，助人乐善志如磐

除去班长一职外，孙政还是学院研五支部的纪检委员，负责支部活动的策划。助人为乐，友善待人；在业余时间，尽自己的微薄之力，让世界多一抹亮色，让社会多一丝暖意，是孙政参与志愿活动的初衷。

在云麓园社区的一次志愿服务中，孙政的任务是打扫西苑建设新村的三栋和四栋。在打扫期间，他发现这里的住户大部分是老年人，并且房子年久失修，没有电梯，老年人上下楼十分费劲；楼道也没有物业安排人打扫清理、积灰严重，卫生情况令人担忧。在打扫过程中，孙政拿着扫把和簸箕从顶层开始，一层一层往下扫，认真仔细地清理每一个角落。楼道灰暗、尘土飞扬，汗珠挥洒，孙政汗浸衣衫，虽觉腰酸背痛，依旧无怨无悔，反而为自己能服务大众而心悦。除清扫楼道之外，孙政还和支部成员一起向老年人宣传网络诈骗防范事项，教老年人如何安全上网。

赠人玫瑰，手有余香。虽无法从根本解决这世间的无奈和疾苦，但他仍希望尽己所能为这世界增添些许色彩。“我见过世间的绚丽彩虹，所以我用力描述，希望你也能想象出它美丽的模样，这或许便是志愿服务的意义吧。”

“富贵福泽，将厚吾之生也；贫贱忧戚，庸玉汝于成也”，这是孙政最喜欢的名言。富贵也好，贫贱也罢，均为上天恩赐，他心怀感恩，一苇以航。作为电气工程专业 1901 班班长，孙政以身作则、作风朴素、积极向上，在班级中散发自己的光和热；作为学院研五支部纪检委员，孙政恪守纪律，提高素养，品德优良，认真策划每一次支部活动，促进党内建设；作为电气工程专业的学生，孙政勤劳务实，敢于挑战，认真钻研，在学术研究中不畏艰险、勇攀高峰。

人物简介

孙政，男，汉族，中南大学自动化学院电气工程专业 2019 级硕士研究生，在中南大学自动化学院电力电子与可再生能源研究所孙尧教授团队进行科研工作。在校期间，他发表了业内高水平国际会议论文(ECCE Asia)，荣获中南大学优秀团员、自动化学院优秀党员、第十六届中国研究生电子设计竞赛全国二等奖(队长)、第十六届中国研究生电子设计竞赛华中赛区一等奖(队长)、华为优秀学生奖学金、中南大学研究生一等学业奖学金(2 次)等多项奖项和荣誉称号。

59 保持坚定，奔赴热爱

电气工程及其自动化专业2019级本科生　侯晓双

如果时光能够倒流，我会对刚进入大一的那个青涩的我说："嘿！勇敢地举起你的手，站上讲台去争取你想要的吧！"而对于大二深陷迷茫的自己，我会毫不犹豫地说："不要怕！遇到困难就去解决它吧！"最后，我会义无反顾地告诉大三时犹豫不决的自己："跟随内心的声音，做你热爱的事情吧！"

勇敢与反思

在高中三年的学习生涯中，我并未担任过任何学生干部职务，只是默默埋首苦读。但高考结束后，我突然发现自己除了高考成绩之外什么也没有。带着这种忐忑的心情，我下定决心在大学期间做出一些改变，希望能在学生工作中实现自我成长。

刚进入大学时，面对陌生的同学、老师和环境，我感到前所未有的恐慌和不安。但那个一直激励着我前行的声音告诉我：只有通过自己的努力争取，才有可能获得自己想要的东西。于是，我参加了班级军训负责人的竞选，还加入了学院团学会。一次次的成功让我逐渐膨胀，一度认为自己可以无往不胜；然而，当我参加班长竞选却败给了一个男生时，内心那个胀大的气球被无情地戳破，我感到非常失落和挫败。身处低谷的我，开始进行反思。我深刻意识到，学生工作的核心不只是简单地完成任务，更需要的是情感交流和关怀关注。在辅导员杨老师的帮助下，我不断回顾自己失败的原因，最终明白了自己的不足：没有和班级的同学们深入沟通交流。

在失落和挫败的日子里，我看到了自己的不足并坦然接受。我再次振作起来，为班级做出了更多的贡献，同时也担任了班级组织委员和年级会副年级长等职务。这次经历使我明白，勇气与反思都是成长的必备品。

坚定与成长

在成长的过程中，我结识了许多出色的同学，并将他们视作我的榜样。然而，残酷的现实却告诉我，人与人之间的有些差距并非努力可以弥补的，这源于先天的异质性，是如何努力也难以消除的。

大一结束时，我心怀希冀，期望自己能够成为一名全面发展的优秀学生，但失望却像暴风雨一般猛烈地袭来，给了我沉重的打击。我的成绩不尽如人意，在班级里处于中下游的位置。除了学业上的打击，我还承受着学生工作上的压力——需要协助辅导员完成评奖评优、日常管理等众多任务。那段时间，我曾深陷彷徨的漩涡，感到自卑，也对自己做学生工作的目的和意义产生了怀疑。人生充满挫折，幸运的是，我得以选择自己喜欢的专业，并遇到了一群有温度的人——家人、朋友、老师。无论结果如何，我从他们身上得到了珍贵的情感支持，也在一次次磨砺中锻炼了自己的工作能力，并且也为同学们做出了实实在在的贡献。当我收到一些同学的感激时，我内心充斥着快乐和满足。除此之外，老师们也经常找我谈话，开导我。在一次聊天中，老师随口一问："你想不想当辅导员？"这个问题让我陷入了沉思，对于我身边的辅导员老师们，我是非常尊敬和敬佩的。学院学生数量庞大，老师们的工作压力也非常大，面对的困难比身为学生干部的我们更大。辅导员的工作，是一份困难且充满挑战的工作，我没有信心胜任这份工作。

然而，"成为辅导员"这个念头就像一颗种子，虽未发芽，却已埋藏在我心间。因此，在大二初期，我决定坚持做学生工作，并在学业上加倍努力。除了休息时间，我几乎都待在图书馆里学习。因为学生工作需要占用大量时间，我必须提高学习效率。当我由于工作和学习而熬到深夜时，无数次想要放弃，但内心总有个声音告诉我："再坚持一下，不要怕！遇到困难就去解决它！你有自己想去做的事情！"在每天反复崩溃和自愈的过程中，我惊喜地发现我的成绩排名上升了，并且成功评上了校级优秀学生。

选择与热爱

时间宛如一匹疾驰的骏马，两年转瞬即逝，同学们进入了大三这个关键的末来抉择期，对学生工作的热情呈断崖式下降，还在学生工作岗位上的同学们不堪重负。尽管我也有着繁重的任务，但身为预备党员，遇到问题就应该挺身而出。于是，在大三期间，我担任了班长——这份我曾经苦苦争取的学生工作。彼时，变了的是同学们对我的态度，不变的是我全心全意为同学服务的初心。

我最好的朋友和学习榜样曹蓉同学因工作优异被调往校团委，她无法兼顾学院方面的工作，于是我接任了学院学生会主席一职。一开始的茫然和慌张源于大学以来我们俩始终携手并进，如今突然分离难免感到不太适应。但是“兵来将挡，水来土掩”，时间的轮轴滚滚向前，无论前路多么艰难，我们始终需要勇往直前。其间，巨大的压力总让我疲惫不堪，但总有那样一股力量支撑我前行。待我深入自己的内心去寻找它时，才发现当年“成为辅导员”的念头早已默默发芽，并且长成了一棵参天大树。即使我的绩点已经足以稳定保研，我仍然选择了社会工作类推免，因为我内心一直有一个声音：“遵从内心，去做你热爱的事情吧！”在数不清的面试中，我被问到最多的一句话就是：“你可以直接保研，为什么选择行政保研？”而我的回答从未改变过：“因为想当，因为热爱。”这份热爱并非突如其来，它是逐渐成长起来的，直到成为笔直入云霄的参天大树，坚不可摧。老师们反复询问我的意愿，因为踏入这条路必将付出代价，但我明白并接受这些，所以我的回答从来都是：“我确定。”

大学四年，我毫无遗憾。因为现在的我听到了过去的我对自己的鼓励，因为我每一次都勇敢坚定地跟随内心的声音走。即使我知道会失败，知道会没有回报，知道会遇到困难，但我仍会做出同样的选择。因此，当我给学弟学妹分享经验时，会说：“做一个温柔而坚定的人，去追寻自己想做的事情。支撑着我走下去的那股动力，我称之为热爱。”

人物简介

候晓双，女，中共党员，汉族，中南大学自动化学院电气工程及其自动化专业 2019 级本科生，入学以来加权成绩为专业 18/189(9.5%)，保送至中南大学自动化学院电气工程专业。她曾担任自动化学院 2019 级年级会副年级长、电气工程及其自动化专业 1904 班班长、自动化与电气类 1908 班组织委员兼生活委员、自动化学院团委组织部副部长、学生会主席、自动化学院本科生五支部组织委员。

60 青春的那道光

自动化专业2019级本科生　叶吴杰

青春是一道光，如此美妙，指引着我们想要的未来。

——题记

夜深，衣薄，微凉。我坐在电脑前，望着眼前空白的Word文档，却不知如何下笔。大学三年转瞬即逝，那些人与事仿佛伸手便可触及。

有人说，青春是一首歌，一首充满朝气的歌，它奋发向上、斗志昂扬；有人说，青春是一条路，一条充满鲜花和掌声的路，它前途明亮、前程似锦；有人说，青春是一轮朝阳，一轮瑰丽而温柔的朝阳，它充满活力、光芒四射。我说，青春是藏在心底不变的旋律，悠扬、婉转而又深刻，托举自我人生，展现自我风采，三年之期，意气风发、一路凯歌。

青春・科技的光

一片叶子属于一个季节，年轻的学子拥有绚丽的青春年华，谁说我们年少轻狂，经不住暴风雨的洗礼？谁说我们两耳不闻窗外事，一心只读圣贤书？

四月伊始，我有幸参与花明楼“明日科学家”支教活动。这次支教活动的目的是向乡村孩子展示遥感等技术，让更多的孩子能够感受到科技的魅力。支教前夕，我接受了专业培训，模拟讲课现场，熟悉本次支教所用的遥感飞机等道具，为支教做好了充足的准备。一路颠簸，团队终于来到花明楼小学。越过贫瘠的土地，透过破旧的窗户，我看到了一双双渴求知识的眼睛，这让我坚信我所参与的支教活动是有意义的。在讲台上，我用最通俗的语言为孩子们讲解遥感技术的原理，并时不时与孩子们进行互动，回答对问题的孩子将会获得一枚大白兔奶糖。课堂氛围十分活跃，孩子们以自己独特的方式开始接受遥感这个科技名词。为了让他们印象深刻，我们给全班同学进行了分组，并分发了遥感汽车零件，让他们能够通过拼装将抽象的知识具象化，实现寓教于乐。在做手工期间，孩子们展现了小组合作能力，有人负责连线，有人负责拼接车轮子，遇到问题便向周围的同学请教，我和另外两位助教也深入各个小组，为大家答疑解惑。孩子们互相帮助，大约一个小时后，所有小组的遥感汽车都拼装完毕，而且都能顺利开动。孩子们脸上都洋溢着灿烂的笑容，他们的那份纯真和善良让我仿佛回到了童年时代，曾经的我也是其中的一员，现在的我以支教老师的身份站在他们的面前，在欢声笑语中与他们共同成长。最后，我们还为大家分发了已经组装好的遥感飞机，并展示了如何控制它们，孩子们跃跃欲试。按照计划，我们带着孩子们来到了户外，让他们自行体验遥感飞机的魅力。孩子们很快掌握了这款遥感飞机的使用方式，并开始了快乐的户外游戏。

人生没有对错只有选择。参与支教活动是我大学生活中最平实却最精彩的一笔。在这里，我领略到了当地淳朴的风土人情以及专属于孩子们的纯真。或许在孩子们的生命里，我就像那一闪划过的流星，还来不及看清它的样貌，就消失在时间的尽头；但我相信，我留下的那道科技的光已照亮他们的心。

青春·夜跑的光

“你策划个活动让大家能够走出宿舍透透气吧，有些同学除了上课外天天待在宿舍，生活也太单调了。”辅导员对我如是说。众所周知，遇事不决就找辅导员，辅导员会尽心尽责地为同学们提供 24 小时服务。而作为辅导员手下的第一打工人——年级长，我常协助辅导员完成各种任务。举办什么活动好呢？趣味运动会？不行，老掉牙了，总得有点创新吧。摄影大赛？也不行，受众不广，可能会没人参与……我冥思苦想，愣是没有好主意。“嘀嘀嘀”年级会交流群里发出了声响，大家在热火朝天地讨论着。有什么活动能够引起大家的兴趣，既不缺乏创新性，还能够锻炼身体呢？大家头脑风暴了一个小时，终于，皇天不负有心人，群里发来的一段视频引起了我们的注意，只见漆黑的跑道上，一道道流光如彗星般飞过，犹如激昂的青春，在仲夏夜里肆意绽放。我意识到，就是它了！

荧光夜跑，地球上最闪亮的赛跑之一，参与者利用荧光装备随性装扮，无排名之分，无速度之争，沿途欣赏校园美景，享受夜晚凉爽的微风拂面，抛开一天的疲劳和压力，尽情享受跑步带来的快乐！

可是，荧光夜跑需要多人参与才能体会到融入光的快乐，只有一个年级参与则略显单薄，于是我向杨金鑫老师请教。“有什么想法就去做吧，学院是你最坚实的后盾。”我得到了这样的回应。

说做就做，我立刻联系了众多学院的各年级负责人，并得到自动化学院2020级、计算机学院2019级和2020级、建筑与艺术学院2019级、资源加工与生物工程学院2019级、商学院2019级等年级的积极响应，一场声势浩大的荧光夜跑拉开了序幕。在召开了三次负责人会议后，终于敲定了荧光夜跑的主题、开幕式形式、激励措施等，并确定荧光夜跑为一项本学期长期坚持的活动。同时，我们根据各年级的特色交给商家定制了专属的带有文字和图案的荧光夜跑手环，手环带有电池板，可以根据需要切换三种模式与七种颜色，十分炫酷。

“下面我宣布，中南大学五院联合，‘荧光夜跑，活力中南’活动现在开始！”在自动化学院党委副书记黄亚老师的开幕致辞下，一场属于我们的青春舞台就这样拉开了帷幕。“本次荧光夜跑响应了学校‘活力中南’‘健康中南’的号召，以绿色、健康、运动的宗旨引领夜跑风尚”，主持人介绍了本次荧光夜跑的主题和目的。接下来的每个夜晚，学校操场上总会出现一道道戴着荧光手环的身影，我们派出了无人机进行流光摄影航拍，一道道炫酷的弧线留藏在了胶卷中。同时，我们还用上千个荧光手环，在漆黑的夜空下摆出了“I LOVE CSU”等字样，并用无人机进行了合影留念。荧光夜跑是青春、活力、健康的象征，能够将健康生活的理念传递给身边的每一位同学。纵然活动策划过程中遇到了种种困难，但在大家的帮助下总能够顺利解决。

后来，有人告诉我他喜欢荧光夜跑这个活动，喜欢倾听耳边的啾啾虫鸣，喜欢耳边的习习凉风，喜欢天马行空的思想，喜欢夜跑时的大汗淋漓，喜欢肆意自由而急促的呼吸，喜欢冲刺时的感觉和喜悦。这让我觉得所有的辛苦都是值得的。

青春·团队的光

大三悄然而至，我成了学院的团委副书记。由于精通文体艺术，我担起了学生会文体方面的指导工作。印象最深刻的还是那次筹备“和谐杯”羽毛球院赛。接到通知时，距离校赛报名截止时间已经不到一个星期，而由于场地等各方面不可抗因素，我们必须在当天出策划方案，次日下发通知至全院，第三天便要举行院赛，并在院赛中选拔出合适的人选报名参加校赛。此时正处于考试周，我们身负巨大的学业压力，对于任何一个人来说，这都是十分具有挑战性的。好在我们不是一个人，而是一个团队。

我立刻将消息发给体育部，安排好场地的预定、物资的筹备等前期事务，体育部有条不紊地开展工作，安排好人员报名工作并制定了现场突发情况的紧急预案，同时我也制定了整套策划方案和现场时间推进表。虽然在场地的沟通和物资的筹备上出现了种种困难，但最终在团委、学生会的大力支持和协调下得以解决。因为我们不是一个人！次日上午，院赛通知按照计划下发，报名十分火爆，短短两个小时，便有近百人报名参加。根据具体情况，我们召开了临时会议，商讨了具体的赛制和规则，进行了裁判的培训和其他工作的安排，并为每个参赛选手准备了一份定制的精美礼品。

第三天晚上，比赛如期举行。我虽然因为专业考试复习课而没有第一时间到达现场进行组织和协调，但是下课后，我看到的是所有比赛按照策划方案和时间推进表有条不紊地进行着，团队里每个人各司其职，参赛选手在赛场上挥洒着汗水这番令人满意的景象。随着最后的身影凌空飞跃，以迅雷不及掩耳之势挥拍一击，羽毛球急速掉落，院赛落下帷幕。这场看似仓促准备的院赛，最终在整个团队的协助下顺利进行，让我深刻体会到了团队的重要性。正如一滴水只有滴入大海里才永远不会干涸，一丛花只有互相偎依着怒放才会灿烂夺目，一个人只有融入团队才能完成更伟大的事业。

有人说，珍藏在人生册页中的青春花瓣，或许只是一双永不能忘的双眸，一个令人心动的微笑。我想说，青春的光芒越是沉淀越是明亮，青春的花朵在经历过风霜雨雪后才会熠熠生辉，青春的旅程在不断搏击后才能谱写出壮丽篇章。

人物简介

叶昊杰，男，中共党员，中南大学自动化学院自动化专业2019级学生，曾获中南大学优秀学生、中南大学优秀学生干部、中南大学优秀团员、中南大学优秀团干、中南大学分党校优秀学员。他曾任自动化学院2019级年级长、院团委副书记、国歌领唱团艺术指导；曾牵头联合多学院多年级举办荧光夜跑活动，策划自动化学院“自心而动、化浪奔涌”毕业晚会，组织“和谐杯”羽毛球院赛等；作为湖南省认证志愿者，他曾参加花明楼“明日科学家”支教活动，该项目获得湖南省第五届“雷锋杯”金奖。

61 世间美好，由双手创造

智能科学与技术专业2019级本科生　王盛泽

作为一个利他主义者，我非常认同高尔基的话："我们世界上最美好的东西，都是由劳动、由人的聪明的双手创造出来的。"我相信通过帮助他人、奉献自己，可以获得极大的满足感。当我看到别人因为我的存在和帮助而变得更加快乐、更加轻松时，我的内心会感到无比充实。

大学期间，我积极参与各种实践活动和学生工作，以发挥自己的特长，并在劳动实践、服务他人中实现自己的价值。担任班级生活委员等职务锻炼了我解决问题的能力和组织协调的能力，同时也让我学会如何关心他人。而在校团委网络信息部担任技术总监这一职务，则让我深入了解了互联网领域的知识，并提高了我的团队协作和管理能力。在这些角色中，我不断寻找机会去发挥自己的力量，实现自身的价值和成长。我坚信，学生工作不仅是为了教会我们如何去服务他人，更是为了教会我们如何在奉献中找到自己的价值和建立自信心。劳动不仅赋予了我们创造美好事物的能力，还使我们体验到帮助他人、奉献自己所带来的喜悦。这种喜悦驱动着我不断前行，并努力将自己的经验分享给更多需要帮助的人。

这三年里，我最为投入的组织莫过于校团委网络信息部了。这个组织已成为我的精力聚焦点和精神寄托处。在这里，我主要负责程序技术方向的工作，不仅要日常维护校团委的网站和信息设备，而且要开发、维护校团委的招新小程序和百团大战报名小程序。当然，这些工作并不简单，特别是对于我这样一个没有太多编程经验的人来说。但我信心十足，并且不断努力，坚持不懈地学习和提高自己。

就像写文章一样，仅仅会写字并不能写出惊艳的文章，仅仅会编程也没法开发出好用、流畅的程序，我在2020年成为部长之后感受尤为深刻。由于我认真学习的态度，上一任部长选择我来接任部长，我很快就面临了配合校团委完成即将到来的9月份招新的任务。根据惯例，我们需要开发一个小程序并配合校团委各个部门完成招新。这次任务并非一帆风顺，我因为第一次担任管理的角色而没有做好这个角色应该做的事情，导致过程中出现了许多的问题。记得当时正值专业的认知实习，为了完成这个任务，我不得不在往返的大巴上进行任务的分配与处理。那段时间我的睡眠质量很差，因为脑海中全是小程序的事情。毕竟如果这件事做不好，不仅会影响整个校团委的招新工作，也会使得我今后的工作难以开展，谁都不想看到一个新上任的部长搞砸了他的第一个任务。好在最后磕磕绊绊，算是把这个工作完成了。

在那段时间里，我也多次想过要是没有同意接任部长这个工作，我现在的压力也不会这么大。但每次看到其他部门的同学在我发送完报名名单后回复的"谢谢""辛苦了"之类的话语，我又觉得我做这些事情是有意义的。至少因为我们的付出，他们不再需要像以前那样一行行地将信息从纸质报名表上输到电脑中。每当想到这些，我又充满了干劲，或许这就是利他主义在我身上的体现吧。

在那之后，我在处理类似的工作时明显得心应手了许多。毕竟，吃过一次亏后，我更加警觉地对待工作中的细节问题。之后的工作流程也越来越标准化，出错的概率也越来越小。

2021年春天，也就是我大二下学期的时候，我拿出了三年来最得意的作品——《拾光中南》。这个微信H5是我们小团队为中南大学合并组建21周年做的。无论是创意思路还是技术实现，都非常符合我们的预期。最终，我们收获了超过一万人次的用户浏览量，这对于我们来说已经十分不易。

虽然工作流程比起之前已经规范了很多，但是仍然架不住工期紧迫。这个创意敲定的时候已经是2021年4月中旬，而月底就是校庆。短短的两周内，还需要写文案、出UI图。最终，我们只有短短的4天时间进行开发。那段时间我的状态和招新时的状态很像，每天除了上课，就是第一时间回宿舍进行开发。但是这时的我已经明白，我所做的是有意义的工作。我不仅在写代码，还在为中南学子的精神生活贡献素材。最终的结果也没有辜负我的期望，整体的数据和老师、同学们的评价也充分证明了我付出的意义。

随后，我便顺理成章地在大三学年任职了校团委网络信息部的技术总监，负责统筹协调整个部门技术领域的工作。不过，由于大三学年的学业繁重，我并没有像做部长时那样倾注大量心血在部门工作上。更多时候，我扮演着一个把关者的角色。其实我也考虑过，继续担任总监，万一又出现曾经招新时的窘境该怎么办呢？毕竟大三学年是非常关键的一年，所做的决定基本上主导了之后的人生走向。但是当一个人享受劳动、享受付出的时候，他是很难轻易放下机会的。我很乐于见到别人因为我设计、推出的程序而感到快乐与便利。因此，我选择继续在学生工作这条路上继续走下去，继续在网络信息部的工作岗位上去服务中南师生。也许这就是高尔基那句话的意义吧：当一个人真正地去付出、去用劳动创造美好的东西时，他也一定会感受到这个美好的东西带给他的美好。

如果说网络信息部的工作对我的影响最大，那使我感触最深的就是志愿者的工作了。作为一名志愿者，我深刻体会到了帮助他人的快乐和奉献自己的意义。2019 年，我加入了中南大学青年志愿者协会，并选择了电脑维修这个自己擅长的领域。我们每天晚上从 8 点到 10 点在二食堂进行电脑义诊。从软件问题到硬件问题，只要有需要，我们都会尽力帮助他人解决。通过这段时间的努力，我不仅收获了帮助他人的快感，还结交了很多有趣的同学。

除了在二食堂进行电脑义诊，我还跟随部门在 2019 年 11 月的一个周末去到湘桥社区进行电脑义诊。那个社区以老年人为主，很多人不会使用电脑和手机，但又需要这些电子设备与子女、家人保持联系。因此，我们不只是在修电脑，更多的是在教他们如何使用电子设备的基本功能，比如视频通话等。记得当时有位老爷爷，他只会接听别人给他打的视频电话，不会主动拨出去。我们耐心地教了他好久，还有同学用便利贴写下了流程。那位老爷爷非常感动，说了一句让我印象深刻的话：“时代变得太快了，我们这些老头子已经不会用这些高科技产品了，这个世界已经不是我们的了，你们青年人才是这个世界的主人。”听闻此言，我既感到难过，也认识到我们身为追得上时代的青年人，应该用自己所学的知识去做出应有的贡献，在奉献中找到自己的价值和存在的意义。对我而言，志愿服务活动给我提供了一次难得的去帮助他人、结交朋友和自我成长的机会。我相信，在志愿服务中发现的自身价值和为人民服务收获的快乐与满足，将永远伴随着我们前行。

在我看来，劳动不仅仅是要我们“忙起来”，更是要让我们知道“忙”的意义。劳动不是磨洋工，而是要去创造“世界上美好的东西”。在我的大三学年即将结束之际，回顾这三年，我深刻认识到自身劳动的价值所在——通过劳动帮助他人，让他们因为我的出现变得更快乐、更轻松。

我曾经担心花费这么多时间在各种实践活动与学生工作上，会影响我的学习和生活。然而事实证明并没有，我从中收获了很多，比如进入字节跳动研发岗的机会，以及许多优质的人脉资源和良好的人际关系。这些能力和资源的积累，正是我在网络信息部工作的那段时间培养起来的。因此，我们不必担心在帮助他人时需要付出时间和精力，更不要成为精致的利己主义者。一个人只有通过踏踏实实地在集体中做出应有的贡献才能获得成长和成功。

我认为，正确的劳育理念是应该让我们从劳动中找到自己的存在和价值，并感受为人民服务的快乐。因此，我希望大家都能在劳动中尝试去创造美好的事物，同时体会到自己存在的意义和价值。

人物简介

王盛泽，男，汉族，中共党员，中南大学自动化学院智能科学与技术2019级本科生。在校期间，他参与过许多实践活动与学生工作，历任智能1902班生活委员，校团委网络信息部程序部干事、部长、技术总监等。同时积极参与志愿活动，在校期间参与过若干学校与社会上的志愿活动，如校青志协电脑维修部志愿者、长沙市图书馆志愿者等。

62

做一棵树
——向下扎根、向上生长

电气工程及其自动化专业2020级本科生　张龙政

我在上大学之前就已经具备一定的学生工作经验了，被我的高中同学戏称为“野心”“上进”的人。我高一担任劳动委员，高二担任副班长，高三担任班长，但我仍然觉得这三年的学生工作经验很单薄。

向下扎根

刚入大学的时候，我们班的带班学长就组织了班级军训负责人的线上竞选，我积极应选，但很可惜票数位列第二没能竞选成功，在灰心之余，我分析了自己的竞选稿和优劣势。幸运的是，辅导员老师在年级大群发布了军训总负责人的竞选，我明白这是我的第二次机会，于是我便再一次报名竞选，并且入选了。这让我在军训期间忙碌了起来，同时也和很多军训负责人成了朋友。

因为我们班的带班学长是学院团学会办公室的部长，在他的介绍下，我对学院团学会工作产生了兴趣并参与了竞选。我报名了办公室与青志协两个部门，但很可惜我在青志协的初试环节就被淘汰了。当时的面试官问我：“你更倾向于做一名志愿服务的志愿者还是策划者？”我的回答是志愿者，但其实作为青志协的成员，应该是策划者。同一时期，我也报名参与了勤工助学指导中心(简称勤助中心)家教部的面试。在通过初试、复试及为期一个月的试用期后，我成了家教部的部员。

纵观整个大一学年，让我成长最快的是在家教部试用的那一个月。那时，我们作为试用助理，需要分四周去学习业务办理的流程，需要学会写会议纪要，需要认识、熟悉勤助中心其他部门的同学，旁听其他部门的例会，需要前往基地部体验下属队伍的工作，还需要在试用期结束的时候通过模拟业务考核、压力面试及中心转正答辩。忙碌的试用期让我迅速成长，也让我感受到部门里学长学姐的关心。

竞选年级会年级长一职是大学四年中对我而言最为重要的时刻，这并不是因为我当上了副年级长，而是因为在竞选的现场有一个问题让我受益匪浅。在我结束竞选演讲后，辅导员老师问了我一个问题："你觉得作为年级长，和班长们相处时应该要怎么做?"我回答得并不是很好，这可能也是我落选年级长的原因。当时辅导员老师给我的回答是"真诚"。这个词伴随了我学生工作的始终，同样，真诚也成为我与他人交往的准则。

加入学生会的办公室是我大学时期做得比较好的决定之一。在例会工作讨论之后，部长们会向我们分享他们在学习、生活、工作方面的一些经验，这让我在很多事情上少走了弯路。记得当时的部长对我们说："一定要提高自己的效率。如果你现在做学生工作或学习就已经到半夜了，那大二会过得很辛苦。"确实，大一的学业是最轻松的，如果大一就没法平衡好学业和学生工作，那就要学会取舍，把重心放在学业上。大一的时候，我可以理解这句话，但感受并没有那么真切，直到大二的时候我才慢慢能够设身处地地将这句话分享给部门的干事。我希望他们可以明白和理解。

不断积累

大一下学期的时候，我在勤助中心的工作进入了一个新阶段——从部员升到学生助理。当时的我其实并不是很清楚部员与学生助理之间的区别，后面才慢慢懂得二者的区别。作为学生助理，我要开始为部门思考如何改善业务流程，如何提高工作效率，如何承担起部门的责任和担负起培养部门学弟学妹的义务，以及参与部门的重要决策等，这些东西浓缩成责任，但不仅仅是责任，还有从被动地接受任务到自己主动去做一些事情，从执行者到好的执行者再到建议者最后到策划者，这里面的每一步的转变都需要走得扎实，其本质是主人翁意识的形成。

临近大一学年的期末，年级完成了专业分流，要重新分配宿舍。因为允许专业之内跨班级组合宿舍，所以需要年级会从年级的角度考虑宿舍分配的工作。而在此前，舍友选择范围只在班内，所以这其实是学院第一次实施专业内自组宿舍的方案。当时辅导员老师已经把这项工作安排给了年级会的生活部，但正是因为前面提到的主人翁意识，我主动找到辅导员老师说出了我的想法，在讨论之中不断修改、调整方案，最终确定了整套流程。在这一次工作中，我同年级会的两个部门一起合作。每个人的思维和角度都不同，分工提高效率，讨论简化流程，最终完成了分宿舍的工作。在整个工作中，我制作了时间推进表，这样可以让辅导员老师与同学们清楚工作大致的进度。

但进入大二之后，我就面临着学生工作的抉择，学业的增加使我没办法像大一那样同时兼任多项学生工作。我最终选择留任年级会和团学会，分别担任年级长和办公室主任。

向上生长

忙碌是成长的捷径。大二的学业比大一繁重得多，但我从大二开始就不会再像大一那样迷茫了，虽然工作增多，学业加重，但我处理得还算游刃有余。在工作上我坚持未雨绸缪的原则。开始担任年级长和部门主任后，有一些常规工作可以提前筹备，比如年级每年的助学金工作、团学会的干部大会等，将工作战线适当拉长，避免被突然出现的学业压力或临时的紧急工作打乱节奏。

当然，作为学生工作者，时间意识是必不可少的，我很荣幸曾经被邀请向2021级的学弟学妹们分享一些做学生工作的心得。受邀的有5位同学，包括我在内的3位同学都提到了时间规划，例如用本子记下每天需要做的事情。我从大一下学期就开始用时间规划本，我会提前规划好之后1~2天的学习、工作和生活，并精确到时间段。这样的规划让我的生活变得高效起来，而且这样的规划可以很好地避免自己即兴的、不理智的想法，也可以很好地避免忘记一些重要的事情。

我一直觉得我是个幸运的人，我遇到的人和事都很好。工作中令我印象深刻的是，评选优秀班集体的过程中，辅导员老师和我商量解决办法时我们产生了分歧，但令我感动的是，其实他完全可以忽视我或者说没必要说服我，他也完全可以按他的想法推进工作，但他一直在跟我商量这件事情，这让我感受到了充分的尊重。他们一直都很支持我们的工作，就只需要我们放手去做。这种鼓励的方式也深深影响着我，让我去思考、去创新。在尝试举办一次新活动后，活动效果并不好，我已经准备好接受老师的批评了，但他没有，而是一步步引导我对比类似的成功活动，帮我找出问题，我也在此过程中得到了进步。

良好的学习、工作状态需要良好的人际关系。我和我的舍友每周末都会聚餐，风雨无阻。良好的人际关系能够有效减少处理交际问题所消耗的时间和精力，让我没有学习和工作之外的烦恼。适当的团建活动能够提高团队工作效率，增强集体感。在团学会的这两年，我明显地感觉到团建活动较多的部门，最后的留任情况是比较好的，适当的人文关怀——比如给团队成员过生日，不仅能收获感动，更能加深彼此之间的情感联结。

此外，我觉得做工作最重要的就是有思考、有目标。作为学生工作者，我们要始终把“为同学服务”作为我们的目标，这句话最开始的时候可能让人感觉在喊口号，但你慢慢做、坚持做，就能够理解这句话的分量和责任。有人问我要怎么做好工作并有创意。确实，把工作做好并有创意是很难的，我的感觉就是从自己出发：我们自己是学生，无时无刻不在接受着别人的服务，我们可以站在被服务者的角度去看待问题，比如我希望这个活动能带给我什么，这个活动我是否自愿参加等。做工作其实最怕自娱自乐，一定要注意避免不必要的内耗。换位思考是作为学生工作者比较重要的能力。

再者就是社会责任，2022 年暑假我报名参加了暑期“三下乡”社会实践活动，我觉得这是一个了解社会和回报社会的机会。我大一时参加过勤助中心第九期“爱心家教”活动，当时的部长告诉我们，前期走访过程中，他们去到了一位三年级小女孩的家中，不同于其他小朋友的羞涩沉默，这位小女孩显得格外积极，她开心地分享她的小生活。聊到学习时，她沉默了一会，告诉我们说：“我的学习不好，但是我想让学习成绩变好，这样妈妈就会开心了，就会多陪我说话了！”小女孩的滔滔不绝原来是因为缺少陪伴。这样的故事还有很多很多，小朋友露出笑脸的那一刻，我才深刻体会到这份工作的意义与这份感谢的重量。

我希望我的工作能够真正给他人带去帮助！

人物简介

张龙政，男，汉族，中南大学自动化学院电气工程及其自动化 2020 级本科生。入学以来，他承担院团学会办公室主任、年级长、勤助中心家教部学生助理、自动化大类 2119 班班助等 10 项学生工作，曾获国家奖学金、中南大学学年一等奖学金、中南大学优秀学生干部标兵、中南大学优秀团员、中南大学优秀学生会干部等奖励与荣誉称号。

63 成为烛光，传递温暖

电气工程及其自动化专业2020级本科生　孙博文

大学三年，是我人生中最为宝贵和难忘的时光。在这里，我不仅收获了知识和技能，也结交了许多优秀的朋友，并且参加了许多有意义的活动。通过班长、心晴热线接线员和志愿者的工作，我体验到了温馨引领、温暖倾听、烛照前行的意义。这些经历和体验，让我更加坚定了追求自己梦想和服务社会的信念和决心。

温馨引领

初入大学，步入新环境，大家都怀揣着懵懂与未知。我因为有两年担任高中班长职务的经验，希望在这个新的大家庭里能够更好地服务同学、提升自己，便坚定地竞选了军训负责人，并顺利地当上了班长。我怀揣着高兴与激动想要在这个新舞台一显身手时，却发现，不同于高中班长的仅需服从班主任老师的安排，大学班长需要做的事情很多。

除了基本的传达辅导员老师的通知任务，完成年级会的工作外，还有很多工作需要做：如何培养新班级的凝聚力，让大家彼此熟悉、成为朋友；如何让班里每一个同学适应大学生活，解决因为新环境而带来的种种烦恼。

制造惊喜一直是我喜欢且擅长的，恰逢当时学院组织晚自习，又正好赶上了男生节，我便打算为大家过一次不一样的男生节。提前和年级会汇报后，我便联系了一起上自习的隔壁班班长白睦凡同学，我们一拍即合，决定在不告知大家的情况下，在教室为大家开一场游戏派对。

我们提前制作好 PPT，订好奶茶。终于到了晚自习时间，我从教室外看到大家都在认真学习，心里不免有些紧张，担心会不会哪里做得不好让大家不满意。不过也管不了那么多了，我走上讲台，打开 PPT，告知大家今天将开展男生节活动，看到大家兴奋的模样，听到大家热烈的掌声，我感觉这次活动一定是值得的。随着炸裂的 PPT 开场动画播完，我们把大家分成两组进行比赛。令大家意想不到的第一个游戏居然是高数题抢答，同学们纷纷快速思考和计算，争取为队伍拿到更多分数。后面便是紧张刺激的经典小游戏环节，我们为大家准备了奶茶和小零食，让大家能够在游戏中放松心情、享受快乐。整个活动持续了一个多小时，虽然时间不长，但是却给大家留下了深刻的印象，也增强了班级的凝聚力和团结力。

通过这次活动，我学会了如何策划和组织活动，如何与同学们沟通和协调，同时也增强了领导能力和组织能力。更重要的是，我看到了同学们脸上洋溢的笑容和充满激情的眼神，感受到了班级凝聚力和团结力的增强，这也给了我继续努力的动力和信心。

作为一名班长，我明白自己肩负着重要的责任和使命，需要为班级和同学们做出更多的贡献。除了完成基本的任务外，我还需要关心同学们的生活和情感，帮助他们解决问题，成为他们值得信赖的朋友和支持者。这样才能真正实现班级和个人的共同发展。

温暖倾听

我从小就对心理健康领域有浓厚的兴趣，也看了不少相关书籍，但更期待的，还是切身去帮助同学们解决自己的各种问题。当我得知学校心理健康教育中心心晴热线招新时，我毫不犹豫地报名，并成功成了一名心晴热线接线员。这是一次极好的机会，让我能够为同学们提供支持和帮助，同时也能够深入了解心理健康领域，提高自己的相关素养。

在担任接线员的工作时，我真正意识到了心理健康服务的重要性和意义。有些同学可能会因为生活、情感或学习上的一些困难而感到迷茫和无助，也许他们不知道该如何处理自己的情绪和问题。这时候，我们就可以为他们提供支持和帮助。

作为一名心晴热线接线员，良好的沟通能力、倾听能力和共情能力必不可少。在接听来电的过程中，我需要倾听来电者的问题，并通过自己的专业知识和经验，为来电者提供有效的建议和支持。来电者咨询的是失恋、孤独、学习压力等各种问题，我需要通过耐心的倾听和共情，帮助他们缓解负面情绪，让他们重新找到自信和勇气。

有一次，一个来电者向我倾诉了他的失恋经历，他想要挽回自己的前任，却无从下手。在听完他的故事后，我向他介绍了一些挽回爱情的方法和技巧，同时也告诉他如何正确处理自己的情感问题，并且给他提供了一些心理咨询的建议。最终，他感激地告诉我，我的建议让他重新找回了自信和勇气，他相信自己一定可以走出失恋的阴影。

还有一次，一个来电者向我倾诉自己在生活中很孤独，交不到朋友。我向他介绍了一些社交技巧和方法，鼓励他主动参加社交活动，并提醒他要积极参与沟通和交流。最终，他通过我的建议，结识了一些志同道合的朋友，重新找到了生活的乐趣和意义。

这些工作经历让我更加确信了心理健康服务的重要性和意义。作为一名心晴热线接线员，我不仅能够帮助来电者解决问题、缓解负面情绪，同时也能够提高自己的专业素养和能力。除此之外，我更加深入地了解了心理健康领域。通过倾听来电者的问题和情况，我了解到不同年龄段、不同性别、不同背景的人可能会面临不同的心理健康问题，面对这些问题需要采取不同的方法和策略来解决。这些经验和知识对于我未来从事心理健康服务的工作是非常宝贵的。

在接听来电的过程中，我能够感受到他们的心情和情感，能够理解他们的痛苦和困惑。听着来电者最后快乐而舒缓地告别，我自己也感受到深深的开心，坚信自己在做一件很有意义的事情。

烛照前行

自始至终，我坚信积极参与社会公益和志愿活动的重要性，因此，我参加了多次志愿活动，包括关爱残障儿童、做敬老院义工等。在这些活动中，我沐浴着光芒，感受到了真正的温暖和意义。在与受助者的交流中，我深刻认识到了自己的不足和缺陷，也发现了自己的优势和特点。通过志愿服务，我成了一盏烛光，传递着温暖和希望，也让自己得到了成长和提升。

在关爱残障儿童的志愿活动中，我和其他志愿者一起和孩子们做游戏、陪伴他们玩耍、帮助他们解决生活中的问题。在和他们交流、互动的过程中，我意识到每个人都应该被平等对待，我们应当尊重他人的差异和特点，让每个人都能够得到关注和关爱。

在敬老院义工的志愿活动中，我和其他志愿者一起陪伴老人、给他们包饺子、帮助他们打扫卫生。在和他们交流、互动的过程中，我体会到了尊重老人、关爱老人的重要性，也感受到了老人们无私的爱和关怀。

通过这些志愿活动，我不仅为他人带去了光明和温暖，也从中收获了很多感悟；既锻炼了自己的各种能力，例如沟通能力、组织能力、团队合作能力等，又让我更深入地了解了社会和人性，认识到了自己所处的位置和所肩负的责任，激发了自己的社会责任感和使命感。在这一过程中，我与受助者建立了深厚的友谊并成了朋友。正如烛照前行一般，我们扮演着引领者和榜样的角色，以自己充沛的能量为他人带去光明和温暖。

由于时常沐浴着光，所以也想成为别人的光。我相信，这些经历和体验，将会伴随着我走向未来的道路，烛香引路，温暖前行。让我们共同肩负起社会责任和使命，为自己和他人创造更加美好的未来。

人物简介

孙博文，男，汉族，中共党员，中南大学自动化学院电气工程及其自动化专业2020级本科生，曾担任心理健康教育中心心晴热线负责人、班长、自动化学院本科生五支部组织委员、就业助理、中南大学社会工作类志愿者等，曾获中南大学学年二等奖学金、中南大学优秀学生、中南大学优秀团员、中南大学朋辈心理互助队优秀干部、中南大学勤工助学先进个人、军训先进个人等。

64 驯养那只及时行乐的猴子

电气工程及其自动化2020级本科生　郭　赫

大概每个人都有过这样的经历，中小学的时候，暑假作业永远都是到最后一周甚至最后一天晚上才做完；到了大学，不管老师给的期限是多久，总是最后一天才乖乖把课程设计交上去；学习、工作任务总是拖到不能再拖才开始做，即使开始做也总是被别的事物吸引而走神。拖延仿佛成了很多人的常态。

刚上大学的时候，突然而来的自由让我猝不及防，拖延的毛病也暴露无遗。我就像脱缰的野马一样不受控制，每天逛来逛去，什么都完不成。上课听不懂的时候想着课后自己一定花时间学懂，可是课后即使自己到了图书馆，刚坐下却又起身，去到文学区拿上一本小说，而这一看就是几个小时；老师布置的作业从来都是上课前开始写，谁都知道那样根本写不完，于是写作业就变成了抄作业；学生工作总是卡着期限完成，在工作完成的时候自己会陷入“明明可以很早完成的工作，为什么要拖到现在”的自责之中。长期拖延让我感觉自己一事无成，浑浑噩噩，似乎只是生活的旁观者。但即使痛恨自己的拖延，我也不知道应该如何改变。

2021年，我从部队退役复学至2020级，并且申请担任了年级会学习部部长一职。虽然从部队回来的我比大一的时候更加清楚一味地玩乐没有意义，也比以往更加自律，但是还是不能完全克服拖延的毛病，比如我会在打算学习时想着“要不晚点再去图书馆”，实际上到了“晚点”也没有去。而举办“期末稳过”辅学活动则是我完全克服拖延毛病的开始。

“期末稳过”辅学活动是我担任学习部部长以来主持举办的第一个活动，由于没有可以借鉴的方案，活动的所有细节都需要从头策划，加上自身缺乏经验，这让当时的我内心有很大的压力，进而产生了严重的拖延问题。每当我想要去做一些实际的工作时，大脑里就会跳出来一只猴子——一只及时行乐的猴子。这只猴子只关注两件事情：简单和快乐。只要猴子一出现就会立马抢过行为的方向盘，原本工作的计划在猴子的操纵下变成了逛一下淘宝、看一场球赛、打一局游戏、看一连串的视频……做完这些之后我发现时间所剩无几，于是工作的念头被打消，就这样浪费了一个又一个上午的时间。长时间的拖延导致活动方案的制订进度变得缓慢，活动的落实和宣传更是一拖再拖，虽然我心里每天惦记着要把活动办好，可是实际上却迟迟没有进展。而当我清醒过来的时候也会发现之前获得的乐趣，实际上是无趣的，因为这并非我应得的，进而产生了一些不好的情绪：内疚、恐惧和焦虑。这些让我时刻感觉心里就像有一块大石头压着，而把石头搬开的第一步就是驯养那只及时行乐的猴子。

为了警惕及时行乐的猴子，我给自己的书包挂上一只猴子玩偶，在学习工作之前把它放在眼前提醒自己。这样几次之后我发现偶尔还是会出现拖延的问题，而我赶走拖延的办法就是坚持“让自己多走一步”，当我一步一步走完，再次有偷懒的念头出现的时候，就会想自己已经做了一部分了，不如再坚持一下把事情做完。同时我也会把每天的任务都写下来，把当天作为截止日期，让拖延的天敌——“惊慌怪兽”提前出现。当事情一点点完成，我会发现举办一次活动其实并没有那么困难，一步一步地规划并完成可以让我做出更好更细致的工作。最终“期末稳过”辅学活动在大二学年顺利举办，并且受到了同学们的欢迎与认可。另外，我也意识到除了工作和考试之外，还有很多想要做的事情没有截止日期，比如参加一次比赛、锻炼身体、看几本书。和有截止日期的短期拖延相比，这种长时期的拖延更不易被人察觉，也更少被提及，而它们常常在无声无息中折磨着我们。

也许你没有料到，被彻底量化的人生是如此短暂，你以为很漫长的人生其实是有限的，没有人可以阻止时间推进，拖延带来的不仅是无限的悔恨，还会荒废时间并带走回不去的青春。事情总是说起来容易，做起来难。在与拖延症的斗争中，不需要你多么聪明，也不需要你多么勇敢，只是一定要逼自己一把，再坚持一下。没有人能够直接造一座房子，人们只能一块砖一块瓦地垒，最后才得到一座房子。拖延症患者都是伟大的梦想家，他们最爱幻想自己未来有一天能够建造别墅，但是他们真正需要做的，是做一个灰头土脸的建筑师，每天有条不紊地垒一些砖块，直到有一天房子出现在面前。

人物简介

郭赫，男，汉族，中南大学自动化学院电气工程及其自动化专业2020级本科生。他于2019年应征入伍，任2020级年级会学习部部长。在任职期间，他工作认真负责，热心服务同学，组织了“期末稳过”辅学活动、保研及考研经验分享会等活动。本科期间，他荣获中南大学2021—2022学年优秀学生干部和中南大学学年二等奖学金。

65 磨砺助成长，铁血铸军魂

电气工程及其自动化专业2020级本科生　韩昊奇

在进入大学后，我义无反顾地参加了班长职务的竞选。身为班级的一员，我深知真诚和担当四个字的重要性，待人接物要坦诚，对师长更应恭敬有礼。若同窗有所求，我会竭诚相助。

踏上新征程，为班级争光

高中班长主要协助班主任开展工作，而大学班长的职责则是服务同学们。来自五湖四海的同学汇聚长沙，遇到难关，脑海中瞬间浮现班长的身影。作为新生，我也有许多问题需要解决，但我总会把同学们的困扰放在第一位。

每次班会，我都会花费大约一个月的时间准备，想方设法使枯燥的话题变得生动有趣，让更多人参与其中。期中考试结束后，我利用自习时间安排成绩优异的同学给其他同学讲解答疑，促进大家更好地吸收知识。每个月我都会组织一次团建活动，其中入学那年冬天的团建让我印象深刻。团建这个想法是我在朋友圈里看到的。然而，班委商量时，有的班委认为这是班长的想法，应该由班长负责策划；有的班委缺乏积极性。为了这次活动，我联系了很多商家，咨询了很多同学，并乘坐一个多小时公交车前往场地考察。即便如此，仍遭到大家的反对和不理解，我产生了放弃的念头。但当同学们一起爬山到达团建场地后，大家都玩得都十分开心，一起烤肉、唱歌、观影……就像一个大家庭。当夕阳西下，我们意犹未尽地踏上了充满欢声笑语的归途。这让我明白：

有时候前进的路上最大的挑战是自己，因为我们害怕失败、害怕不足、害怕不够好。但只要勇敢迈出第一步，坚持不懈，我们会发现事情并没有那么可怕。

我们来自五湖四海，相聚于此本就是一种缘分，而大家的信任更是我莫大的荣幸。我希望让大家感受到家的温暖。正如我在竞选班长时所说的：“事务繁忙亦无碍，痛并快乐为班争光辉，道路漫漫艰辛多，愿与诸君携手共创辉煌。”

苦练杀敌本领，军营温暖如家

当我得知自己有参军的资格时，义无反顾地响应了这个号召。我从小就有一个军旅梦，每当观看军旅题材的影视作品时，心中总是充满敬畏之情。人民子弟兵在危机面前英勇不屈、冲锋陷阵，我也渴望成为那个守护大家的人。

终于，我踏上了参军的征程。入伍前，我崴了脚，一瘸一拐地来到新兵连，除了坐在阴凉处看战友们在太阳底下站军姿，什么都干不了，还要班里的战友帮忙带饭回来。他们日渐消瘦，而我却日渐“丰满”，甚至差点因该伤而被退回地方。新兵连班长天天调侃说：“我们班有个 985，但他是个小笨蛋。”当时我总以为班长在和我开玩笑，后来才明白他是真的不认可我。

11 月中旬，我慢慢开始了恢复训练。我丝毫不敢懈怠，努力把每项训练做到最好，第一次三千米测试获得了 12 分 30 秒的成绩。到了 12 月，我三千米测试仅用时 11 分 30 秒，当月获得了全团十佳新兵。在射击场上，我变得从容自信；在投弹场上，我变得无所畏惧；在乡间接受群众赞许的目光和孩子们天真的致敬时，我知道是时候去接受更大的挑战了。

然而，下连生活也不是一帆风顺的。高标准的内务和严格的训练压得我喘不过气来。在课间休息时，我时常默默地给自己打气：“韩昊奇又给你赚到了。”训练场上忙碌的身影，下楼梯颤颤巍巍的大腿，一次次跌倒又一次次爬起，一次次绝望又一次次重生……回顾那短暂的两年，意蕴无穷。

磨砺助成长，铁血铸军魂

记得指导员曾提出一个课后讨论题：“如何在平凡的生活中铸就不平凡。”我一直向往与特战的刀锋相伴，而我却一直与扫把为伍，但经过日复一日地劳作使我豁然开朗：我可以平凡，但不能平庸。只要把事情做到最好，就能创造不平凡。比如打扫卫生时，思路清晰一点，努力做到有条不紊；拖地时把腰再弯低一点，把地拖得干净点；来来往往时步伐快一点，时间都是这样子挤出来的；上技能课时多用心用脑，结合自己的身体特点把动作做标准、做干脆；体能训练时再尽力一点，努力突破身体极限……我注意到“七一勋章”获得者们大多是平凡岗位上的奋斗者，这不就是平凡中的不平凡吗！

人们对军营的第一印象可能是纪律严明，枯燥无味，日复一日地在相同的地方干着相同的事情。然而，他们并不知道我们拼尽全力后发现自己以肉眼可见的速度进步时的喜悦，也不知道我们在人民群众投来敬意的目光时所感受到的自豪。中队长曾经告诉我们，我们就像大桥两侧的围栏，坚固、稳定、可靠。虽然人们不会注意宏伟大桥的围栏，但这就是我们存在的意义——无私付出、默默奉献。试想如果大桥没有了围栏，人们过桥时怎么会不心惊胆战呢？下面可是万丈深渊、汹涌波涛。这正是我们存在的价值。

英雄无须三头六臂、所向披靡，只需世人需之而不避，负重前行而无悔意。

聚散终有时，初心不改、砥砺前行

告别军旅，重返校园。曾经的艰辛和疲惫如今已变成甜蜜的回忆；班长的严厉训诫与战友们的欢乐争吵，也变作了温暖感人的插曲。我们从入伍那日起，便以自己的汗水和辛劳来守卫国家和保卫人民。

身为新生军训教官，我更加坚信参军的正确选择。我们热爱军人战士，但鲜有人关注国防，而这正是一个国家最为重要的支撑。我仿佛是一个播种者，在言传身教中，用心灵呼唤着这片土地。在军训中，同学们共同进步，体验到了集体的力量。而我，则在反思总结中不断改进教学方法，带领新生取得了全营队列考核第一名的好成绩。正如那句“国家有我，你们有我，请放心”，即使离开军营，我们仍将心系祖国、肩负责任，为实现中华民族伟大复兴而不懈奋斗！

或许有人质疑：“之前与你同级的学生已经顺利毕业，而你仍在读大三，当初的入伍选择是否令你后悔？”然而我总是坚定地回答：“当然不会。”毕竟这宝贵的两年时间，我献给了自己的国家，留下了生命最璀璨的一页。我的身体和精神都得到了极致的锻炼，我也更加深刻地领悟了为共产主义奋斗终身的含义。两年军旅时光，教会了我感恩、珍惜，更让我明白了和平的可贵与生活的可爱。

人物简介

韩昊奇，男，汉族，2018 年就读于中南大学粉末冶金研究院并担任冶金材料类 1820 班班长，2019 年应征入伍，入伍期间获得新兵团十佳新兵、四有优秀士兵荣誉，2021 年转专业至自动化学院电气工程及其自动化专业 2001 班。

66 破浪前行

自动化专业2020级本科生　胡正祥

在自动化学院优秀班集体标兵、优秀学生干部标兵答辩中，辅导员杨金鑫老师问一位参加答辩的学长：“你为何乐意奉献？”学长的回答已被时间抹去，可杨老师的解答至今萦绕耳畔，他说：“因为奉献能获得快乐。”

勇于突破，敢于担当

在担任团学会办公室干事时，我经历了许许多多的人生第一次，这为我的大学时光增添了很多色彩。第一次参与院级活动组织、第一次与伙伴们合作呈现晚会……破冰活动中，我们部门不仅要负责活动策划，还要负责主持。完全没有主持经验的我内心无比忐忑，最终还是下定决心要为自己勇敢一次。于是决定尝试担任活动主持，写主持词、定方案、过流程、改细节、登上舞台……不知不觉中，从起初的慌张与手足无措，到逐渐适应后的淡定与随机应变，虽然其中也有小失误，但我对这次尝试感到十分满意。

时间来到大一下学期，经过一学期的锤炼，部门的学长学姐们决定将工作完全交由干事们完成，而第一个任务是女生节活动。确定活动负责人时，每个人都看着别人陷入了沉默。之前的任务都是在学长学姐的带领下完成的，而这次需要在干事中产生“领路人”，大家都在内心默默思索自己是否能够担此重任。沉默过后，我选择站出来担任这次活动的总负责人。在寒假期间，我和部门的小伙伴们一起修改了十余次方案，最终确定了一个完美的活动方案，并且开始安排各部门协同推进。3月7日，我们为自动化学院的女生呈现了一场充满惊喜与温暖的女生节活动。这场活动甚至得到了其他学院师生们的认可，在第二年女生节到来时，受机电工程学院邀请，我们在原本的活动方案上进行改进优化并与他们共同举办了活动。因为主动承担部门工作，在关键时刻挺身而出，我给学长学姐们留下了深刻印象。学年结束之际，我荣获学院团学会优秀学生会干部殊荣，这是珍贵的荣誉，也是我的骄傲。

回首那段时光，加入团学会，我有幸结识了一群志同道合的伙伴，遇到了在大学里给予我帮助的学长学姐。在相关活动的策划与实施中，我的社交能力和办公软件使用能力都得到了提升。纵然那些夜晚，我们需要不断改进方案甚至熬到凌晨，纵然有的活动让我累到“瘫痪”，但每一点付出都值得！

循规蹈矩，不负坚守

小学、初中、高中，我担任了九年的班长，到了大学，我对做班长仍有着一种执念。在班委选举中，我以一票的优势，实现心愿。

但是，大学的班长工作与中学时期的班长工作相比，有很大的不同。大学里的班长真正成为一班之长，需要负责各种细碎的事情。相较于中学时期有班主任管理，大学班长的任务更加繁重。刚进入大学的我并没有认识到这种差别，仍然按照以前的方式处理班级事务，因此脱离了同学，不得人心。但我的坚持也为这个班集体赢得了荣誉。大一期间，学工部组织了两次21天优秀学习习惯养成活动。活动期间，我组织大家每日进行晨读、周末进行健身，甚至还策划了团体游戏。在丰富多彩的活动和大家的积极参与下，我们班两次获得21天优秀学习习惯养成计划优秀班集体殊荣。

记得每次收取同学们的材料时，我总会仔细检查，确保提交的资料符合要求。然而，在审核的过程中，难免有些同学粗心大意，错漏百出，需要不断修改。修改的次数多了，有些同学便不耐烦了。当有同学质疑我这么细致有什么用时，当有同学反驳我何必要求这么高时，当有同学对我的工作加以否定时，我也会感到心灰意冷，但选择了这份工作，就意味着要对班级同学们的信任做出回报。在大一那一年里，从我这里交上去的材料很少有因为格式等问题被驳回修改的，我也不止一次得到相关负责人的认可。双羽老师的教导、周一苇老师的鼓励，也为我大一一年的班长工作提供了很大的支持。

始于热爱，不畏骄阳

小时候，痴迷于枪械的我，有一个迷彩绿的梦——参军入伍。大一新生军训结束后，我果断加入了中南大学军训教官自训营。大一一年，在新校区体育馆前的训练场上，我在冬日的寒风中军姿挺拔，我在夏日的夜晚里挥汗如雨，我在似火的骄阳下定腿定臂，我在绵绵的细雨中目光坚定。

大一暑假，在身边的小伙伴吹着空调、吃着西瓜的时候，在长沙最热的天气里，我选择了参加湖南省军分区组织的“2021年湖南省高校学生军事技能‘四会’教练员集训”。为期二十天的集训里，太阳对我“下了毒手”——在盛夏骄阳的热情款待下，每天都能用汗水洗衣服，每天都可以拥有比前一天“更健康”的肤色，每天都在太阳的帮助下“补钙”。现在想起集训时的一个画面，我还忍俊不禁。那是在烈日下暴晒了几个小时的柏油马路上，下午两点集合的时候，我们便站在这片热腾腾的大地上。虽说军姿的动作要领是重心前倾，但被烫到的前脚掌还是忍不住离开了地面，此时脚后跟便遭了殃，在反复的切换下，侧面看去，我就像一个不倒翁在来回摇摆。

一个多学期的训练、二十天省军分区集训、为期一周的带训前集训，为的就是圆满完成2021届新生军训任务。十四天的军训里，团学会招新、新生军训、综测成绩评定等多项任务蜂拥而至，每天不足六小时的睡眠、每日两三万的步数、下午收操时痛得无法走路的双脚、耽误的课程、新生们的不理解，让我也对这份工作产生过怀疑，怀疑到底值不值得，到底该不该做。我想，作为推荐排参加营会操评比，带领十四连三排的学生们获得连里唯一的先进排荣誉便是最好的答案。

要说带军训苦吗？苦！带军训累吗？累！但新生军训工作结束后，在中南大学军训教官自训营换届之际，我仍选择了留队——热爱可抵艰难困苦。2022年，大三的我再次穿上挚爱的迷彩服，再次踏上军训场，与十五连的五位排长一起，完成了2022级新生军训工作。军训工作首次于10月份开展，首次进行模拟射击考核，这些都为这一次的军训工作带来了不小的挑战。压力、繁忙、疲劳……再一次体会带训的苦，我还是有些无所适从。但通过军训工作结识的伙伴，军训工作带给我的经历，是我一辈子的财富。这身迷彩服荡起的风景，是我一生的回忆！

自力更生，勤工养己

家中两个大学生每年将近两万元的学费和父母微薄的收入注定了我要通过

自己的努力分担这个家的经济负担。大一入学后不久，我便参加了中南大学家教中心的面试，成了一名家教老师。还记得我第一次去上家教课的时候，一个人走在陌生的街道上，听着耳机里导航的声音，些许期待中又有些许无助，有种一个人在外打拼的感觉。两个小时的授课，我每次都会早些到达，晚些离开，再加上往返的时间，一次课就需要花费五个小时左右的时间。记得最忙的一个周末，我一天上了三个孩子的课，早上七点出门，晚上十一点才回到宿舍。

寒暑假，除了给亲戚朋友的孩子上课外，我也会去做些兼职。大二寒假，在一个游乐场超市的兼职让我至今印象深刻。虽说招聘启事上写的只是收银，到了那里却是什么都要做，卸货、打扫卫生、理货、收银……老板赚得盆满钵满，而我累得回到家连中饭都不想吃，倒头就睡。兼职结束后，我在社交媒体上分享了这段经历，并在文中写下这样一句话："我希望看到这里的你，能做出一点点改变，在读书上下功夫，而不是在未来绞尽脑汁去想如何谋生。"

大二伊始，我选择离开了团学会这个奋斗了一年的集体，我也因此有时间去做学生助理。就这样，在助学金的帮助下以及我凭借自己的兼职所得，满足了自己日常的生活所需。很忙的时候，我不止一次想过放弃一些工作，但看着每天的开销和手机里的余额，我还是选择了坚持。

中学以来，我一直很相信一句话：要让人觉得毫不费力，只能背后极其努力。没有改变不了的未来，只有不想改变的过去。当然，从各种工作中收获的快乐与认可也是对我最大的鼓励。

人物简介

胡正祥，男，汉族，中南大学自动化学院自动化专业2020级本科生，任中南大学军事爱好者协会办公室主任，曾任自动化与电气类2003班班长、自动化学院团学会办公室干事、中南大学军训教官自训营三排三班班长、2021级新生军训团三营十四连三排排长、2022级新生军训团三营十五连连长。他荣获中南大学学年二等奖学金、国家励志奖学金、中南大学优秀团员、中南大学优秀学生会干部、中南大学优秀学生干部、中南大学优秀学生社团干部、中南大学军训先进个人、中南大学勤工助学先进个人等奖项和荣誉称号。担任班长期间，他带领班集体两次获得21天优秀学习习惯养成计划优秀班集体荣誉。

67 带着责任，踏青春的路

探测制导与控制技术专业2020级本科生　王　妍

时光荏苒，转瞬即逝。匆忙之中，大学三年已经悄然离去。回首往事，我从最初的稚嫩走到了如今的成熟，这段宝贵的青春岁月，对于我而言是无比珍贵的。

初担责任

初入中南大学，机缘巧合下，我带着一腔热血，竞选上了军训负责人。当时我内心是非常激动的，但也有着一丝忐忑。在读大学之前，我很少担任过重要的班干部职位，在高中时也只是担任过体育委员，平时没什么需要打理的事情。现在要在一个同学之间相互还未认识的班级里担任这一职务，我发自内心地担心自己是否能承担好这份责任。我并不知道自己怎样才能做好这份工作，但是相对于这一丝忐忑，我更多的是感到成功竞选的激动和一身的干劲。竞选成功意味着我得到了同学们的认可，他们愿意将之后的事务交给我来处理。竞选成功的那天晚上，直到大半夜我都还在床上翻来覆去无法入眠。

在军训开始之前，我从教官、辅导员和班助处了解到了作为一个军训负责人应该干的一些工作，当时心中一阵轻松，还庆幸这事看起来也挺简单的，只要按部就班就行。军训开始的第一天，我提前15分钟到达集合场地，准备按要求点名和测体温。然而，15分钟是不够的，2个班的同学混在一起，我一个一个找人时，时间也在流逝着，一不小心就过了教官规定的集合时间点。当我点完名时，已经超过了规定时间好几分钟。我向排长汇报情况时，才发现只有我们排还是乱哄哄的，隔壁排都已经整理好了自己的队伍准备出发了。虽然当时排长没有说什么，但我的心里却慌了起来——第一天的工作就没做好。

一整天的军训之后，我开始反思自己的问题。是不是自己将这份工作想得太简单了？第二天，我在闹钟响后早早地起床，提前至少半小时到了训练场地。每来一位同学，就给他们测体温。这一次，我们排早早地就结束了测体温的工作，也提前站好了队伍等待出发。在之后的几天里，我观察着其他军训负责人的工作方法，向他们学习适合自己的技巧，不断改善工作方式。我渐渐与班上的同学熟悉起来，并慢慢得到了大家的认可。最后，在班级竞选班委时，我成功地竞选上了班长。

我认真做着学院安排的工作，在保证公平、公正、公开的前提下组织班级、学院和学校的活动，同时也时常督促班上同学学习，关注着大家的日常。

认识责任

发布通知和收集同学们的信息是最常做的日常工作，也是最让班委头痛的工作之一。同学们的宿舍分散，而且有些同学在学习时会将手机关机或调成静音，很容易导致他们错过重要的通知。尽管在上课期间，同学们都会聚在一个教室里听讲，但想要及时收集信息和发布通知仍然是一件不易的事情。特别是大一下学期开学的那段时间，我一天可能要发出 7~8 条通知，每条通知都非常重要。为了确保同学们看到通知，刚开始我会耐心地给每个没有看到通知的同学发消息。然而，几天下来，每天仍会有好几个同学没看到通知，甚至不看我发的消息。由于性格原因，我不愿意直接打电话提醒，这导致最后有一些工作不能按时完成。这些事情消耗着我的耐心。再加上前一个学期成绩也不理想，我开始认为自己可能不适合担任班长这个职务，并决定在这个学期结束后放弃这个职务。

到了大二的第一个学期，竞选班长的前一天，我和以前班上的同学聊天时，说起我认为当班长没有什么意义，没有竞选班长的意愿。然而，让我印象深刻的是，他们说："为什么呢？我觉得你当得很好啊，办事也很认真。"在那个时候，我突然觉得自己的工作不是无用的，他们认可我的工作。我再次考虑这件事的时候，突然发现自己从一个宅在房间里不敢出去的不善交际的人，变成了一个能和周围的人自然交流的人。在上台发言时，我也不再像以前那样紧张结巴了，而且当面对突发情况时，我也能够冷静下来、快速想出解决方案。班上的同学也认可我的工作，除了有点累，似乎没有其他问题。而且，经过一年的调整，我已经掌握了处理班级事务和分配学习时间的技巧。如果我真的不当班长了，我的生活将缺少很多乐趣和挑战。我认识到了这一点，于是选择报名竞选班长。我很荣幸能在大二和大三继续担任班长，肩负起一份责任，为同学们服务。

以责任为乐趣

从学英语开始，我就很喜欢这句：tired but happy。也许这就是我一直坚持当班长的原因。虽然日常工作平淡无奇，但每次的活动都能让这平淡的生活变得火热。举办活动时，我能亲身感受到不断提升的自我价值，以及让其他同学快乐的力量。在大学三年级上学期，我们组织了一场班级间的篮球比赛。这次活动最初只是一时兴起，但在班导师和隔壁班同意之后，两个班都开始了紧张而有序的筹备工作。以往这样的活动都是由学院或学校组织的，但这次，作为班长，我亲手策划、组织和推进了整个过程。我负责选择参赛人员、联系参赛老师、找比赛场地、安排裁判、选定比赛时间、管理比赛经费，以及想方设法让更多的同学参与进来。每次确定方案后不久又会推翻重来，有时候甚至要开会讨论。经过一周多的筹备和计划，我们终于成功在新校区篮球场举办了这场篮球比赛。参赛人员在球场上的每次奔跑、运球，都牵动着围观同学的心，每一次进球后也都能听见热烈的欢呼声。最后，比赛在大家充满笑容的合照里圆满结束。比赛结束后，我感到非常疲惫，却又觉得满足快乐，因为我们策划的比赛让两个班的同学都收获了快乐，这也是我的快乐。

总的来说，大学期间担任了三年的班长，虽然辛苦，但我也学到了很多，得到了很多。对我个人而言，我从当初不熟悉工作到现在的游刃有余，付出了很多努力并取得了很大进步。我现在能感受到服务同学的乐趣，并且在这三年中逐渐展现出自己的个性和特色。如果问我是否因为太辛苦而后悔担任班长，我会毫不犹豫地回答:“不后悔”。这是我自己选择的路，即使再艰难再辛苦，我也会勇敢前行。

人物简介

王妍，女，汉族，中南大学自动化学院探测制导与控制技术专业2020级本科生。她曾任航空航天2004班班长，任探测制导与控制技术2002班班长。本科期间，她荣获中南大学2020—2021学年优秀学生、中南大学2021—2022年度优秀团员、中南大学2021—2022学年优秀班干部和中南大学学年二等奖学金。

68 热血使命，劳育风华

探测制导与控制技术专业2020级本科生 熊蓉琪

岁月不居，时节如流，大学时光已悄悄溜走了一大半。回首这两年半的大学生活，我倍感荣幸，也很感激那些支持我、帮助我的老师与同学们。在过去的日子里，在学生工作方面得到认可，是我最为自豪的事情。他们肯定的目光，让我的忙碌变得更加有意义，激励我以更加饱满的热情、更加昂扬的斗志走在开满鲜花的路上。

微光之中遇见烛火

初进大学时，我对未来充满了憧憬。我带着大包行李从火车站出来，却遭遇滂沱大雨，内心有些无措。幸运的是，学校派来接新同学的学长学姐热情地迎了上来，让我在陌生的城市里找到了归属感。

坐上学校的大巴后，司机大叔热情地帮忙放行李。随后有志愿者学姐介绍学校情况，并贴心地给出学校生活的建议。到校后，虽然天公不作美，但在志愿者的帮助下，入学报到很顺利，让我深刻体会到学校的贴心安排以及学长学姐的温暖热情。在入学迎新的过程中遇到的人和事，在我的心中悄悄埋下了种子，给予了我继续向前的动力。我想，这座城市、这所大学是欢迎我的，我希望我能够传递眼前的温暖。

初来乍到的我，开始积极参与各项活动。虽然竞选军训负责人和团支书时都没有成功，但我没有放弃充实自己和创造价值的想法。在班委竞选时，我再次尝试，最终成功当选组织委员，为班级的各项工作出谋划策。随后，我又面试了三个部门并加入中南大学SIYB培训项目管理部。

把握机会提升自我

作为班级的组织委员，我一直在勤恳地为班级做力所能及的事情，包括协助团支书举办团日活动、撰写总结报告等。我感到非常开心，但总觉得自己做得还不够好。

加入 SIYB 培训项目管理部后，我的生活变得更加充实。我了解到我们学校的创新创业教育非常出色，甚至成为全国高校学习的模范。在创新创业基地中，我不仅学到了很多关于创新创业的知识，而且积累了技能并锻炼了能力。在实践部的工作中，我的任务涉及两个方面：第一是为参加创业实训课程的学生联系可供参观的企业，第二是负责工作室乐高开放日的活动。我认为，在这里，我也许真的可以蜕变成为更优秀的自己。每周我都会利用空闲时间，去创新创业基地学习 Office 办公软件、拼乐高和编程等。我深深体会到，通过多学多做可以建立自信。

中南大学创新与创业教育办公室每年都会主办新生“苗圃行动”，这是为了让新生更好地了解创新创业的理念和实践。在活动前，我会认真备课，研究基地的发展历程及各个教室的功能，并了解学校创新创业大赛的相关内容，以便在引导人员参观时能够进行讲解，最终成为一名称职的引导员。然而，我第一次接待新生参观时却感到有些紧张。看着好多双眼睛盯着我，我有些结巴和怯场。由于好几批参观是同时进行的，我的时间安排出现了问题，导致两批参观的同学堵在了同一个教室门口。但幸运的是，学长及时出手，妥善调度活动，最终使整个参观过程未受影响。这些经历让我更加意识到规划与组织、沟通与协调的重要性。

除了参加“苗圃行动”之外，我还常常去乐高工作室讲解。当时我因为水平不够高而不够自信，生怕自己无法回答别人的问题。所以，我始终坚持在空闲时思考可能遇到的问题，并找部长讨教解决方法。记得有一次，在展示乐高巡线小车时，有位同学想听我讲解程序，我有些意外，但还好提前做过功课，讲解的内容勉强能够让大家理解。但当他继续提问：“可以不用图形编程，而用其他软件吗？”我却不知道如何回答。我回去后立即翻看资料，在互联网大课堂上查找答案。在这样的一次次打磨下，我的讲解变得更加得心应手，并且站在大家面前也更自信了。

这些经历让我明白，勤奋、自信和不懈的努力是成功的关键。通过不断的学习和打磨，我成功地完成了所有的任务，并从中收获了宝贵的经验，得到了成长，而这些经验和成长也将伴随我走向未来的道路。

不忘初心接续奋斗

大二，我迎来了专业分流这一学业岔路口，同时，班级结构须重新划分，我怀着忐忑的心情竞选了班级班长，希望能为同学们多做实事。让我格外欣喜的是许多同学都投了我一票，于是我成功当选为班长。

大二学年，我和团支书配合良好，注重班风建设等，班级获评“先进团支部”，并在自动化学院团支部风采大赛中获得第二名。在趣味运动会中，班级同学团结协作，配合良好，拿了原航空航天学院第一名的好成绩。在“十人十一足”的游戏中，我们商量出合适的站位和统一的搭手方式，约定好每个人迈哪条腿，简单的尝试后，大家配合得十分默契。正式比赛时，我们在一声声“一二一”中跑得飞快。

都说假期是增强自身实力、提高自身素养的绝佳时机。习近平总书记寄语广大青年：“历史和现实都告诉我们，青年一代有理想、有担当，国家就有前途，民族就有希望，实现我们的发展目标就有源源不断的强大力量。”于是在 2022 年我参加了“三下乡”暑期社会实践活动，组队到湖南岳阳进行爱心公益活动。我们以“青春心向党，爱心伴我行”为主题，在辅导员连选老师的带领下去养老院做志愿服务，由于我不懂岳阳话，与爷爷奶奶沟通有些困难。但幸运的是，一位岳阳同学主动担任起翻译的角色，帮助我与他们沟通。尽管语言上存在障碍，但是他们脸上的笑容给予了我巨大的温暖，仿佛可以与他们畅谈数小时而不觉疲倦。后来，我们给爷爷奶奶唱了一首《歌唱祖国》，唱完以后在座的爷爷奶奶欢快地鼓掌，我们都有些不好意思了。

不论是在学生工作还是志愿服务中，我都找到了属于自己的价值。我坚信，在平凡的奉献中，也可以发光发热。正如萤火一般，虽小却亮，我们每个人都可以通过自己的微薄之力，照亮他人的前行之路。

人物简介

熊蓉琪，女，汉族，中共预备党员，中南大学自动化学院探测制导与控制技术专业 2020 级本科生，任探测制导与控制技术专业 2001 班班长，曾任创业实训课管理部实践部部长、航空航天类 2001 班组织委员等。在校期间，她曾获 2021 年国家励志奖学金、世纪海翔酬勤助学金、中南大学学年二等奖学金、中南大学优秀学生、中南大学优秀团员、中南大学优秀班干部、勤工助学先进个人等。她任探测制导与控制技术专业 2001 班班长期间，带领班级获得中南大学疫情防控先进班集体、中南大学 2021—2022 学年先进团支部等荣誉称号。

69 我的学生工作之路

电子信息专业2021级本科生　陈思雪

2021年9月，我还只是一个懵懂的大一新生，面对陌生的校园和未知的人群，我总是畏缩不前。然而，随着时间的推移，我的内心逐渐被自信所充盈，我也成了老师们最得力的助手。正是这两年来的学生工作经验，让我茁壮成长。

我从担任军训负责人开始踏上了学生工作之路。幸运的是，没有其他同学竞争这个职位，于是我顺利地当选了。成为军训负责人后，我有了更多机会向同学们展示自己的能力。在军训结束后，我凭借着高中担任班级团支书的经验以及在同学们中建立的口碑，在团支书职位的竞选中胜出了。然而，这些顺利的经历并没有使我变得自满。相反，我深刻地反思自己："我是否真的有能力承担起这些学生工作应该承担的责任？我是否能够好好地完成分配给我的任务？"怀着忐忑和不安的心情，我开始了我的学生工作之旅。

在很长一段时间里，我把大部分的精力都投入了团支书的工作中。写完一份团日总结之后，便要开始策划下一次活动。由于很多工作都是第一次接触，我经验不足，常常需要占用休息时间来完成。当周围的同学都在专注地提升自己的学业时，我仍然在忙于计划团日活动，甚至会因此耽误学业进度。深夜的时候，我常常会陷入沉思：是不是我做出了错误的选择？大学生不应该以学业为重吗？或许我应该后悔吧。然而，我没有后悔！

在一次以"神舟飞天"为主题的团日活动中，自动化与电气类

2112 班、电子信息类 2102 班与化学生物环境 2106 班进行联谊。我们三位团支书花费了三天的时间，通过线上、线下的形式不断开会讨论，不断在百度上搜索相关的场景，最终确定了带领大家到湖南省科学技术馆进行参观，并计划于 14 日在教室里举办团日联谊的活动。可惜的是，由于团日活动和四级口语考试在时间上的冲突，我们不得不将团日活动推迟到当月 20 日。我有一个习惯，总是喜欢提前去场地踩点，看看场地的氛围是否能够很好地贴合团日主题，这次也不例外。虽然每次踩点都需要花费我好几个小时甚至是半天的时间，但当我发现湖南省科技馆恰好符合那次团日主题的时候，我觉得所有的努力都是值得的。这次活动得到了同学们的一致好评，还获得了院级优秀团日活动的荣誉，这让我感受到了学生工作的意义，也成为我继续努力做好团支书工作的动力。

或许正是这份动力不断地推着我向前加油干，我带领班级团支部在团支部风采大赛中获得了三等奖，在学年结束时，我还被授予了优秀团干部称号。现在的我已经能够有条不紊地与他人对接工作，并将事情考虑得更周全。我也能够更好地协调学业和工作，更好地接纳自己。这或许就是学生工作带给我的进步。

“等待黑夜翻面之后，会是新的白昼；等待海啸退去之后，只是潮起潮落。”即使开始时遇到诸多困难又如何？学生工作带给我的成长和满足感远远超过了挫败感。这一切，值得。

我常常听周围的朋友和同学聊天时说，他们的学长学姐们把部门当作自己的家一样。而当我深入自动化学院学辅站之时，我也深有同感。我们来自五湖四海，同在一个院却又相知甚少，彼此都是“熟悉的陌生人”。可就是这么一群人，为了共同的任务而努力，相互帮助，相互促进。在这里，我找到了属于自己的一席之地，也收获了珍贵的人生经验。

当我刚成为学辅站的站长时，我感到有些无措，不知如何下手。此时，前任站长张沐霖学长热情不已地在 QQ 上向我详细介绍了学辅站的职责与组成。随后，干事迎来了换届，我们需要商量海报设计和宣传策略以吸引更多学弟学妹们加入我们。此外，由于补考即将开始，我们还需要为参加补考的同学准备学辅课程，布置现场并协助跟进。虽然工作繁重，但是令人欣慰的是，我的每一位伙伴都义不容辞地承担起重任。有些伙伴明明下一周也有很多复习任务却依然抽出时间审核面试人员。有了他们的帮助，我们顺利完成了新学期的第一项工作。

除了站内成员的换届，我们还迎来了新的指导老师——连选老师，我们亲切地称其为选哥。选哥才负责学院的学风建设工作不久，和我们一样对所负责的工作不是很了解。但是，在相处的日子里，选哥证明了自己是一个业务能力非常强的老师。我经常看见他在不同的工作地点来回奔波，但他从未抱怨过。

对我来说，他是我的榜样。在我们共事时，他常常教给我们很多新的技能并鼓励我们。当我们成功完成一项工作，提交一份不需要太多修改的报告时，他总是毫不吝啬地表扬我们。这种良好的工作氛围让我在学生工作中获得了满足感。

2022 年 10 月，我们自动化学院学辅站在连选老师的带领下开展了属于自动化学院的首次沙龙活动——“学在自院”卓越人才养成沙龙。五期活动，涵盖学科竞赛、学生工作、创新创业、考研和保研五个主题，每一期都座无虚席甚至还要增加座位。

最初，是连选老师提出的这个想法，他也带领着我们一步一步实现了这个想法。在确定好沙龙选题后，我有很多个中午都是在连选老师的办公室里度过的。我们一起讨论“学在自院”卓越人才养成沙龙活动项目申报书，连选老师给我们提供素材，教我们排版，我们几位站长各司其职，加班加点熬夜写申报书。那次，最后的排版调整工作结束后，我看到清晨的第一缕阳光折射进来，我相信我们的努力终究会得到回报。我们的活动获得了学校重点立项，也因此获得了近 5000 元的经费支持。每一场沙龙结束后，我们都会收集参加沙龙的同学的建议和感想并以此来进行改进。更多的时候，我们收获的是对我们沙龙活动内容品质的认可。从开始举办到最后完美落幕，这背后凝聚着所有人的心血。活动的顺利举办也扩大了我们学辅站的影响力。

我一直觉得自己所做的学生工作并没有特别了不起，但每份成功完成的学生工作所带给我的满足感都令我难以忘怀。重要的不是我做了什么，而是我得到了什么。除了学习到很多相关的技能外，我还结识了一群可爱的伙伴和十分优秀的指导老师，我们并肩作战，就像家人一样。学生工作对我影响最大的一点就是使我能够更加勇敢地和别人交谈。内向的我不再畏惧与陌生人打交道，这让我感到非常惊喜。

学生工作就是一条蜿蜒之路，路上总会有挫折，但你也会有所收获。很多收获可能是你无法感受到的，但却仍在慢慢地影响着你。向下扎根，向上生长，我和学生工作的故事未完待续，你和学生工作的故事是否已经开始呢？

人物简介

陈思雪，女，汉族，中南大学自动化学院电子信息专业 2021 级本科生，担任自动化学院学辅站站长、2022 级新生的带班学姐、团支书。她曾获优秀团干部、中南大学三等奖学金、中南大学第六届智能互联大赛一等奖等。

我们的青春 第2辑

后记

《我们的青春 第1辑》自出版以来，备受学生的关注与喜爱。书中有关奋斗、创新、自强、奉献的青春故事不仅激荡了青年学子们的心潮，也展现了中南大学自动化学院思想政治教育工作的理念。与此同时，学生们提出了更多期待，期待能看到更多青年学子成长蜕变的精彩瞬间，这些期待促成了《我们的青春 第2辑》的编撰计划。从敲定采访对象、深入访谈到整理出书，经过两年的不断积累与精细打磨，《我们的青春 第2辑》终于与大家见面。该书从德智体美劳五个方面全方位展现了新时代自动化学院青年朝气蓬勃的青春风采。

"德者，才之帅也。"在这本书中，我们见证了自动化学院学子不断陶冶道德信念，锻炼道德意志，培养道德行为习惯。在危难关头，晁玉前与郭盼根挺身而出，用双手托起生的希望；在日常生活中，庄佳锐有一份热发一次光，用爱让身边的人更加温暖；在志愿服务里，余晋宇与他人的命运交织在一起，500余小时的志愿服务时长勾勒出他青春的模样……

"为中华之崛起而读书。"在大学之中，处处可见自动化学院学子在专业领域中不断探索、学习和实践，勇于迎接挑战的身影。同时，他们也注重跨学科的交流与融合，培养全面的思考能力和创新精神。在实验室里，杨超与林建亨潜心科研，只为实实在在地解决"卡脖子"的技术难题；在学科竞赛赛场上，郭静宇秉持"求实创新，研以致用"的理念，连续斩获28项竞赛奖项；在日常学习中，齐帅宾扎根于基础知识，从大一下学期到毕业一直稳居班级第一……

“君子以自强不息。”在运动场上，许多自动化学院学子通过锻炼提高身体素质、培养坚毅的意志和乐观向上的生活态度。绿茵场上，许泽中与学院足球队队员们紧密合作，在点球大战中一举获胜；毕业晚会上，花琪与学院舞龙舞狮队队员们默契配合，将中华优秀传统文化展现给大家；羽毛球场上，赵子涵奋力拼搏，凭借热爱与努力斩获佳绩……

“各美其美，美美与共。”通过这本书，我们能感受到自动化学院学子用心灵与艺术对话的美好。在科研之外，夏子晴通过多种方式诠释对生活的热爱，每一天都是一样的充实与不一样的精彩；在学习之余，周冰星通过演讲告别了以往内向的自己，逐渐变得更加坦然、自信和独立；在课余时间里，杨子腾专注于练习二胡，也因为二胡收获了友谊与归属感……

“劳动最光荣。”这本书中，自动化学院学子们积极投身于为人民服务之中，通过实际行动为社会做出贡献。作为学院2019级年级会副年级长，候晓双协助辅导员处理了评奖评优、贫困认定等日常管理事务，赢得了同学们的一致好评；作为校团委网络信息部部长，王盛泽将专业知识与学生工作紧密结合，所创作的《拾光中南》作品令人叹服；作为学校心理健康中心心晴热线接线员，孙博文用耐心的倾听与专业的心理知识为来电者扫除了内心的阴霾，帮助他们重拾生活的信心与勇气……

在整本书中，我们见证了中南大学自动化学院的莘莘学子，如何在追求德智体美劳全面发展的过程中，不断挑战自我、超越自我、奉献自我，他们的成长故事成了自动化学院精神最好的注脚。他们的成长故事将激励更多的青年学子，以青春力量担负起时代赋予的重任，全身心投入具有许多新的历史特点的伟大斗争中，为实现全面建设社会主义现代化国家、推进中华民族伟大复兴而团结奋斗。

最后，特别感谢桂卫华院士为本书作序，感谢中南大学出版社杨贝老师为本书出版所付出的辛勤劳动，感谢教育部“铸魂领航”高校辅导员名师工作室、湖南省高校辅导员综合发展工作室的支持，感谢张可爽同学、戴小康同学、张龙政同学、杨春雷同学、潘彬荣同学、焦骏文同学、郭赫同学、姜鋆同学、唐山山同学、喻永佳同学、李尚龙同学、赵文卿同学、邓皓胤同学、银雪同学、何子昂同学、王俊豪同学、赖涵同学、王美玲同学、艾宇迪同学、赵奕杰同学、钱家豪同学、王志彤同学、唐明林同学等在约稿、采编、组稿和封面设计过程中的贡献。

愿我们的青春，永远不散场。

图书在版编目(CIP)数据

我们的青春. 第2辑 / 黄亚，周一苇主编. —长沙：中南大学出版社，2024.1

ISBN 978-7-5487-5544-9

Ⅰ. ①我… Ⅱ. ①黄… ②周… Ⅲ. ①大学生—模范学生—先进事迹—中国 Ⅳ. ①K828.4

中国国家版本馆 CIP 数据核字(2023)第171977号

我们的青春 第2辑

WOMEN DE QINGCHUN DI-2 JI

黄 亚 周一苇 主编

□**责任编辑** 杨 贝
□**责任印制** 唐 曦
□**出版发行** 中南大学出版社
社址：长沙市麓山南路 邮编：410083
发行科电话：0731-88876770 传真：0731-88710482
□**印 装** 湖南省汇昌印务有限公司

□**开 本** 710 mm×1000 mm 1/16 □**印张** 16.75 □**字数** 305千字
□**版 次** 2024年1月第1版 □**印次** 2024年1月第1次印刷
□**书 号** ISBN 978-7-5487-5544-9
□**定 价** 58.00元